呼玛尔战斗纪念碑

东北抗日联军三路军三支队战地纪念碑

东北抗联三支队赴苏整训途经地

中共呼玛县工委书记荫正祺烈士纪念碑

东北抗联三路军三支队过江地

呼玛烈士纪念塔

1954年3月，呼玛县首届人民代表大会全体代表合影

1953年鄂伦春族下山定居

1953年鄂伦春族下山定居住进新房

1958年国家派医疗队为鄂伦春族同胞送医送药

抗联老战士李敏同志回访呼玛革命老区

1990年3月16日，黑龙江省副省长杜显忠（中）在
呼玛视察对苏边贸展厅

2009年10月16日，鄂伦春民族风情园在
北京中化民族博物院落成典礼

2021年1月，呼玛县"回首峥嵘岁月 追寻抗联足迹"
红色文化考察活动

鄂伦春族下山定居前居住的兽皮撮罗子

白银纳鄂伦春民族新村楼房

白银纳鄂伦春民族新村俯瞰图

鄂伦春族桦皮船

白银纳鄂伦春民族风情园民俗文化展馆大厅

白银纳鄂伦春民族风情园手工艺作坊

原黑龙江航运的"东方红"10号客运船

原黑龙江航运"东方红"号客货混载

边防巡逻

民兵训练

下乡知青用人力拉犁垦荒

秋收

香瓜丰收

呼玛县丽雪淀粉厂马铃薯筛选车间

地栽木耳基地

呼玛农业科技示范
园区生产作业

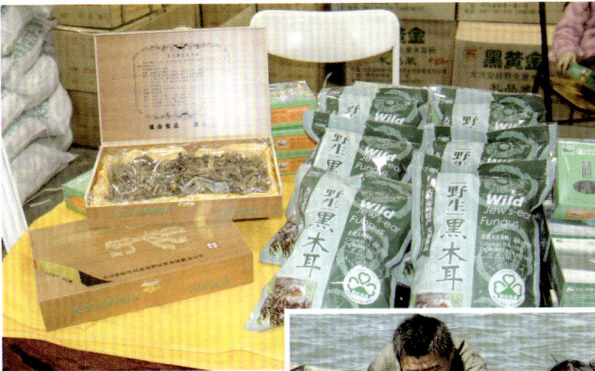
食用菌产品

水库捕鱼

庆祝呼玛县解放建政60周年

2019年呼玛黑龙江开江节

苏联军方参观农贸市场

中俄友好城市代表团进行体育交流

中俄学生联欢

原呼玛河大桥

呼玛河新大桥
（现在）

呼玛河兴华大桥
（现在）

原兴华呼玛河渡口

呼玛县城俯瞰

呼玛县党政办公大楼

呼玛博物馆

呼玛县武装部办公楼（原县知事公署楼）

呼玛地情馆（原县知事公署楼）

呼玛知青宾馆

原呼玛电影院

呼玛县第一幼儿园

原呼玛县第一幼儿园

呼玛图书馆

鑫玛热电厂

呼玛县第二小学

原呼玛县运输公司

呼玛县客运站

呼玛县人民医院

呼玛体育馆

呼玛体育馆室内运动场地

呼玛体育赛事

俄语外教授课

小学生书法现场展示

人民广场

呼玛县城夜景

呼玛县城街景

呼玛县江畔公园

原呼玛城欣木桥

呼玛城欣公园

鹿鼎山景点地标

黑龙江八十里大湾

画山旅游景区

吴八老岛

呼玛农业科技示范园区

桃源峰水电站库区

团结水电站
（后转制改名桃源峰水电站）

呼玛县革命老区发展史

呼玛县老区建设促进会　编

黑龙江教育出版社

图书在版编目（CIP）数据

呼玛县革命老区发展史 / 呼玛县老区建设促进会编
. -- 哈尔滨：黑龙江教育出版社，2021.5
ISBN 978-7-5709-2209-3

Ⅰ．①呼… Ⅱ．①呼… Ⅲ．①呼玛县－地方史 Ⅳ.
①K293.54

中国版本图书馆CIP数据核字(2021)第078442号

顾　　问　于万岭
丛书主编　杜吉明
副 主 编　白亚光　张利国　李树明　李　勃

呼玛县革命老区发展史
Humaxian Geming Laoqu Fazhanshi

呼玛县老区建设促进会　编

责 任 编 辑　高　璐
封 面 设 计　朱建明
责 任 校 对　杨　彬
出 版 发 行　黑龙江教育出版社
地　　　址　哈尔滨市道里区群力第六大道1305号
印　　　刷　哈尔滨博奇印刷有限公司
开　　　本　787毫米×1092毫米　1/16
印　　　张　19.75
字　　　数　250千
版　　　次　2021年5月第1版
印　　　次　2021年5月第1次印刷
书　　　号　ISBN 978-7-5709-2209-3　　定　　价　48.00元

黑龙江教育出版社网址：www.hljep.com.cn
如需订购图书，请与我社发行中心联系。联系电话：0451-82533097　82534665
如有印装质量问题，影响阅读，请与我公司联系调换。联系电话：0451-51789011
如发现盗版图书，请向我社举报。举报电话：0451-82533087

《呼玛县革命老区发展史》
编纂委员会

主　　审　孙金峰

副 主 审　蒋明明

主　　任　王力勇

副 主 任　王中尉　　赵　春　　周重芳

责任编辑　张连孝　　高哲庸

编　　辑　万绪英　　张文梅　　张连孝　　周广厚

　　　　　　　闻桂丽　　高哲庸

图片整理　张文梅　　郑晓鹏

打字校对　邓桂云

总　序

　　在举国欢庆新中国成立70周年前夕，中国老区建设促进会王健会长请我为《全国革命老区县发展史》丛书作序，作为一名在老区战斗过并得到老区人民生死相助的老兵，回首往事，心潮澎湃，感慨万千，深感义不容辞，欣然应允。

　　中国革命老区，是以毛泽东为代表的中国共产党人在领导人民推翻帝国主义、封建主义和官僚资本主义三座大山，争取民族独立和人民解放伟大斗争中建立的革命根据地，在这片红色的土地上，诞生了无数可歌可泣的革命英雄儿女，为后人树起了一座不朽的丰碑。她是新中国的摇篮，是党和军队的根。

　　在艰苦卓绝的战争年代，老区人民把自己的命运与中华民族的命运紧紧地联系在一起，与中国共产党和人民军队的命运紧紧地联系在一起，他们生死相依，患难与共。我曾亲历过战争年代，并得到过老区红哥红嫂的救助，切身感受到发生在身边的一幕幕撼天动地的革命故事，在那极其艰难的条件下，老区人民倾其所有、破家支前，不怕艰难困苦，不怕流血牺牲。"最后一碗米送去做军粮，最后一尺布送去做军装，最后一件老棉袄盖在担架上，最后一个亲骨肉送去上战场"，这是当时伟大的老区人民为建立新中国做出巨大牺牲的真实写照，它将永远镌刻在中国共产党、中国人民解放军、中华人民共和国的历史丰碑上。他们的光辉业绩永载史册，他们的革命精神必将影响一代又一代的革命新人，造就一代又一代的民族脊梁。

在社会主义革命和建设时期，革命老区和老区人民响应党的号召，面对落后的面貌、脆弱的经济、恶劣的生态环境，他们本色不变，精神不丢，自力更生，艰苦奋斗，干一行爱一行。始终坚持"革命理想高于天"，自觉做共产主义远大理想的坚定信仰者和忠实实践者，勇于向恶劣的自然环境和贫穷落后宣战，他们在各条战线上为国建功立业，用平凡的双手创造了一个又一个不平凡的奇迹，彰显了老区人的崇高精神和人格力量。

在改革开放的伟大进程中，老区人民解放思想，勇于创新，发奋图强，攻坚克难，老区的经济社会建设取得了辉煌成就。特别是在改变中国的面貌、中华民族的面貌、中国人民的面貌、中国共产党的面貌的伟大实践中发挥了至关重要的作用。老区人民既是改革开放的参与者，也是改革开放的推动者。

艰苦练意志，危难见精神。老区人民在近百年的革命战争、社会主义建设和改革开放的伟大实践中，孕育形成了伟大的老区精神：爱党信党、坚定不移的理想信念；舍生忘死、无私奉献的博大胸怀；不屈不挠、敢于胜利的英雄气概；自强不息、艰苦奋斗的顽强斗志；求真务实、开拓创新的科学态度；鱼水情深、生死相依的光荣传统。这是党和人民宝贵的精神财富、丰厚的政治资源，是凝心聚力、振奋民族精神的重要法宝，也是社会主义核心价值观的重要内容。

中国老区建设促进会怀着强烈的政治责任感和历史使命感，组织全国各地老促会人员克服困难，尽心竭力编纂《全国革命老区县发展史》丛书，记录老区的光辉历史和辉煌成就，传承红色基因，弘扬老区精神，是功在当代，利及千秋的一件大事。手捧这部丛书的部分书稿，读着书中的故事，倍感亲切，深感这部丛书具有资政、育人、存史的社会功能，有着重要的时代和历史价值。它是不忘初心、牢记使命的源头活水，是赞颂共产党、讴歌老区人民的一部精品力作，是弘扬老区精神、传承红色记忆的丰厚载体，是一项继承优秀传统文化、弘扬革命文化、发展社会主义先进文化，坚定"四个自信"的宏大文化工程。它必将成为一种文化品牌，为各界人士了解老区宣传老区支持老区提供一部有价值的研究史料。希望读者朋友们能从中了解并牢记这些为党和民族的利益不断奉献的老区人民，从中得到教益，汲取人生奋斗的精神动力。

新时代赋予新使命，新起点开启新征程。让我们更加紧密地团结在以习近平同志为核心的党中央周围，坚持以习近平新时代中国特色社会主义思想为指导，增强"四个意识"，坚定"四个自信"，做到"两个维护"，弘扬老区精神，铭记苦难辉煌。为实现"两个一百年"奋斗目标，实现中华民族伟大复兴的中国梦做出新的更大的贡献！

2019 年 4 月 11 日

编写说明

2017年6月，中国老区建设促进会组织全国各地老促会启动编纂《全国革命老区县发展史》丛书，按照"建立中国共产党、成立中华人民共和国、推进改革开放和中国特色社会主义事业"三大里程碑的历史脉络，系统书写革命老区百年历史，深入挖掘革命老区红色文化资源，这对于充实丰富中国革命史籍宝库、在新时代传承红色基因、弘扬革命精神、强固根本，对于激励人们在新的历史条件下夺取中国特色社会主义伟大胜利，实现中华民族伟大复兴的中国梦具有重要意义。

丛书编纂以习近平新时代中国特色社会主义思想为指导，以《中国共产党历史》《中国共产党的九十年》等重要文献为基本依据，以党的领导为核心，以老区人民为主体，以老区发展为主线，体现历史进程特征，突出时代发展特色，坚持辩证唯物主义和历史唯物主义相统一、历史真实性与内容可读性相统一的原则，书写革命老区从站起来、富起来到强起来的光辉革命史、不懈奋斗史、辉煌成就史，把老区人民的伟大贡献、伟大创造、伟大成就、伟大精神充分展示出来，形成一部具有厚重历史特征和鲜明时代特色的精品力作。这是一部培根铸魂、守正创新，既为历史立言，又为时代服务，字里行间流淌着红色血脉、催生着革命激情的传世之作。丛书的编纂出版将成为讴歌党讴歌人民讴歌时代、传播红色文化、为革命老区和老区人民树碑立传的重要载体。丛书按照编年体与纪事本末体相结合、以编年体为主的编写体例确定框架结构；运用时经事纬、点面结合的方式记述史实；坚持人事结合、以事带人的原则处理人与事的关系；采取夹叙夹议、叙论结合以叙为主的方法展开内容。做到史料与史论、历史与现实、政治与学术统一，文献性、学术性、知识性相兼容。

为编纂好《全国革命老区县发展史》丛书，打造红色文化品牌，中国老区建设促进会认真组织积极协调，提出政治立场鲜明、史料真实准确、思想论述深刻、历史维度厚重、时代特色突出、编写体例规范、篇目布局合理、审读把关严格、出版制作精良的编纂出版总要求，力求达到革命史籍精品的精神高度、思想深度、知识广度、语言力度，增强丛书的权威性和社会影响力。各省（区、市）、市（州、盟）、县（市、区、旗）老促会的同志，以强烈的使命感、责任感和紧迫感，勇于担当，积极作为，认真实施，组织由老促会成员、专家学者等参加的十余万人编纂队伍。编纂工作主体责任在县，省、市组织协调、有力指导、审读把关。各方面人员以高度负责的精神和科学严谨的态度，满腔热情地投入工作，为丛书编纂出版做出了重要贡献。丛书编纂工作还得到了党和国家有关部委、地方各级党委政府及有关部门的大力支持和积极参与，社会各界也给予了热情帮助。中共中央政治局原委员、中央军委原副主席、原国务委员兼国防部长迟浩田上将，对老区人民怀有深厚感情，对革命老区建设发展十分关注，欣然为《全国革命老区县发展史》丛书作总序。

　　丛书由总册和1 599 部分册（每个革命老区县编纂1部分册）组成，共1 600 册。鉴于丛书所记述的史实内容多、时间跨度长和编纂时间紧，不妥之处，敬请批评指正。

中国老区建设促进会

目　录

序

　　呼玛，是黑龙江上游最早建立县治的地区，因呼玛尔战斗和两次雅克萨战斗而闻名遐迩，具有悠久的历史和光荣的革命传统，两江一河（黑龙江、嫩江、呼玛河）文化底蕴殷实厚重。英勇的呼玛儿女，在抗击沙俄和日军入侵、剿除匪患建立民主政权的斗争中，做出了突出贡献。新中国成立后，在中国共产党的领导下，呼玛人民坚持走中国特色社会主义道路，紧跟改革开放和市场经济发展的步伐，全力推进经济建设、政治建设、文化建设、社会建设、生态文明建设和党的建设，各项改革成绩斐然，各条战线蒸蒸日上。全县面貌焕然一新，呈现出经济振兴、社会和谐、环境优美、民风淳朴、生活富庶、城乡一体的繁荣景象，发展成为宜居、宜业、宜游、滨水型、生态型、花园式的靓丽小城。

　　按照中国老区建设促进会的部署及省、地老区建设促进会的要求，呼玛县老区建设促进会编纂出版了《呼玛县革命老区发展史》。全书真实、客观地记述呼玛老区人民艰苦创业、奋发图强，改变家乡贫穷落后面貌所走过的不平凡路程和付出的艰辛努力。展现了新中国成立后，特别是党的十一届三中全会和党的十八大以来，呼玛老区人民贯彻习近平新时代中国特色社会主义思想，在产业发展、民生改善、文化繁荣、文明创建等各领域和各行业战线所取得的丰硕成果；讴歌了呼玛老区人民继承和发扬优良革命传统，传承红色基因，不忘初心、牢记使命，全身心投入到改革开放引领经济建设中所作出的卓越贡献。本书的出版，既能为后人留下翔实的地方史料，又能以史明鉴为爱党爱国爱家乡教育提供教材，其意义深远。

习近平总书记指出，历史是最好的教科书，历史是最好的老师，历史是最好的清醒剂，中国革命历史对共产党人来说是最好的营养剂。在举国上下庆祝中国共产党成立100周年的喜庆日子里，有幸出版《呼玛县革命老区发展史》，是落实习近平总书记"发扬红色资源优势，深入进行党史、军史、老区革命史优良传统教育，把红色基因代代传下去"指示的实践体现，同时也是对中国共产党100周年华诞的美好祝福和真诚献礼。借此机会，衷心祝愿伟大的中国共产党日益强大、坚不可摧、勇往直前。

在此，向付出辛勤劳动的编写人员致以敬意，向支持和帮助此书编辑出版的各部门单位领导和社会各界人士表示感谢。作为一县的党政主要领导，我们愿与全县各族人民一道，以习近平新时代中国特色社会主义思想为指导，勠力同心，团结奋进，共同开创更加美好的明天。

是以为序。

中共呼玛县委员会书记

呼玛县人民政府县长

2021年3月30日

概 述

　　呼玛县最早建立县治于1914年，因县域内的呼玛尔河（亦称库玛尔河，即今呼玛河）得名，系蒙古语系达斡尔语"高山峡谷不见日光的激流"之意，是当时中国最北的县份。此后，行政区划数次变更。1947年，鸥浦县、漠河县并入，全县总面积64 288平方千米。1981年5月，析置漠河、塔河两县，东隔黑龙江与俄罗斯相望，北与塔河县相连，西与新林区、松岭区接壤，南与黑河市的爱辉区、嫩江县毗邻。1993年，核定县域面积14 262.31平方千米。

　　呼玛县是大兴安岭地区唯一以农业为主建制县。2019年末，户籍人口44 254人（其中城镇人口23 713人），有满族、蒙古族、回族、鄂伦春族、达斡尔族、朝鲜族、俄罗斯族等13个少数民族3 000余人，辖6乡2镇54个行政村，其中白银纳乡是鄂伦春民族乡。少数民族中，鄂伦春族是1953年结束游牧部落生活下山定居。县城呼玛镇是黑龙江上游唯一坐落在江畔的县级市镇，1993年5月经国务院批准对外开放的国家一类客货口岸。大兴安岭地区的直属森工企业韩家园林业局全部施业区和十八站林业局部分施业区在县境内，韩家园林业局局址驻地韩家园镇，是祖国最北铁路支线之一塔（河）—韩（家园）铁路的终点站。位于三卡乡境内的桃源峰水电站是中国最北水电站，装机1.05万千瓦，库容量1.5亿立方米，已并入国家电网。

呼玛县是国家二类革命老区，三卡、鸥浦、北疆、兴华、金山和呼玛镇、韩家园镇等7个乡镇是革命老区乡，其中30个行政村是革命老区村。"九一八"事变后，东北全境沦陷。1932年，呼玛陷入伪满洲国统治之中，日本侵略者实行撤乡并村屯垦殖民奴化统治，疯狂掠夺粮食、森林和黄金等各种资源，激起各族人民的强烈反抗。1941年12月初，东北抗日联军第三路军三支队在王明贵带领下，翻越伊勒呼里山转战大兴安岭，破坏日伪伐木和采金基地，点燃群众抗日烽火。1945年8月，日本侵略者投降后，反动势力维持会把持权力，勾结土匪武装阻挠党组织接收呼玛，群众积极配合支持人民武装剿除匪患。1946年8月13日，东北民主联军进驻呼玛，成立民主政权呼玛县政府，呼玛回到人民的怀抱，隶属黑河地区行政办事处。1949年4月，改称呼玛县人民政府。1970年4月，呼玛县从黑河地区专员公署转隶大兴安岭地区。

呼玛具有厚重的历史文化底蕴，融合了鄂伦春民族文化和黄金开采、大兴安岭开发、知青戍边等多元文化。权威考古发掘证实，呼玛地区遗存一万余年前的旧石器文明。历史记载从西周至春秋开始，先后有鲜卑、契丹、女真、蒙古、满族等民族发展壮大，直至问鼎中原。明、清时期，在呼玛地区建立军政机构实行有效管辖，至民国时期建立县制。呼玛是抗击俄匪入侵的前哨，经历过日伪殖民统治。在20世纪60年代末，约8 000余名上海等地知识青年响应号召，赴呼玛下乡戍边垦荒。在中苏边境爆发的局部冲突中，中国军民同仇敌忾，誓死捍卫边境领土主权。呼玛是大兴安岭三次开发的重要登陆地，从1955年开始，数万名建设者从这里挺进高寒禁区的原始森林腹地，克服恶劣的自然环境，将铁路、公路和通信线路伸进大山深处，创建严密的森林管护经营机构网络，开展次生林抚育伐、幼林抚育、植树造林、林木种子采集和病虫害防治等基础性营林工作，形成森林资源统一经营管理的模式，完成艰苦卓绝的大兴安岭开发建设，为新中国经济建设贡献宝贵的林木资源，发展成为祖国最北边陲的重镇农业县。

呼玛县境内矿产和动植物资源丰富，生态环境良好，黑龙江呼玛段峰奇滩险，风光秀丽，被称为"黑龙江上小三峡"。由于地理环境和历史等原因，呼玛长期处于封闭状态，人才匮乏，思想守旧，资源没有得到有效的开发利用，经济和社会发展相对缓慢滞后。

党的十一届三中全会为呼玛经济社会发展注入了生机活力，全县人民坚持改革、开放、搞活的方针，解放思想，开拓进取，以经济建设为中心，大力发展商品经济，社会各项事业取得长足进步。在深化改革中认真总结经验和不足，结合实际制定经济社会发展的目标思路和方针策略，黄金、林木等资源得到开发利用，农业种植机械化全面普及，基础设施建设投入大幅增加，社会服务事业逐步完善，城乡人居环境发生了翻天覆地的变化，社会主义新农村建设成果多彩纷呈，边陲老县的面貌日新月异。党的十八大以来，全县人民以习近平新时代中国特色社会主义思想为指引，加快转型改革步伐，注重实效精准发力，深入落实"兴边富民"政策，提升社会保障能力，稳步推进乡村振兴战略实施，不断增进民生福祉，巩固脱贫攻坚成果，满足人民群众日益增长的美好生活需要，建设繁荣富庶、文明和谐、幸福美丽的滨水型生态宜居边境县，走向全面小康和谐发展的新征程！

第一章　县域概况

第一节　历史沿革

中国科学院古脊椎动物与古人类研究所、中国社会科学院考古研究所和黑龙江省博物馆发掘的旧石器时代晚期遗存鉴定，距今1万余年，呼玛地区就有人类生存繁衍。20世纪90年代发掘出土的文物表明，公元10世纪，金朝就对黑龙江上游、呼玛尔河沿岸地区实行管辖。

先秦古籍记载，3 000余年前，黑龙江流域的部落联盟就和中原王朝建立了臣属关系。

西周至春秋时期，呼玛地区属肃慎。公元前11世纪，东北远古居民肃慎人贡献"楛矢石砮"（楛木箭杆、青石箭镞）表示臣服于周王朝。

汉至三国为挹娄。西汉至魏晋时期，同是北方部族贝加尔湖以东的东胡族联盟为匈奴所破，溃遁成两支。一支遁入大鲜卑山（今大兴安岭）更名鲜卑；一支退居今内蒙古东部西拉木伦河与洮儿河一带易名乌桓。

北魏时期，原东北远古居民肃慎人，时称挹娄后更名勿吉，进入今松花江流域通贡于中原，臣服于北魏王朝。是时，鲜卑后人室韦人崛起，役统黑龙江上游、嫩江流域，征服此间游牧民族并向中原称贡。

隋唐时期，额尔古纳河流域、呼玛尔河流域为蒙兀室韦之地，归西路招讨使。唐开元年间（713—741年），唐王朝在室韦族居住区中心设室韦都护府，受安东都护府管辖。唐天宝元年（742年）改属平卢节度使节制。

916年，契丹人建立中国北部区域性政权（即契丹国，后改国号为辽），继唐朝在黑龙江上游地区设治管辖室韦各部。辽初，呼玛尔河沿岸属东京道室韦王府管辖。辽圣宗时，改属西北路招讨司室韦节度使管辖。

金代，1115年，呼玛尔河沿岸属金上京路所辖蒲峪路（治所在今克东县境内）万户府，后改属西北路招讨司室韦节度使管辖。

元代，1214年，成吉思汗灭金后开始分封诸侯，将今嫩江流域以北、外兴安岭以南之地，封给其弟铁木哥·斡赤斤。黑龙江流域、额尔古纳河流域是其弟哈萨尔家族世袭封地。蒙古窝阔台七年（1235年），元朝，呼玛尔河沿岸属辽阳行省开元路管辖。

明朝时期，永乐四年（1406年）8月，中国政府就设立托木河卫，管理大兴安岭北、外兴安岭南的黑龙江上游地区。1411年春，正式设立奴儿干都指挥司。明朝正统后、嘉靖年间，相继设立万山卫（位于现呼玛县金山乡察哈彦村黑龙江对岸俄罗斯境内）、木河卫、塔哈卫、额克卫等卫、所军政管理机构，对呼玛尔河流域、黑龙江上游和乌苏里江流域等地实施有效管辖。

清初，黑龙江上游、呼玛尔河流域编入满洲八旗，沿岸部落通归牛录章京管辖。

顺治元年（1644年），清军入关后，统一黑龙江中上游地区，整个东北由盛京总管府管辖。顺治三年（1646年），改总管府为盛京昂邦章京。顺治十年（1653年），改属宁古塔昂邦章京。

康熙元年（1662年），宁古塔昂邦章京更名宁古塔将军。

康熙二十二年（1683年），划出归黑龙江将军衙门，至光绪末年。

康熙二十三年（1684年）春，清政府命盛京将军副都统穆泰，会同黑龙江将军、瑷珲副都统率兵修筑以军事用途为主的呼玛尔木城（今黑龙江与呼玛河汇流处的一个岛上），该木城在第二次雅克萨战争后逐渐废弃（1921年木城遗址尚存，后被洪水冲毁）。康熙三十年（1691年），清政府设置布特哈总管衙门，统辖黑龙江流域、嫩江流域的鄂伦春、达斡尔等民族事务，将鄂伦春族编入布特哈总管衙门，其辖境共设五路八佐。呼玛尔河流域的鄂伦春族人属于库玛尔路。

清雍正五年（1727年），清政府在呼玛尔河口设置呼玛尔卡伦，管辖黑龙江上游和呼玛尔河流域。

清光绪八年（1882年），清政府在五路鄂伦春中心区兴建兴安城总管衙门（今嫩江县塔溪乡内），强化边防和鄂伦春族事务属管理。

清光绪九年（1883年），撤销兴安城总管衙门，将库玛尔路鄂伦春划归瑷珲副都统衙门管辖，并在黑龙江城（今黑河市爱辉镇）设立鄂伦春协领公署。

清宣统元年（1909年），在库玛尔江口设立军政合一的地方政权机构库玛尔总卡（亦称呼玛尔总卡，今金山乡金山村），辖有倭西门卡（今鸥浦乡老街基岛）、察哈彦卡（今金山乡察哈彦村）、库玛尔卡（今呼玛镇湖通镇村）、安干卡（今鸥浦乡正棋村）、依西肯卡（今塔河县依西肯乡）、旺哈达卡（今金山乡）6处卡伦。

清宣统元年（1909年）六月，因"金厂勃兴、冲要繁杂"，黑龙江省会议厅决定，在库玛尔江口（亦称金山口）处设呼玛厅设治局。

1912年7月1日，呼玛尔总卡更名呼玛厅设治局，设治局公署行使军事、政治、司法、财政等职权。

1914年，呼玛厅设治局改升呼玛县，为丁等设治县。10月，黑河道尹令准县公署由金山口迁至古站（今呼玛镇）。1916年5月，呼玛县公署正式迁至古站。

1929年，东北政务委员会成立，废道制，归黑龙江省直管，升一等县，县公署更名县政府、县知事更名为县长。

1932年，伪满洲国公布公署管制，确立东北为五省，呼玛县仍属黑龙江省管辖，为丁等县。

1934年1月，日本侵略军进入呼玛、鸥浦、漠河三县。伪满洲国成立时沿用民国时期行政区划，呼玛和鸥浦为丁级县，漠河为丙级县。伪满洲国实行地方行政机构改革，划东北为14省，归黑河省管辖。

1945年8月13日，苏联红军进驻呼玛。15日，呼玛、鸥浦、漠河三县光复。10月，呼玛县、鸥浦县成立四个维持会。1946年2月，成立临时政权呼玛县政府，各地维持会更名分会。3月，呼玛县政府更名呼玛县自治委员会总会。

1946年8月13日，东北民主联军西满军区第三师特一团解放呼玛。17日，成立民主政权呼玛县政府，隶属黑河地区行政办事处。

1947年6月，《东北新省区方案》合并9省，呼玛划属黑龙江省。5日，鸥浦县、漠河县撤县更名呼玛县鸥浦区，漠河区并入呼玛县，归属黑河行政区督察专员公署。

1949年4月，呼玛县政府更名呼玛县人民政府。

1955年8月9日，呼玛县人民政府更名呼玛县人民委员会。

1967年4月15日，呼玛县人民委员会由呼玛县革命委员会取代。

1970年4月1日，呼玛县由黑河专区划出，归大兴安岭地区管辖。

1980年9月25日，呼玛县第八届人民代表大会撤销县革命委员会，恢复县人民政府称谓。

1981年5月14日，国务院《关于黑龙江省设立塔河县、漠河县的批复》，呼玛县析置漠河、塔河两县，原开库康、依西肯、十八站公社归新设立塔河县，漠河、兴安公社划出设立漠河县（10月办理交接手续），呼玛县面积由64 288平方千米变为14 335平方千米（1993年核定为14 262.31平方千米），县域南北长230千米，东西宽135千米。

第二节　自然地理

一、地理环境

呼玛县位于大兴安岭隆起带东侧，小兴安岭西北段余脉，黑龙江上游西南岸，属伊勒呼里山地带，以低山丘陵为主，沿江及河谷地带多为阶地和冲积小平原，地势西北高、东南低，西北部属低山丘陵区，东南部属漫岗平原区，地貌标高143～788米，平均海拔350米（系黄海高程）。

呼玛县东和东北部以黑龙江主航道为国界与俄罗斯相望，北与塔河县相连，西与新林区、松岭区接壤，南与黑河市的爱辉区和嫩江县毗邻。区划范围东经125°03′20″—127°01′30″，北纬50°49′20″—52°53′58″。南北长230千米，东西宽135千米，对俄

（界江）边境线371公里，是黑龙江上游对俄界江最长的县份。

呼玛县属寒温带大陆性季风气候，无霜期80—110天，年均降水量460毫米，年均气温-2℃，年均日照时数2 529小时，年≥10℃的活动积温1 998℃，持续128天左右。寒温带湿润区的低温与水分，生成较为齐全的冻土地貌类型，土壤有暗棕壤、黑土、草甸土和草甸沼泽土4个类型，以暗棕壤为主。

全县山势起伏，河流狭窄，坡陡流急，横向切割明显。划分四个地貌区：

1.沿江低山丘陵小平原区。包括黑龙江沿岸小平原，以及呼玛河、宽河下游入黑龙江冲积扇所形成稍大断续性的小块平原。海拔高度一般在200米以下。

2.低山丘陵河谷阶地区。呼玛河流域最大的河谷阶地小平原地形，东侧为大兴安岭余脉的低山丘陵，西侧为伊勒呼里山余脉的狭长地带。

3.低山丘陵漫岗区。大小兴安岭的交界处，嫩江水系的嘎拉河、加格达河、二根河和呼玛河支流古龙干河流域的低山丘陵，河谷西侧阶地连较大面积漫岗地，形成大面积草原和冻土层。

4.低山丘陵区。呼玛河支流倭勒根河、吉龙河、绰纳河等河流区域山势起伏、坡陡流急、河谷狭窄的低山丘陵，有永冻层与季节冻层，形成泥流阶地与小丘地形。

呼玛河各支流将伊勒呼里山分成几个支脉：

1.查拉班河和倭勒根河分水岭，为西向东走向，主要山峰平顶山，是外倭勒根河支流阿木卡其河源头。

2.倭勒根河和绰纳河分水岭，东西走向，主要山峰有780山、499山、480山。

3.绰纳河、二根河及古龙干河分水岭，主要山峰有708山、基座山、满月山。

4.古龙干河和羊角河分水岭，由西向东走向。主要山峰有四角山、落叶山、尖头山。

5.黑龙江水系南宽河与嫩江水系卧都河分水岭，由西向东走向，主要山峰有616山、河界山。

二、水文

县境内河流分属黑龙江和嫩江两大水系。以伊勒呼里山为分水岭，分为黑龙江、嫩江两大水系，东坡发源地的河流向东注入黑龙江，西坡发源地的河流向西注入嫩江，形成境内河流纵横交错、河网密布、水源丰富、水量充沛的特点。全县水域面积22 660.90公顷，有名称河流127条，无名称河流56条，包括黑龙江、嫩江在内的较大河流39条。河流中有12条适宜建设水力发电设施，其中宽河有水力发电站1处。江河泡沼水面面积占全县总面积1.34%，有自然泡沼603个，水面489.70公顷。

黑龙江水系中县境内江段全长377.50千米，历史最大秒流量2.20万立方米，最小秒流量200立方米。结冰期为半年左右，平均封冻天数160天，平均冰厚1.28米，最大冰厚1.88米。航道宽阔、平稳、水位深、枯水期短、水质清澈，千吨舶轮夏秋通航，运输条件良好。

呼玛河县境内河段长209.60千米，流域面积7 813平方千米。年均封冻天数163天，最大冰厚1.88米，最小冰厚0.89米。河面宽50～200米，年均秒流量184立方米，最大秒流量325立方米，最小秒流量96.40立方米。具备3处良好的水力发电坝址（哈拉巴奇、三间房下游、余庆上沟下游），其中以三间房坝址为最佳，可建大型水库，库容可达52亿立方米，可装机23万千瓦。1982年，经省政府批准建立呼玛河自然保护区（大马哈鱼类活动区），设立呼玛河自然保护区管理站。

　　嫩江水系中呼玛县境内江段长75.60千米，平均宽度55米，流域面积22.20万平方千米。沿途有二根河、嘎拉河、加格达河等支流汇入，水源丰富。

　　全县地表水总面积19 233.33公顷，主要靠降水补给，年均降水量460毫米，多年平均径流总量47.53亿立方米；各种岩隙间地下水量约7.15亿立方米。全县总水量54.68亿立方米，人均占有水量10万立方米，水资源利用率仅在1%～2%。县内几条大的河流水能资源（不包括黑龙江干流）蕴藏量达49.84万千瓦，平均每平方千米有34.77千瓦的水电能量。此外，黑龙江与嫩江在县境内的界江干流段及长度在25千米、流域面积在50平方千米以上的几十条中小型河流，如湖通河、大渔翁河、富拉罕河、哈拉巴奇河、查拉班河、吉龙河、羊角河、加格达河等都有潜在的水能资源开发价值。

　　对全县水质理化性状的化学分析表明，地表水透明度在29～33厘米，总硬度1.90～5.80德国度，pH为6.70～7，溶氧量8～10毫克/升，含铁量0.05～0.80毫克/升，氧化物18～27毫克/升，氟化物0.05毫克/升～1.20毫克/升，总碱度1.50～2毫克/升，水温在0.20℃～2.30℃。

　　全县地下水总量7.15亿立方米，水质基本性状良好，属于重碳酸盐类水的中性水质。矿化度不高，总硬度不大，pH接近中性，主要离子钙、镁等含量比较适度，泥沙杂质少，透明度好。地下水质理化性状为透明度大于30厘米，总硬度0.5～20德国度，pH为6～7，含铁量0.1～1毫克/升，盐类含量19.2～150毫克/升，氯化物10～27毫克/升，氟化物0.05～1.2毫克/升，水温4℃～9℃。全县地下水分3个类型：松散岩类裂隙水，分布在黑龙江、呼玛河流域小平原区，含水层2～10米，埋藏深度1～6米；碎屑岩类裂隙水，分布在山区河谷的盆地边缘和浅丘上，含水层2～5米，深度10米以上；基岩裂隙水，分布在低山、漫岗或山区，埋藏深度在100余米。

三、森林

县域内低山丘陵面积13 517.90平方千米，占全县总面积94.30%。有耕地75 248公顷（均为旱田）、林地面积1 151 817.61公顷、草地24 373.10公顷。境内植被种类繁多，野生草本、木本植物共62科215属374种。家畜可食草本植物58科325种，其中产量高、质量好的优良牧草主要有羊草、小叶樟和五花草类。对家畜有毒有害草类共10科43种，其中有毒类7科34种，有害类3科9种。

1985年《呼玛县资源调查与农业区划》记载，全县有森林114.80万公顷，占全县总面积80.10%。其中，有林地面积101.40万公顷，无林地13.50万公顷，分别占森林面积88%和12%。在有林地中，天然林101万公顷，其中包括幼龄林15万公顷、中龄林6.40万公顷、成过熟林61.54万公顷、防护林10万公顷、樟子松母树林1.54万公顷、其他林2.61万公顷、灌木林0.74万公顷、疏木林3.30万公顷、人工林0.18万公顷；无林地中有采伐迹地1.60万公顷、火烧迹地5.20万公顷、荒山6.70万公顷。活立木总蓄积量7 885万立方米。境内有乔木26种、灌木5种、藤本5种。主要灌木树种17科21属29个种。达乌里区系的代表树种兴安落叶松、白桦、樟子松占大部分，境内中南部蒙古柞和黑桦在山地阳坡及山脊形成稳定的群落，分布很广。原始森林仅存于绰纳河上游，面积不足10万公顷。绰纳河下游、古龙干河、嘎拉河及二根河流域，皆为程度不同的过伐林或遭受破坏的林地，组成树种以桦树、杨树等阔叶树为主，林相较差，面积50万公顷。三卡乡至北疆乡铁帽山以南多为桦树、柞树组成的次生林，面积约30万公顷。金山乡和鸥浦乡均有片状分布的樟子松林，面积1.54万公顷。

1990年森林调查，境内有森林116万公顷，其中呼玛县林业局21万公顷、库伦斯林业局50万公顷、十八站林业局45万公顷。有林地96.50万公顷，无林地17万公顷，森林覆盖率69.30%。

2005年，呼玛县林业局、韩家园林业局森林资源二类清查结果，全县年活立木生长量1 232 658立方米，年活立木消耗量1 175 659立方米，年消长比例1：1.055。年资源增长量大于资源总消耗量。森林资源消长变化总趋势：针叶林比重下降，阔叶林比重上升；幼中龄林大幅增长，后备资源较为丰富；生态公益林比重大幅增长，商品林比重减少。

林木以兴安落叶松、樟子松及柞树、白桦树等混交林为主，有相当数量的沼柳和少量的杨树、榆树、水曲柳、黄菠萝和榛子、兴安胡枝子、兴安杜鹃等灌木。天然草场以林缘草地为主，沿河流沟谷呈树枝状分布，可划分为草本沼泽类、沼泽草甸类和灌丛类三个类型。草本植物中主要建群植物有小叶樟、五脉山黧豆、苔草、紫花和白花地榆、大叶樟、大油芒等。漫岗面积200.70平方千米，占全县总面积1.40%，多分布在加格达河、嘎拉河流域，植被多为都柿甸子、羊草甸子、柞桦树林地和次生混交林。河谷阶地与河谷小平原面积616.40平方千米，占全县总面积4.30%，分布在黑龙江、嫩江沿岸及呼玛河两岸的狭长地带（包括黑龙江中境内大小岛屿），植被多属草甸及沼泽化草甸疏林地及河柳。

四、草场

1985年，县农业区划办公室完成《呼玛县草场资源调查与畜牧业区划》，天然草原总面积225 948公顷（不包括林业区划中的林间草地面积），占全县总面积15.80%，其中疏林草地22 330公顷。天然草原中，可利用草场面积200 733.33公顷，占天然草原总面积88.80%。天然草场以林缘草地为主，沿河谷、沟坡呈树枝状分布，片大集中，绵延相连。连片草场有223块，其中面积在666.67公顷以上的有71块。

1986年，为加快经济发展，进行"五荒"资源大规模开发，强化黄金开采，发展道路交通和拓展城乡基础设施建设，相当数量的天然草场被毁占而挪作他用。至2000年，全县可利用天然草场面积减少。

2003年，国家林业局大兴安岭林业调查规划设计院对宜牧草场资源进行踏查和普查，初步认定呼玛县有宜牧草原235 827公顷（包括林间草地，未含韩家园林业局湖通河林场草地）。

草原类型以林缘草地和沼泽草地为主，沿江河呈树枝状分布，绵延相连，生长茂密，草种繁多。主要建群植物以小叶樟、苔草、五脉山黧豆、紫花地榆、白花地榆、五花草、羊草、大叶樟等居多。家畜可食用草本植物310种，主要用作牧草13种。因受地形、气候、土壤、水文等诸因素影响，天然草场形成不同的草场植被类型，共分3类、5个组、5个型。

1.草本沼泽类。草本沼泽类草场主要分布在江河两岸地势低洼地段，有常年或季节性积水，降水不易排出。分为两个组：（1）沼泽土根茎莎草组，植物群落以草本植物和小叶樟占优势，土壤属草甸沼泽土，透气性差，微生物活动受到抑制，有机质得不到分解，形成苔草与杂草类草型，面积为0.39万公顷，占可利用草场的17%，多分布于嫩江、加格达河、嘎拉河、古龙干河、葛拉曼河、羊角河沿岸。（2）沼泽土根茎禾草组，植物群落以狭叶甜茅和小叶樟生长居多，伴生白花地榆、修氏苔草及喜湿性植物，土壤属沼泽土壤，即狭叶甜茅与小叶樟杂类草型，植被总盖度为60%，分布在河流两岸附近的疏林草地和泡沼附近。

面积为3.17万公顷，占可利用草场的14.20%。

2.沼泽草甸类。沼泽草甸类草场多在江河两岸地势低洼而平缓的地段和山谷沟塘中，植被组成多为湿中生丛生根茎莎草，有两个组：（1）沼泽草甸土根茎莎草组，植物群落多以苔草、小叶樟为优势种，伴生有牛鞭草、山黧豆等豆科牧草，还有地榆及杂类草，俗称"五花草塘"，植被总盖度为81%，面积为8.68万公顷，占草场总面积的38.40%；（2）沼泽草甸土根茎灌丛莎草组，植物群落多以丛桦、苔柳、都柿为优势种，伴生有苔草、地榆及杂类草，草质低劣，利用率低。多分布在半山坡、漫岗低洼地及沟谷阶地，有季节性积水，土壤属草甸沼泽土，植被总盖度为65%，面积为1.39万公顷，占可利用草场总面积的6.20%。

3.灌丛草甸类。灌丛草甸类草场分布在河流两岸的缓坡地带，地势较高，雨水多时则常有短暂流水。属灌木或半灌木，和草原草本植物占同等地位的兼有型疏林草场。植被成分以白桦、蒙古栎、地榆、大油芒为优势种，伴生有胡枝子、小叶樟、苔草、黄连花及杂类草。该草场只有1个组，即暗棕壤灌丛杂类草组。植被群落地榆、小叶樟等占该类型草场植被组成的31%，胡枝子等豆科植物占2%，其他为灌木丛，丛桦、蒙古栎散生其中。植被总盖度为60%，面积5.47万公顷，占草场总面积的24.20%。

宜牧草种类中，家畜可食用木本草本植物58科325种，许多木本植物的嫩枝条、芽、花、茎、叶也是家畜喜食的饲料。在天然草场中牧草种类较多，其中产量高、质量好的优良牧草主要有羊草、小叶樟和五花草类。

有毒有害草种类。《呼玛县有毒有害植物名录》记载，对家畜有毒有害草类共10科43种，其中有毒类7科34种，有害类3科9种。

有毒草类有：（1）毛茛科：北乌头、草地乌头、东北乌头、兴安乌头、细叶乌头、大花银莲花、多被银莲花、阴地银莲花、棉团铁线莲、西伯利亚铁线莲、芹叶铁线莲、科氏飞燕草、白头翁、兴安白头翁、细叶毛茛、长喙毛茛、兴安毛茛、石龙芮毛茛、毛茛、展枝唐松草、箭头唐松草、腾唐松草、香唐松草、深山唐松草。（2）大戟科：乳头大戟。（3）瑞香科：断肠草。（4）伞形科：细叶毒芹、毒芹。（5）杜鹃花科：兴安杜鹃（达子香）。（6）唇形科：黄芩、乌苏里黄芩、并头黄芩、百里香。（7）茄科：龙葵（油油）。

有害草类有：（1）旋花科：菟丝子。（2）茜草科：蓬子草。（3）菊科：绒北蓟、烟管蓟、大蓟、刺菜、苍耳、燕子花、马蔺。

五、矿藏

呼玛县矿产资源丰富，已查明有黄金、磷、铁、铜、银、褐煤、石灰石、沸石、大理石、石英砂、石墨、珍珠岩、高岭土、膨润土、云母、石棉等矿产资源。

1.黄金。成矿类型属冲积成因，且以河谷型为主，以沙金为多，亦有岩金。主要分布在富拉罕河、呼玛河（包括倭勒根河、玻璃沟河、绰纳河等支流）、湖通河、宽河（包括汗达河、葛拉曼河、羊角河等支流）、二根河、嘎拉河流域及黑龙江边。有达拉罕沙金矿区、吉龙沟沙金矿床、韩家园子富西里沙金矿区、兴隆沟沙金矿、嘎鲁河（五道沟、大四道沟）沙金矿、宽河和二十四号桥热液石英脉型金矿和四道沟、旁开门火山岩型金矿。

2.褐煤。主要分布在呼玛镇椅子圈、金山乡翻身屯、鸥浦乡九峰山，蕴藏量在1.70亿吨。兴华乡新立大沟、白银纳乡乌苏蒙、呼玛镇余庆沟、北疆乡嘎拉河均有褐煤矿体发现。

3.石英砂。主要分布在距三卡乡10千米的馒头山附近，储量

4 000余万吨。

4.珍珠岩。分布于三卡乡星山村西南15千米处，埋藏浅且储量丰富，可露天开采。

5.高岭土。分布于呼玛镇湖通镇村和白银纳乡乌苏蒙村附近，储量数百万吨，耐火度达1 700度，可露天开采。

6.石灰石。主要分布在韩家园镇兴隆办事近处大碴子村附和三卡乡西南栖林河右岸，储量在2 000万吨以上。

7.石墨。分布在北疆乡铁帽山村燕音河桥附近，储量50余万吨，可露天开采。

此外，鸥浦乡境内的大理石，韩家园镇兴隆办事处境内的云母、铁矿、石棉矿，均有较大储量。

六、野生动物

呼玛县内有丰富的动物资源。在深山密林中繁衍栖息着棕熊、驼鹿、猞狲、狐狸、狼、貉、獾、紫貂、雪兔、野猪、黄鼬、狍、灰鼠、麝鼠等。近年来大型食肉动物和鸟类减少，小型禽、兽类增加，80%以上的珍稀濒危动物物种和60%以上的典型寒温带森林及湿地生态系统得到有效保护，一些野生动物被列为国家二类或三类动物保护对象。境内有两栖纲动物有2目4科7种，爬行纲2目3科7种。全县鸟类属16目40科共237种，另有13个亚种。其中雀科种数最多，有30种，其次是鸭科25种、鹬科22种。以花尾榛鸡（飞龙鸟）、榛鸡、雉鸡（野鸡）、天鹅等最负盛名。

七、野生植物

呼玛县境内木本草本植物总计62科215属374种，其中草本植物45科193属345种。野生植物资源中的浆果类有蓝莓（都柿）、越橘（雅格达、红豆）、草莓（高粱果）、野玫瑰果（刺玫果）、稠李子、蓝靛果等，是酿酒、制饮品的天然原料。另有可食用的山野菜数十种，蒲公英（婆婆丁）、山芹菜、柳蒿芽等最为常见。

食用菌类有黑木耳、猴头蘑、桦树蘑、榛蘑、草蘑、花脸蘑、松茸和珍贵稀少的毛尖蘑。野生黑木耳和蘑菇的主要品种也多进入人工培植阶段。

中药材有驰名中外的黄芪，在《神农本草经》中被列为上品。五味子、党参、一轮贝母、赤芍、柴胡等，是大兴安岭寒地800种中草药材的重要组成部分。药材质量上乘，无污染，分布广，产量高，远销省内外。

1.药用植物。约240种，有滋补类的黄芪、黄精、沙参、百合、川续断；利尿逐水类的车前、瞿麦、火绒草；止咳平喘类的桔梗、紫苑、杜香、杜鹃、独行菜；理血类的赤芍、益母草、元胡、景天、接骨木、地榆、龙胆、白鲜、小蘗、祁州漏芦。常用中草药还有防风、白芷、黄芩、荆芥、独活、威灵仙、秦艽、五味子等。珍贵药材有草苁蓉、手掌参、一轮贝母、松杉灵芝、杂色云芝、猴头菌等。

2.纤维植物。草本类的主要有大叶樟、小叶樟、射干、芦苇、野古草、羊胡子、苔草、柳兰等；灌木类有胡枝子及各种灌木柳；乔木类的有山杨、甜杨、钻天杨。野生纤维植物在境内分布普遍，蕴藏量大，应用范围广泛，主要用于纤维、纸浆、编织和包装用品等。可利用大部分草本植物、兰科植物和杨、柳、榆、桦等乔本植物的嫩枝叶大力发展牛、羊、兔的养殖业。

3.单宁植物。亦称鞣料植物，其浸膏即为"栲胶"，是皮革工业的重要原料，并用于蒸汽锅炉的软化水剂和纺织印染、医药工业。境内除兴安落叶松、樟子松、云杉等树皮可提取单宁外，还有种群庞大的杨柳科植物、牻牛儿苗科植物、蔷薇科植物都含有大量单宁。主要种类有：白桦、蒙古栎、金老梅、蒿柳、五蕊柳、赤杨、酸模、委陵菜、地榆、鼠常草、老鹳草、柳兰等。

4.芳香油植物。主要以杜鹃科、唇形科、柏科和菊科植物为主，有兴安杜鹃、狭叶杜香、裂叶荆芥、黄芩、百里香、兴安桧以及菊科、百合科的毛百合、铃兰等。

5.油料植物。按其价值分为干性油、半干性油、不干性油3种，油脂分食用、药用、工业用。主要含油类植物有偃松、兴安落叶松、樟子松、榛子、胡枝子、接骨木、播娘蒿、苍耳、分叉蓼、牻牛儿苗、山野豌豆、越橘等。

6.饮料、色素、果酒植物。以食用果品、真菌和野菜种类较多，蕴藏量较大。主要特产为蓝莓，其次有蓝靛果、忍冬、稠李子、茶藨子、东方草莓等，营养物质丰富，是加工饮料、果酒、果酱及提取天然色素的上好原料。

7.其他经济植物资源。（1）蜜源植物，主要有胡枝子、地榆、悬钩子等，其次为牻牛儿苗、委陵菜、升麻及蒿属等。（2）淀粉植物，主要有蒙古栎、玉竹、黄精、毛百合、沙参、委陵菜、蕨等。（3）食用树液植物，主要有白桦、黑桦、岳桦，从树干提取汁作为原料，经加工配料后可酿制成饮料。

8.主要山特产品。包括榛子、橡子、蓝莓、稠李子、野玫瑰果、越橘、蕨菜、黄花菜、蒲公英，以及毛尖蘑、榛蘑、草蘑、桦树蘑、木耳、猴头菇等食用菌。

八、野生鱼类

境内鱼类资源十分丰富。1985年《呼玛县资源调查与农业区划》载，全县江河泡泽中共有鱼类隶属17科60种。其中，鲟科鱼类2种，占总数的3.60%；鲤科鱼类33种，占58.90%；鲑科鱼类4

种，占7.10%；其余12科21种，占30.40%。主要经济鱼类有鲤鱼、鲫鱼、鲢鱼、翘嘴红鲌、唇螖、雅罗、鲶鱼、拟赤梢鱼、大马哈鱼、鳇鱼、鲟鱼、哲罗鱼、细鳞、狗鱼、鳌花、鳊花、白鲢等。

鱼类群体组成因水域而异。自然泡沼中鲫鱼占绝对优势，其次是鲑鱼、鲂鲅、狗鱼、鳅类；山间河溪中多为冷水鱼类，有哲罗、雅罗、细鳞、鲑鱼等；黑龙江干流中唇螖占优势，其次是哲罗、细鳞、狗鱼、鲶鱼、黄颡鱼、雅罗、翘嘴红鲌等。

呼玛河干流长，支流多，沙砾河底，水温较低，是黑龙江省海洋大马哈鱼主要洄游产卵区，产卵孵化幼鱼归海，成鱼洄游，年年如此。呼玛河同时也是哲罗、细鳞等冷水鱼类产卵繁殖生长的场所。为保护特产鱼类自然增长，增殖鱼源，县开展了人工孵化放流。1982年，省政府将呼玛河划定为自然保护区并设立管理机构，保护区范围为呼玛河干流的全部水面和各支流水面。

第二章　抗击沙俄入侵

第一节　沙俄武装侵略东扩

15世纪末16世纪初，在莫斯科大公国基础上依靠蒙古金帐汗国吞并其他俄罗斯公国逐步独立。1547年，伊凡四世执政自称"沙皇"，向西伯利亚扩张，掠夺毛皮等资源，在叶尼塞河中游和勒拿河流域建立叶尼塞斯克和雅库茨克两个据点，组织盗匪窜到黑龙江上游地区抢劫粮食，供应沙俄军队和移民，图谋进入中国。

1644年清军入关后，清军兵力南下，对内镇压人民反抗，对外实行闭关自守政策，黑龙江流域人口稀少，兵力空虚，给沙俄扩张侵略黑龙江上游造成可乘之机。

（一）沙俄侦探黑龙江

1636年，伊万·莫斯科维金带领30名士兵沿阿尔丹河、马雅河向东到鄂霍次克海，从俘获的鄂温克人得知黑龙江流域蕴藏银矿、盛产粮食，鄂温克族人以毛皮向中国纳贡。1639年，马克西姆·佩尔飞利耶夫带领士兵继续向南探险黑龙江流域，了解到黑龙江上游雅克萨附近达斡尔人的信息。1640年，雅库茨克总督彼得·戈洛文派遣巴赫捷亚罗夫带领70人的远征队，沿维季姆河寻找黑龙江未果，于次年返回。

（二）沙俄武装侵略东扩

1643年6月25日，雅库茨克总督戈洛文派瓦西里·波雅科夫带领133人的武装队伍，继续探寻黑龙江，依仗船坚炮利，强行夺去我国的黑龙江航运权，大肆抢劫屠杀我国边疆居民，被打死80人，于1646年6月回到雅库茨克，并鼓动沙皇政府出兵入侵。

1649年3月，哈巴罗夫带领70人远征队，从雅库茨克出发，由勒拿河经奥廖克马河拉纤上行，于1649年入冬抵通吉尔河口过冬，1650年1月29日踏冰溯通吉尔河越过外兴安岭，侵入黑龙江上游、呼玛河流域。

哈巴罗夫侵略军抢占雅克萨等地，沿黑龙江南下。1651年6月17日，在桂古达尔屠杀661名达斡尔人，抢走妇女243名、儿童118名。

第二节　清朝军民自卫反击

早在17世纪40年代，俄国就几次武装侵略贝加尔湖以东。明清交替之际，沙俄匪帮开始入侵黑龙江流域。1648年，在贝加尔湖东建立巴尔古津堡。

60年代以后，沙俄改变无后方依托和孤军深入的入侵策略，从贝加尔湖到黑龙江流域，建立堡寨作为据点，步步为营实行殖民统治，进而侵吞进犯。

1652年，叶尼塞克督军派遣彼得·别克托夫带领100人到贝加尔湖，又到石勒喀河上。4月4日，在乌扎拉村受到清军将领海色部队的痛击。5月3日北上返回途中，得到100多名俄军支援返回精奇里江口，中国军民自卫反击揭开新的一页。

1653年6月，斯捷潘诺夫匪帮在松花江被清朝将领轻车都尉明安达礼所部击溃，逃向黑龙江上游，遇到别克托夫63名俄匪兵，在呼玛河入黑龙江河口修筑"呼玛尔斯克"城堡过冬。

1654年，彼得·别克托夫匪军占领尼布楚，遭到当地蒙古人和索伦人强烈反抗，下窜到黑龙江中游与斯捷潘诺夫汇合。

1655年，清政府派明安达礼带领清军驱逐俄匪兵。3月24日，攻打呼玛尔斯克城堡，截断敌人水源，用火炮日夜进攻，俄匪军弹尽粮绝全面崩溃之际，明安达礼于1655年4月15日撤离战场，呼玛尔之战结束。直至1658年夏，俄匪军继续在黑龙江流域流窜进犯，清军积极准备征讨。

1656年7月，叶尼塞总督巴什克夫带领566名俄军从叶尼塞越过贝加尔湖，1658年到达石勒喀河侵占尼布楚，建立侵略指挥部。

1657年，在尚坚乌黑发生过抗击俄匪军的战斗。

1658年7月11日，清军将领沙尔胡达率领由1 400名清军组成的47艘船队，与500人的斯捷潘诺夫俄匪军在松花江口附近遭遇。清军用炮火驱赶俄匪军到岸上给予致命打击，击毙斯捷潘诺夫和270名俄匪，另有180人向黑龙江上游逃窜。

1659年，清军收复雅克萨，烧毁俄匪盘踞的另一据点呼玛尔斯克，拔掉了这两个俄国侵犯中国的桥头堡。

1660年，清军将领巴海所部在伯力北的古法坛村附近成功伏击俄匪军一部，肃清长达14年之久的沙俄侵略武装势力。

1664年12月，沙皇指示俄军向外贝加尔加强侵犯力量。1655年，俄军东进再次窜入黑龙江上游，重占雅克萨，以切尔尼戈夫斯基为首的逃犯匪徒武装实行殖民统治，推行野蛮的人质和奴隶制度，残暴奴役当地居民。

1667年，黑龙江上游索伦族封建牧主根特木尔带领40名亲属叛逃到尼布楚，沙皇政府拒绝清政府引渡要求，在清政府长期努力无果的情况下，沙俄变本加厉扩张，狂热地进行侵略战争准备，修建了牢固的防御工事，成立机动灵活的骑兵部队，建立奴隶屯垦农庄，增加尼布楚和雅克萨的兵力达到2 000人，装配新式武器，并且调整了军事指挥和行政管理体制，储备大量军用物资。

1683年夏，清军将领萨布素令索伦族军官博克带领1 000名官兵，迫使梅力尼克带领的67名侵略军在黑龙江大兴安岭投降，清军继续北上拆除俄军据点。至1684年，除雅克萨和尼布楚被沙俄占领外，清廷肃清了黑龙江中下游俄匪占据点。

1685年5月30日，由满族、汉族、索伦族、达斡尔族、蒙古族等各族组成的3 000名清军从黑龙江水路进军雅克萨。6月21日，统帅部抵达，致信要求俄军撤回无果，6月24日，包围雅克萨，至26日打死俄军100多名并准备烧城，以托布尔津为首的俄军投降，清军烧毁雅克萨城全部返回瑷珲。第一次雅克萨之战结束。

托布尔津带领败军返回尼布楚，派70人侦察得知清军并未驻军防守。1685年7月，仅两个月后俄军就重返雅克萨，直到1686年初，清军才得知俄军重建雅克萨城。

1686年6月底，清政府派副都统朗谈等帅军从瑷珲出发，于7月18日水陆两路并进逼近雅克萨。清军在城郊首战就打死22个俄兵，又在黑龙江的古城岛建立营寨控制制高点，切断敌救援通道。从7月23日起发动攻势，至27日打死俄军100多人。还在雅克萨城东、南、北三面挖战壕、筑堡垒，在离城六七里建成过冬船坞，在城对面岛上建指挥部和过冬营寨，2 300名士兵将雅克萨包围。俄军城堡即将被攻克之日，沙皇派使团到北京谈判，清政府表示和平诚意主动停战，第二次雅克萨之战结束。

1689年9月7日，中俄双方签订第一个平等条约《尼布楚条约》，为中俄边境关系正常化奠定了基础，从法律上肯定了中国在黑龙江和乌苏里江流域广大地区的领土主权，黑龙江流域获得较长时间的稳定。

第三节　收回沙俄攫取的权益

1854年，东西伯利亚总督穆拉维约夫指挥沙俄军队从外贝加尔进犯黑龙江，组织两次武装入侵，遭到各族人民的强烈反抗和清政府的抵制。在穆拉维约夫的策划和威逼之下，1858年5月28日，清廷签订了《瑷珲条约》，沙俄夺取了在黑龙江、乌苏里江的航运权，进而取得经黑龙江进入太平洋的通道。沙俄炮舰在江面游弋，禁止中国船只航行，直至民国时期，中国才收复黑龙江航运权，黑龙江航运实行两国共管。

1683年后，清廷修筑呼玛尔船坞为收复雅克萨做军备中间站。同年，开始勘测黑龙江通往瑷珲的驿路，于次年完成。

1685年，清廷在由瑷珲进剿雅克萨之际，自墨尔根至雅克萨设24处驿站，后增设漠河，共30处驿站。雅克萨战斗结束后，驿站随之荒废。这条驿路对奏报军机、抗击沙俄、保卫北部边疆起到重要作用。

光绪初年，俄国哥萨克匪帮越过黑龙江盗采黄金，直到1884年，俄国人谢列特金成立"采金事务所"，建立150人的武装队伍，清政府调动官兵采取措施，经过一年多清缴，驱逐了以俄国为主的各类盗采人员，夺回金矿所有权。

1881年，吉林候补知府李金镛被任命为漠河金矿局督办，主持筹划黄金开采等事务。1887年，李金镛从陆路赴漠河督办金矿事务，重新开辟墨尔根至漠河驿路。1894年，清政府再次开发墨尔根至漠河驿路。

1900年，爆发"庚子俄乱"，沙俄军队占领漠河，金矿资源遭到俄军抢掠破坏。

1906年，清政府恢复卡伦制度，在呼玛境内增设和复设16个卡伦，实施有效军政管辖。

1906年，俄军撤兵，大部分金矿由官办或者官监商办。

1908年，黑龙江巡抚收回俄商非法获得裁决权和物资专利权的和记公司，改为官营。

第三章　日伪统治

第一节　日本侵略者的殖民统治

一、日伪政权的建立

1934年1月，日本侵略者先后占领呼玛、鸥浦、漠河三县，对各族人民实行野蛮的政治统治，三县沦陷在日本侵略者的铁蹄之下。

伪满洲国建立之初，仍沿用原东三省区划，只是在各省建立了伪省政府机构。伪满洲国根据各县的政治地位，经济状况及防务需要，将县划为甲、乙、丙、丁4个等级。呼玛、鸥浦为丁级县，漠河为丙级县。

1937年，在各县增设日本人担任的副县长。1939年，呼玛县增派一名事务官。是年5月，三县县长重新委任，并派遣参事官：呼玛县县长崔培基，参事官村田精三，警察队指导官司竹尾；鸥浦县县长张全桂，参事官来岛胜男；漠河县县长姜春若，参事官井上藤次。呼玛县事务官由中国人舒传祯担任，增派二名警正由日本人伊藤次郎和平下喜代吉担任；漠河县增派一名警正由日本人藤菽善藏担任。

伪县公署统辖下的基层组织机构为村公所（1942年保甲所改为村公所），基层的政权继续沿用民国时期的保甲制度，并颁布实施了《暂行保甲法》《保安矫正法》《思想矫正法》《开拓条约》《粮谷出荷法》等法律。日本侵略者唯恐居住在边境地区有民族正义感的人民，不甘心做亡国奴，难以统治，特别是边境地区居住着一部分中苏混血居民和苏侨，害怕他们与苏联取得联系，为苏联提供情报，因此把他们视为反满抗日的危险人物，即所谓的"政治要人"。日本侵略者为侦察苏联在远东地区的政治、军事、经济情报，为侵略苏联做准备和提供反谍报需要，建立了协和会机构和庞大的特务机构、警察组织，用法西斯专政手段镇压"政治要人"和人民。

二、日本关东军和警防队

日本侵略者为防备苏联入侵，在边境地区驻扎大批军队。伪满洲国军队步兵第十九团和骑兵二十一团曾在湖通镇、呼玛、鸥浦一带驻防。1939年，由黑河派往漠河一支警防队，队长和士兵全是日本人。这支队伍实际上是日本关东军，为了掩盖人民耳目，佩戴警察肩章，伪装警察，大约30余人，分别在二十八站（吉牛河站）、栖林集（即西林吉）二处军事要地，安营扎寨，屯兵集粮，以防苏联红军的进攻。1941年8月，警防队从黑河派到漠河特务室一名日本人警佐。1943年原任队长阿部调离漠河，一名日本人杜边接替任队长，时间不长也调离漠河，该职由日本人黑川担任。黑川阴险残暴，经常在特务股参与审讯行刑。是年，警防队除原来的日本士兵外，增加了几十名汉族、白俄、鄂伦春和鄂温克人。漠河村公所经常用爬犁给警防队往栖林集送马草、马料、大米、面粉、猪、牛、羊和军用物资等。送货的爬犁、车辆，只允许到栖林集附近卸货，不准进入军事阵地。日本侵略者在河边竖立"禁止通行"字牌，如有不慎由此地通过者，被警防队抓去就难以活命。1943年，日苏签订双方边境地区不准驻扎军队的条约后，伪满洲国军队步兵第19团和骑兵21团撤回内地。

三、警察组织和特务机构

漠河县于1934年建立警务局，由县长姜春若兼任局长。警务局下设漠河、额木尔两个警察署。伪满洲国初期，鸥浦县未建警务局。呼玛县于1936年建立警务局，日本人警佐村田精三兼任局长。下设呼玛警察署、金山镇警察署，各有警察20余名。

1938年，日本侵略者由黑河省（现黑河市）派出100多名士兵，分别在呼玛、鸥浦、漠河成立国境监视队。主要任务是对苏联进行严密防范，掌握其动向，暗中侦察中国与苏联进行联系的人员和边界可疑迹象。

1940年，日本侵略者为强化国境警察机构，撤走驻扎在呼玛的伪满陆军和宪兵，把国境监视队和县警务局、警察署合并成立国境警察本队。下属中队、小队。沿江各村屯均有小队驻扎，设置岗哨，盘查过路行人，检查旅行证明，并架设瞭望架，窥探苏联边境的动向，监视江上苏方来往船只等。

1941年，成立"日本帝国陆军特务机关"。主要任务：向苏联派遣间谍，刺探情报；审理苏联派来的地工人员案件；使用密侦，控制苏联间谍潜入；组织一批白俄罗斯人在哈拉巴奇进行军事训练，供应军需。特务机关设有秘密审讯室、老虎凳、竹针刺、辣椒水、过电、上大挂等刑具一应俱全。

各县特务机关为特务分室，受黑河特务机关直接领导。特务是从警察学校受训毕业的，如派到呼玛县的特务丛永顺、艾立坤（均系属官），派到鸥浦县的特务陈某（属官），派到漠河县特务丁原富（属官）等。这些名牌特务手下豢养大批特务，为他们搜集情报，助恶行凶，为非作歹。多数是利用地痞流氓充当密探，召集到黑河集中培训。在漠河县的漠河、额木尔、西口子、洛古河，鸥浦县的老卡、归化站（现桂花站）、安干卡（现正棋村），呼玛县的新街基、金山镇（现金山村）、湖通镇都设有情报据点。

四、组建鄂伦春民族山林警察队

1938年，黑河特务机关派遣大尉铃木喜一担任指导官，在呼玛鄂伦春地区组建山林警察队，以建立"栖林学堂"为名，在鄂伦春族山林警察队中发展特务组织。铃木喜一根据山林警察队内鄂伦春人的身体情况、智力条件、思想倾向和一贯表现，从中选出30岁左右的郭闹开、孟兰珠、戈平久、谭玉刚、谭长友、戈龙吉善、孟库车、戈布多、关忠宝9名警察队员，作为亲日人员，发展为第一批特务。铃木喜一于1942年将这9人派到黑河四嘉子屯附近进行特务训练。1943年4月，铃木喜一亲自率领3名特务，骑马来到湖通镇下边的七号区，用望远镜观察苏方江岸，然后进行拍照。1944年6月，铃木喜一派郭闹开等4人组成一个小组，在察哈彦与怀柔站之间没有人烟的地方，用桦皮船悄悄过江，在苏联境内窃取情报。被苏方发现后，4人撤回。特务组每次执行任务归来，组长都亲自向铃木喜一汇报，根据侦察到的情报研究部署任务，再次过江，如此刺探情报达五六次。

五、毒辣的统治手段

（一）国境地带

日本侵略者把沿黑龙江一带划作"国境地带"，采取种种措施切断当地人民与苏联的联系，对人民实行严密控制，限制人民自由往来和正常接触。到黑龙江边捕鱼、挑水、饮马、洗衣和散步的人，一旦被特务机关抓去，活不见人，死不见尸。当时漠河县下地营子有个绰号叫三楞子的人，只在黑龙江边站了一会儿，就被漠河警察队特务股逮捕审讯，以与苏联有联系为罪名，惨遭杀害。

（二）国境证明书、旅行证

日本侵略者规定，凡十四岁以上的居民，不分男女，每人必须持有警察队发放的"国境证明书"一份，一年更换一次。独身者每人发给旅行证一份，半年更换一次。如要外出必须携带，到警察队签字，警察如不给签字，就不能通行。路过岗卡，逐一签字检验，回答稍有迟疑就会灾难临头，漏掉一卡，捉拿问罪。往返路上稍有不慎，停行扣押、申斥打骂、索取财物等事屡见不鲜。呼玛地区的老百姓外出一次，所受磨难苦不堪言。漠河县居民钟国仁去警察队签字，警察问他叫什么名字，他说叫钟国仁。因为"钟国仁"和"中国人"是同音，警察认为他说的是中国人（那时不许说是中国人），就将钟国仁暴打一顿，险些送命。钟国仁为了避免再遭毒手，只好忍辱改名，最后越境投苏，避免了杀身之祸。

（三）收缴枪支弹药

伪满洲国前期，沿江一带居民多数手中持有枪支。因为民国时期沿江一带人烟稀少，在此居住的大部分为独身汉，其中有的人开酒柜和店房，也有的人越过黑龙江去苏联贩卖纸牌、白酒。苏联流氓歹徒有时乘黑夜偷越国境行凶抢劫，因此，这些行商小贩与苏通商，除换取货币外，还换些枪支弹药，用以自卫和贩卖。日本侵略者入侵后，唯恐人民反抗，严格控制武器，进行枪支弹药注册登记，烙印发证。凡无印证者，以暗藏私枪论处。发证不久，一律照册收缴。从此私人手中无枪支弹药。

（四）合村并屯、坚壁清野

1941年，日本侵略者为巩固其统治地位，防止边疆人民起来反抗，实行并村、并屯、坚壁清野，用以强化统治。将呼玛县北山口住户并到县城三间，将小北沟的居民迁到西山口。限定时间，搬到新点，如有违者，以"国事犯"论处。北山口从7月15日起到7月末为限，正是青苗在地、长势喜人、秋收在望的季节，农民无可奈何，只好含泪毁田盖房，日夜赶修。赵殿奎、张延厚和刘庆荣三家人搬走了，旧房没拆完，保甲所派人进村纵火烧房，三家的大人孩子，跪倒在地，苦苦哀求，最后，三撮房子还是化为灰烬。鸥浦县城原在倭西门岛上，日本侵略者唯恐被苏联赤化，为了免除后顾之忧，于1936年强迫弃址迁移。从此居民就舍弃久居的故城，迁到下地营子。金山镇陈永和地营子、孙雪庭地营子、杨宝鼎小沟等地居民一律并到金山镇街里，暖泉子附近地营子和炭窑，一律并到暖泉子屯中。

（五）征兵、抓劳工

日本侵略者规定凡是年满19岁中国青年男子，都有应征"国兵"义务，体检合格者就入伍充军。呼玛、鸥浦、漠河部分青年被征入伍。也有不够应征年龄的青年被征当兵，谓之"志愿国兵"。"国兵"体检不合格者，编为勤劳义勇奉仕队，束装待命，等候召唤。一旦应召，即服劳役，发配何地，服何种劳役，期限多长，能否重返家园，都不得而知，因此有些青年为躲避勤劳奉仕，抛家舍业，逃亡在外，饱受流离之苦。

日本人为防御苏联进攻，在山隘要地修筑营垒工事。从国内各地抓来大批农民、工人和城市居民，到国境服役，称为"劳工"。有的劳工在栖林集（现西林吉）修秘密军事阵地，包括山洞、特务机关、地下监狱、密审室、地下杀人水道等。当时修筑从呼玛经过桦皮窑通往黑河的军用公路，就有几千名劳工。各工地的劳工，吃、住在工地，与外界隔绝。工地设置岗卡监视，严密看守，以防劳工潜逃。给家邮封书信必须经过检查后方能邮出，但实际上谁的信都没邮出。劳工患病，无医无药，只有呻吟待亡，有的病人还未死去就被抛进山谷，弃尸荒野。无病的劳工，工程竣工之后，日本侵略者唯恐泄漏军事秘密，就施以毒辣的手段，把他们全部杀害，尸体遍山谷。

（六）要视察人

警察特务对所谓"可疑"分子，在户口底部暗暗注上"要视察人"四个字，作为重点监视对象。邻里之间互相串门、聊天或者经常往来，警察特务就暗地盯梢，监督调查，并在户口簿上注"要视察人"的字样。如到江上作业，或到江边捕鱼，被伪警察特务查知，轻则打骂，重则蹲监坐牢，甚至惨遭杀害。

（七）莫谈国事

对人民实行愚民政策，限制人们的言论自由，不许集会结社，不许群众聚集私下议论，不许讲古论今，更不允许谈论所谓的国家大事，连店房、客栈墙上都贴着"莫谈国事"四个大字。如果有人违反，不慎谈论国事而被伪警察特务知道，便以"政治犯""思想犯"等莫须有的罪名送往矫正院监禁起来。

（八）残害无辜百姓

1943年冬天，漠河秋林公司经理米立果夫的妻子、日特密侦午列克，为了讨好日本特务，取得信任，并企图捞一笔金钱，便不择手段诬陷好人，跑到特务股报告说："史志顺店房通苏。"特务股便将史家店铺秘密封锁起来，还暗中派遣特务潜伏在店内，封锁达一个半月，旅客只许进不许出。被封锁在店中的十几名旅客，仅有两人未受迫害，其余十几人与店主史志顺一同惨遭杀害，尸骨无存。这就是骇人听闻的漠河县"史家店事件"。

日本人为牢牢控制边境地区居民，想出一条更加狠毒的计策，广泛建立特务组织。县设的特务股是公开的，在里面干事的特务也是公开的，老百姓管他们叫名牌特务。还有暗藏的特务组织群众不知道，有的公开身份是警察、职员，实际是特务。这些特务绝大多数是中国人，他们天天向日本人报告广大群众反满抗日情况。如果不能及时上报，就会失宠。公开特务通过在一些投敌求荣的人中增殖爪牙，为其通风报信，获得情况后向日本人报告而取得信任和奖赏。

1941年夏，绍兴号轮船从黑龙江上游返航回黑河省，行至呼玛靠岸，一辆军用卡车拉着两个上身蒙着军用黄毯的人开到码头。这两个人一个叫王树连，在伪保甲所工作，为人耿直；另一个姓潘，江船通航的时候，在位于呼玛县城北6公里小白房（从呼玛镇沿江上行6公里处为点灯照盖的外刷白色灰的小房）处点灯照。两人被伪警察押到绍兴号轮船上，送到黑河后被绞死，尸骨无存。直到呼玛解放后人们才知道，原来将他俩害死的是一个叫苗金声的裁缝。苗金声是个手艺很好的裁缝，他认为给人做衣服发不了大财又辛苦受累，给日本人干点事能得到不少好处，别人也会高看一眼。从那以后，苗金声就不当裁缝而去保甲所当差了。日本人天天逼着要情况，7天不报告具体问题，就不再受到信任，并得不到奖赏。有一天，苗金声在街上碰见了点灯照的老潘头，就让他给弄点鱼吃，可是老潘头两三天也没给送来，便怀恨在心。这时，特务股的特务又找他要情况，苗金声就昧着良心说老潘头一个人在小白房点灯照经常与苏联来往，他经常到街里来就是为了打听日军的情况，然后告诉苏联人领取奖赏。第二天老潘头就被抓起来了。接着特务股股长（日本人）亲自找他，说他是日军的好朋友，让他把与老潘头有联系的人统统地找出来，重重有赏。一天，外边下着大雨，保甲所管户籍、派官差的王树连，让苗金声出去给警察队派辆车，苗金声不愿意去就和王树连吵了起来，因此对王树连记恨在心。第二天苗金声就向特务报告说："王树连经常向苏联发情报，和老潘头是一伙的。"当天晚上特务就把王树连抓起来了。苗金声由此还从特务股得到了2包大烟土的奖赏。

日本侵略者强奸妇女，霸占民妻，无恶不作。1938年，漠河驻军日本人高田，把工人徐世东的十三岁女孩徐淑珍奸污。1944年，在阿木尔的日本中队长山田，看中了高云田的新婚妻子麻妮阿，以莫须有的罪名，将高云田赶出国境，霸占了他的妻子。额木尔的大特务周永祥，霸占张彝鑫之妻，被张彝鑫用刀砍伤。张彝鑫被捕入狱，过电、灌辣椒水，受尽严刑拷打，被百般折磨，最后死在狱中。鸥浦南地营子学生马井月，在哈尔滨读书，放假到黑河去看对象，住在旅店里被人叫走了，始终没有回来。鸥浦王增奎，在黑河市场摆地摊，黑河机关来人因说话不投机，被带到黑河。后得知两人均被日本人杀害。

（九）开拓民的悲惨遭遇

1942年初，日本侵略者为了修筑军事基地，在黑龙江省宁安县沙兰镇建立日军司令部，并且把日本人移民到此地，建立日本武装开拓团村，掠夺中国的耕地。强迫牡丹江地区宁安县的宁古塔、卧龙屯、罗成沟、二道沟、东三家子、孤家子、蛤蟆河子、洋草沟等十几个村屯的500多户2 000多口人，迁移到呼玛县兴亚（现兴华村）、兴安（现新民村）、兴利（现宋家店村）、日升利等屯，垦荒种田，名曰"开拓"。

从宁安县宁古塔到呼玛需走半个多月，除发给车船票外，每人每天只发两个烧饼，其余分文不给。临走之前，日本侵略者宣传说：到呼玛有吃有穿有住处，生活幸福，物资丰富。可是，到呼玛之后，却是一片荒山野岭，吃住困难。家家户户用破炕席临时搭座席棚，四面透风，顶上漏雨。白天大蠓咬，夜里蚊子叮，早晚小咬受不了。夏天还算好过些，到了冬天更难熬。席棚四周用雪圈起来，棚上用茅草覆盖，里面整天不断火，烟气瘴瘴，孩子手脚都冻坏了。直到1944年春天，才有二三家插伙，盖一小撮房子，低矮狭小，人多住不下。夏天里面又湿又潮，冬天破被都冻得粘在墙上。

由于生活环境恶劣，吃不饱，穿不暖，日久天长，积劳成疾。没有医生，没有药，患病者无处医治。病人口吐黄水，多则几个小时，少则几分钟就含恨而死。新民屯王学山的老婆带着一个14岁的孩子在磨坊推碾子，孩子不好受，母亲就叫他回家去了。晚上孩子母亲推完碾子，回家一看，孩子已经死了，急火攻心，第二天早上也死了。王学山一家8口人，最后只剩下了1口。新民屯的付春和家里20口人，死了17口，只剩下3口。新民屯孟传守家17口人全死了。那时有首民谣："开拓民真正苦，吃的橡子面，配给五两五。身穿麻袋片，露着脊梁骨。闹病无处治，人死没棺椁。"这就是开拓民当时生活的真实写照。

六、疯狂的经济掠夺

（一）垄断黄金开采

黑龙江沿岸蕴藏着丰富的黄金资源，有着悠久的采金历史。呼玛早在清朝、民国时期，就曾出现过淘金热。1934年5月，日本侵略者成立了采金株式会社，实行黄金垄断，不许私人随便采金。金矿由采金株式会社统一管理，规定工人所得沙金，除在厂内商店换买生活必需品以外，所余沙金一律不许自带自藏，按照牌价由采金株式会社强制收买，所以工人称采金会社为"金霸"。

采金株式会社接管呼玛金矿以后，由于业务人员少，厂矿摊大面广，无力经营。在不得已的情况下，实行包厂代办、分散经营，会社提取利润。承包金厂厂主，必须按期向采金社缴纳规定的货利、金利提成。采金会社向金厂厂主征收一定数量的包办费用。当时包办的有：福兴公司金厂、达拉罕金厂、格良满河金厂、兴安金厂、裕利金厂等五大金厂。

采金株式会社唯恐黄金走私外流，又在三分处、兴隆沟、达拉罕等地设立若干金矿作业所，监视沙金矿工，收买沙金。日本侵略者鉴于金苗旺盛，于1939年公布所有私人包办的金厂全部收回由采金株式会社接管经营，私人再不准开矿办厂。采金株式会社由四道沟迁移到金山镇（现在金山村），经理为日本人川口，有职员30多名，并在兴隆沟、达拉罕、三分处等地设置金矿作业所。伪满洲国建立时，鸥浦设立金矿局，由姜清轩任局长。满洲采金株式会社委托孙绍明经营德利沟金矿，订立合同，采金会社按七成五提成，并投资1万元由会社贷款，下属富拉罕金厂和洪源金厂。是年5月在漠河成立采金株式会社，漠河金矿遂归采金会社所属，由杉头合资团包办开采黄金。10月18日，采金株式会社将老沟及小北沟之金厂委托日本人门胁壮介经营。门胁壮介把经营权转让给满洲采金株式会社，将杉头合资团撤销，金厂统一由采金株式会社经营。漠河金矿所属老沟矿区、吉兴沟矿区（斯大辽克金矿）、中心沟矿区（西口子金厂）、富克山矿区等。由采金株式会社收回，并由满洲中央银行投资1 000万元，在呼玛县椅子圈建设电站一处，购置采金船，进行机械采金。呼玛县的兴隆沟、会宝沟、闹达罕、达拉罕、三分处、吉龙沟、五道沟、倭勒根河等金厂，都用采金船采金。

1943年，由于第二次世界大战形势的影响迫使矿业衰落。一是世界反法西斯战争使日本的钢铁十分紧缺，急需补充。因此，强迫人民献纳。有的人无铁交纳，只好将家中日用的菜刀和铁锅送去。靠献纳只是杯水车薪，无济于事。最后，采取闭沟拆船献铁的办法，将各沟采金船全部拆毁献铁。二是由于战争使国际贸易关系断绝，黄金不能出口，没有销路，价值跌落，迫使停业闭沟。三是战争需要粮食和木材。日本侵略者将采金工人一部分分配给地主、富农家当长工，另一部分分配去采伐木材、流放木排。日本侵略者垄断金矿虽然为期很短，却掠夺呼玛、鸥浦、漠河三县黄金达145.22万两。

（二）森林资源的大量采伐

县志记载：呼玛、鸥浦、漠河树种繁多珍贵，尤以落叶松、樟子松、白桦为佳，木材储积量约64 800多万立方米，日本侵占呼玛地区，为了掠夺大量木材，于1937年在呼玛、鸥浦、漠河三县，设立若干采伐木材公司或采伐组合等机构。

大北木材公司。公司是资本家侯圭田和日本人安丸合伙在黑河开办营业的。1938年，又在金山镇成立大北公司分号一处。大北公司储备大量油、酒、米、面、布匹、衣服等物资，饲养马200多匹，有大小把头20余人。公司和黑河林务司签订采伐合同后，把任务指标分给各个把头，到指定木场，按规定数量进行采伐作业。采伐、流送工人均由把头招募或雇用。采伐的木材一律交给公司，不许把头私自处理。大北公司每年采伐木材流送到黑河的有6万多立方米。公司在河南屯种地400多垧。

亲和木材公司。黑河林务司于1938年在鸥浦县设立实业所，凡是采伐木材，无论是原木或木桦，都必须经实业所许可，方得入山作业。是年，在鸥浦县依西肯成立亲和采伐木材公司。这家公司有大小把头30多人，招雇采伐、流送工人500多名，囤积大量物资，饲养许多马匹。在桂花站、龙站、双合站、开库康、马伦等地有30余处木场。每年采伐木材7万多立方米。

东蒙木材公司。黑河省在漠河县设有实业所，主管林业和采伐木材等事宜。日本侵略者为了大量掠夺我国木材，1937年在漠河设立东蒙林业公司实业所，简称东蒙公司，是黑河东蒙林业株式会社派出机构。每年接受黑河林业株式会社下达任务指标，东蒙公司再和漠河实业所签订合同，按指定采伐场地和采伐数量进行作业。

东蒙公司经理是日本人，名叫坂田。这家公司从鸭绿江、图们江一带招雇大批采伐和流送工人。冬季入山采伐时有500多人，开江编排和流送时达到800多人。木材顺江流送到黑河，在东牡丹江制材厂和西牡丹江制材厂出水上岸。每年采伐木材10多万立方米。

东蒙公司上至马扎尔河，大草甸子，下至乌苏里等地，共有30多处木场。大小把头40多名。黑河东蒙林业株式会社于1938年又在漠河分设和合采木组合，经理是日本人，绰号瘸站长。这个组合采伐场地下至马扎尔河，上至斯大辽克、西口子一带。有20多处采伐木场。和合组合招雇伐木、流送工人300多名，每年采伐原木7万多立方米，流送至黑河。是年，黑河东蒙林业株式会社又在漠河县额木尔设立东蒙采木组合一处，经理刘长胜。采伐范围限于额木尔一带，有十几处采伐木场。这个采木组合雇用200多采伐、流送工人，有十几个大小把头。每年采伐木材4万多立方米。至1945年，日本侵略者通过公司、组合、地主、把头们掠夺的木材超过250万立方米。

（三）控制财政金融

日本侵略者以名目繁多的捐税，横征暴敛的手段，搜刮人民财富，将掠夺的大量财政资金绝大部分用于政府和军警宪特的开销，极少一部分用于教育。同时，严格限制其他各种票币的流通使用，统一发行国币，垄断金融市场，控制整个国民经济。

（四）控制商业垄断市场

1937年，秋林公司（当时由英国汇丰银行接收经营）派出人员到漠河、鸥浦设置秋林分公司。秋林公司专营鄂伦春人猎获的各种皮张、野生动物肉，及采集的各种土特山产品和捕捉的各种鱼类，同时销售苏联货物。土特山产品均以廉价收购，而秋林公司卖给鄂伦春人枪支、弹药、生活日用品等，价格却十分昂贵，低价收高价售，巧取欺骗，大发其财。1941年，日本将秋林公司全部接管。采取严格控制手段，垄断商业，控制市场，推销日货。商店卖的日常生活用品和日常使用的家具、锅碗盆勺、咸菜大酱、调味酌料等，也都是从日本运来的。

1938年，于呼玛、鸥浦、漠河三县先后成立了小卖联盟。人民日常生活需要的油、盐、米、面、布匹、棉花，等等，均为专卖物资，实行配给制。呼玛县商店东永茂、三盛号、鸥浦县商店万发源、漠河县商店永太合都是小卖联盟的代办处。配给办法各县不一，日本人、警察特务享受特殊配给，直接到小卖联盟去领。漠河县职工、居民一律到代办处去买。鸥浦县职工到县公署去买，居民到代办处去买。呼玛县无论职工、居民都必须到小卖联盟去买。各县农村居民领配给物品也必须到指定代办处去买。

配给标准，每人每月配给口粮25斤，其中面粉5斤，橡子面5斤，其余是粗粮；豆油2两，纸烟3盒；一年配给棉布7尺，胶鞋1双；鸡、鱼、肉、蛋不配给，更不许私自买卖。太平洋战争爆发后，每人每月只配给18斤口粮，其中面粉5斤，橡子面5斤，其余配给粗粮。漠河县连5斤面粉都供应不上。没有棉布，配给更生布，又名麻袋布，胶鞋也不配给。后来，由于日本在东亚战场屡遭失败，日本经济出现危机，造成日本的日常生活用品尚且满足不了国内人民生活需要，自然没有货物再往伪满洲国运输，致使商业货源断绝，商店只能卖一些香头纸码、零星杂货和当地土特产品，连更生布都实行配给，不许随便买卖。市场萧条，商店不但无货可卖，而且苛捐杂税繁多，负担过重，许多商店破产倒闭，商人失业。

（四）掠夺控制农业

1943年，成立兴农合作社，由县公署代行其职，鸥浦、漠河二县并未设置。兴农合作社承担主管农业生产和开垦荒地，征收出荷粮，物资配给，管理度量衡等任务。日本侵略者无力顾及农业发展，主要通过商业贸易手段掠夺农产品。

七、思想文化束缚及恶劣的卫生环境

（一）统治束缚思想、文化

1939年，日本侵略者将初、高两级小学改为公立国民学校。除校长外，增加了一名日本人主事（副校长职务）。将日语作为各年级学生的必修课，对儿童进行"大东亚共荣圈""大东亚新秩序""皇军胜利"等奴化教育。除此之外，还对儿童进行封建礼教、封建道德教育。老师对学生实行体罚，学生只许顺从，不许反驳争辩。

日本侵略者在黑龙江航运期间，每年都组织"慰安船"来边境进行所谓的"慰问"，沿途较大码头及县城港口均停泊，表演文艺节目，放映电影，出售货物并组织群众、学生上船参观。日本侵略者有时也派遣军舰随"慰安船"一同开赴边疆，到港口停泊进行军事演习，佯装大炮射击，对中国人民进行军事宣传，麻痹中国人民。

（二）恶劣的卫生环境

1938年，日本侵略者在呼玛、鸥浦、漠河县分别修建医院。呼玛、鸥浦县的两个医院均系日本大夫，当地百姓称他们为医官。由于医患之间语言不通，双方思想感情不融，日本大夫又道貌岸然，装腔作势，使中国人民望而生畏。医院自从建成之后，一向很少有人就医。漠河县医院有2名医生，虽是朝鲜人，但均已改为日本名，整天捕鱼捉蛇，不务正业，因此，也很少有人去就医求诊。

呼玛、鸥浦、漠河三县只有少数的老中医和中药铺。人民生疾患病，愿请中医治疗，服用中药；在农村无医少药，农民疾病缠身无处治疗。天花、麻疹、霍乱等各种传染病时常出现；克山病、大骨节、甲状腺肿等地方病越来越严重，无人过问，任其发展蔓延。患者在无医无药的情况下，只好求巫医神汉。由于贻误治疗，病情加重，无数人被夺去生命。

（三）宗教迷信活动

日本侵略者利用宗教迷信活动来束缚人们的思想，修庙宇、祭孔圣，欺骗群众。在呼玛、鸥浦、漠河三县修建日本神社，按月祭祀祈祷。

八、大烟馆、康生院、妓院与赌场

（一）大烟馆

日本侵略者在呼玛、鸥浦、漠河三县的城镇设立大烟馆，引诱中国人民吸食毒品。凡是吸大烟者，首先填写申请书，经警察队许可，然后发给烟票。一张烟票一天可领二份至三份大烟，自己不抽或抽不了，可私自高价贩卖。警察宪兵特务，为贩卖大烟，以老婆的名义办一张烟票，领烟私卖从中获利。由于吸毒，面黄肌瘦，丧失劳动能力，弄得倾家荡产，衣食无计，沿街乞讨，甚至偷摸盗窃，坑诈拐骗。据《呼玛县志》记载：1943年统计，在呼玛、鸥浦、漠河、金山镇、西口子各有一处大烟馆，发放大烟票数分别为80张、105张、106张、108张、90张。

（二）康生院

1943年，日本侵略者又假仁假义，宣传开展戒烟禁毒运动，成立"康生院"。凡吸大烟成瘾者，一律劝告戒除，轮流入院，免费戒烟。其实"康生院"就是特殊监狱，戒大烟就是变相劳改。警察队早已暗地将吸大烟者编名造册，依次轮换入"院"戒烟。入"院"之后，有的就地劳动改造，有的遣送外地服役，何时释放，期限不定。如有通知入"院"戒烟而不去者，一旦抓获，禁期加倍。人们称"康生院"为"坑人院"。

（三）妓院

日本侵略者在呼玛、鸥浦、金山镇、漠河以及西口子等地，开设许多妓院。据呼玛县志记载：1936年，仅金山镇一地就有妓院82家，妓女210人。呼玛有3家妓院，妓女8人。鸥浦有5家妓院，妓女12人。漠河有2家妓院，妓女5人。西口子有3家妓院，妓女13人。日本人在漠河开设3家日本妓馆，妓女10名。至光复前夕，尚有2家妓院有四五名日本妓女，其余各地日本妓院均已关闭。妓馆区名曰平康里，由花界会长管理。日本妓馆由日本人管理。他们对妓女严厉管教、肆意虐待、咒骂、毒打、罚跪、用针扎、拿香火烧等等，残酷地折磨。这些青年女子有的因为生活贫困，误入歧途；有的被人拐骗或诱卖到妓馆；有的被害，强迫从妓，陷入苦海深渊。现位于漠河县209国道719公里北侧的古墓葬遗址被称"妓女坟"，就是一个见证。

（四）赌场

1935年，呼玛各地均设有宝局、会局、牌九局等。直到抗战胜利前夕，金山镇、呼玛、鸥浦、漠河、西口子等地尚有宝局。伪满洲国时期，除官办赌场以外，私人也有开设赌局的。二八抽红。常言说："钱到赌场不输自光"，"久赌无胜家"。常要钱的人，谁也不能剩下钱，都被局东抽红抽干了。1935年，呼玛县城有宝局、会局各1处。鸥浦县城有宝局、会局各1处。金山镇有宝局2处、会局3处。漠河县城有宝局1处、会局2处。西口子有宝局1处、会局1处。

九、残酷压榨鄂伦春民族

（一）采取特殊的统治政策

日本侵略者把熟悉大兴安岭地区情况的鄂伦春人集中起来，由日本人设在齐齐哈尔的特务机关直接管制，实行对鄂伦春族"暂时利用，最后消灭"的反动政策，不让鄂伦春族发展经济和文化，保持原始的生活状态，禁止与其他民族来往，不准鄂伦春族人民从事农业和商业。日本侵略者在十八站山林中队部设立了"满洲畜产株式会社"，取消鄂伦春人贸易的自由，规定一切山货皮毛，统由"满畜会社"收买。"满畜会社"依靠它的政治势力，强迫鄂伦春人民将猎物全部交出，换回不等价的粮食和日用品，剩余的钱算作"储金"不能自由使用。1940年，实行严格的配给制度。每月人均配给橡子面10斤，盐油、火柴等配给时有时无，鄂伦春族人民生活处在痛苦与悲惨之中。

（二）鸦片和人体细菌试验进行毒害

日本侵略者为鄂伦春人大量供应鸦片，每人每月熟烟20份（每份0.3钱重），生烟1两以上。由于部分鄂伦春人吸食鸦片成瘾，体质日衰，精神萎靡不振，民族意志衰退。日本侵略者在中国秘密研制化学武器，在鄂伦春人身上开始了罪恶的试验。1941年春节前，日本医生把15岁以下的鄂伦春族男孩集合到教室里，以打预防疾病为借口，给每个小孩注射了白色透明的液体，约2毫升，没来的就到宿舍里进行注射。在场的大人每人发了一粒用纸包的黑色药丸，到晚间所有的人呕吐、胸闷、呼吸困难，心难受，全身出现深黄疸，不到24小时，十八站队小孩及大人死了70多人。

春节刚过，日本人又给其余人员用药，致5个队共死亡350多人。由于日本侵略者的残害，致使鄂伦春人口急剧下降，到解放前夕只剩下2 000多人，整个民族几乎濒于灭绝。

（三）进行奴化教育

1938年，黑河特务机关在倭勒根河建立一支山林警察中队，派日本人铃木喜一担任指导官。铃木喜一到任后，在倭勒根河中队设立一处鄂伦春族小学，由中队医务所护理员兼任教员，后来由鄂伦春人谭文担任教员。教学科目为汉语、满族语、日语、算术、图画、体操等六科。教师用汉语教学，主要以学汉字为主，并有日本人教日语。学校对学生进行"鄂日一心一德""鄂日不可分""反苏反共""大东亚共荣圈"教育，灌输忠于天皇陛下，孝悌忠信，封建道德等思想。每天早晨面向东方遥拜、默祷三分钟。通过奴化教育，使鄂伦春族成为日本侵略者任意宰割的羔羊和驯服工具。

第二节　抗联三支队战斗纪事

1941年，东北抗日联军第三路军三支队（简称抗联三支队）在支队长王明贵的率领下，先后在德都、嫩江、讷河连续打了几个胜仗。5月，在支队党委干部会议上，陈雷传达了总部关于开辟大兴安岭新游击区，捣毁日本侵略者在大兴安岭掠夺黄金、木材的生产点，发动群众，做好少数民族工作，团结一致，共同抗日的指示。会议分析了当前敌情和到大兴安岭开辟新游击区的有利条件和困难，决定西征北上，进军大兴安岭开辟新游击区。

1941年6月，抗联三支队离开朝阳山（现属德都县管辖）开始西征北上，西征第一仗攻打了瑷珲县罕达气金矿，渡过嫩江后，于7月下旬到达毕拉河（属嫩江水系，诺敏河支流，在鄂伦春自治旗境内）南岸鄂伦春族部落，做通部落头领盖山的政治思想工作，向鄂伦春族人民宣传抗日救国，不当亡国奴的思想，宣传党的民族政策，以及建立繁荣富强和民族统一的新中国等革命道理。在盖山的倡议下，按鄂伦春族的习惯，王明贵与盖山和达斡尔族首领鄂罗格苏等人结拜为义兄弟。

由于抗联三支队的频繁战斗，连续破坏了日本侵略者的伐木公司，日本人非常害怕，于是集结伪北满四省的兵力，采取并大屯、山边封锁、步步追击的战术，对抗联三支队开展了"大讨伐"。为突破包围，甩掉敌人，抗联三支队决定北上，挺进大兴安岭深处。抗联三支队一路经过扎敦河、北大河、诺敏河、奎勒河、甘河挺进兴安密林深处，大扬气首战告捷之后，支队党委召开扩大会议，确定下步的战斗任务是越过伊勒呼里山高峰，扩充实力，训练新兵。

一、宝吉矿整训

1941年12月17日，抗联三支队从大扬气出发，向多布库尔河上游进军。21日，到达了乌苏门河沿岸的宝吉金矿。呼玛境内遍地是黄金，金矿至少有数十处之多，大部分归余庆公司管辖。宝吉金矿地处伊勒呼里山峰脚下，大兴安岭密林深处，交通不便。那里除有管理金矿的职员把头外，没有伪军和日本人。抗联三支队到达宝吉金矿的第一天，封锁了一切路口，并立即清理库存物资，存粮足够500多人吃4个月，具备整训部队的基本条件。与此同时，抗联三支队还派出一支小部队占领了附近的塔音沟金矿，又得到了很多的粮食和其他物资，部队整训工作有了更加充分的物质保障。为防止泄露消息，派专人对公司职员、把头进行看管，召开金矿工人大会，宣传抗日联军的性质和任务，要求工人对抗联三支队的行动绝对保守秘密，以防敌人进行"讨伐"。

二、转战呼玛河两岸

1942年1月26日，三支队占领吉龙沟复兴金矿，缴获粮食16 000余斤和其他胜利品。抗联三支队一贯坚持"既是战斗队，又是宣传队"的方针，战士们每到一处，都积极开展宣传工作，深受工人群众的热烈欢迎。

进攻宏西利。抗联三支队由鄂伦春族兄弟领路，沿着内倭勒根河下游到达宏西利。这个金矿规模不大，仅有20余名采金工人，有10余名伪警。抗联三支队170多名骑兵在白天长驱直入，直奔矿区。伪警见抗联三支队来得突然，士气凶猛，没有抵抗就举手投降。抗联三支队缴获步枪10支、子弹500多发、黄金2两、伪币1 000多元，还有很多粮食、布匹等战利品。

扫清西乌勒。西乌勒金矿距宏西利最近，位于倭勒根河支流吉龙河顶端，是去很多金矿的必经之路，扫清西乌勒金矿十分重要。三支队于晚上接近西乌勒村头，伪警察惊慌失措，不战即溃，被俘虏的十几名伪警察经教育后被释放。三支队将伪金矿公司财产分给采金工人。抗联三支队打开了下山之路，先后又攻占北西里、兴隆沟、吉龙沟等主要矿点。

攻占会宝沟。会宝沟矿地处倭勒根河中上游，有采金工人近1 000人。会宝沟黄金储量颇丰，矿砂含金品位高，采金设备先进，拥有两只大马力采金船，年采金量1 400余两，是日本人川口直接经营的金山镇采金株式会社达拉罕金矿属下的一个大矿。日本侵略者为保护采金生产，在会宝沟派驻伪矿警50余名。

三支队兵分三路，一路进攻伪警据点；一路破坏采金船；第三路埋伏在会宝沟通往达拉罕至呼玛县的大道两侧山林中，防止人员外流和阻击可能到来的援敌。当一路人马接近伪警察驻地时，伪警察不知道发生了什么事，等他们清醒过来，刚放两枪,已被三支队包围,全部缴械投降。破坏采金船的另一路队伍进展也很顺利,未遇抵抗即完成任务。这次战斗,共缴获步枪40余支、机枪5挺、子弹3 000发、黄金10余两、伪币近万元。拿下会宝沟后,抗联三支队又乘胜袭击了达拉罕金矿。这个矿是用采金船开采,年产矿砂2千多两,是日本人川口直接经营的矿区总部,有伪矿警40多人。三支队顺利地攻进矿区,破坏了日本采金船,收缴黄金10余两。抗联三支队打开仓库补充给养,其余的物资分给工人群众。

闹达罕与敌遭遇战。闹达罕离达拉罕9公里。解决达拉罕的敌人后,抗联三支队趁敌人还在梦中,对闹达罕金矿实行拂晓突袭。早晨4点,部队从达拉罕出发,9公里路骑兵只用了20分钟。三支队突袭伪矿警驻地,俘虏伪矿警,缴获30多支新枪和一批胜利品,除补充部队的需要外,多余的物资全部分给当地采金工人。

闹达罕距黑龙江边约50公里,江对岸就是苏联。根据北满省委和第三路军指挥部的指示,为适应长期艰苦斗争的需要,三支队准备就近送一批战士去苏联学习电讯技术,选定梁成玉等10名优秀青年战士去苏联学习。

抗联三支队在闹达罕休息一天。但他们不知道就在抗联三支队进村时,伪矿警队长已向呼玛县打出求救电话。

三支队撤出闹达罕,在到达日升利东岗时,和满载日军的汽车相遇,遭到敌人猛烈射击。在激战中王钧的腿部受重伤,王明贵凭借经验,骑马绕到敌人的背后,距汽车50米处,瞄准挥舞着战刀的日本少佐将其击毙。失去指挥官的敌人见势不妙,抬起日军少佐的尸体,装上汽车逃之夭夭。在这次遭遇战中,新战士李长海不幸牺牲,指导员赵喜林负伤。支队长王明贵用木板和纱布替王钧包扎受了重伤的右腿,然后带领宋喜林、叶青林、李国钧等十几名战士，护送王钧、赵喜林等伤员和梁承玉等十几名学员骑马来到黑龙江江边，从旺哈达顺利地过江去苏联。

三、血战库楚河

抗联三支队进入大兴安岭半年来，先是摧毁了多布库尔河流域的木业，然后挥师南下，在甘南、阿荣旗一带开展平原游击战，相继消灭了中东铁路支线二十六号车站的敌人，解除了扎敦河伪军的武装，北上又横扫呼玛河流域的金矿。1942年2月初，日本关东军动员伪黑河省、嫩江省、兴安东省、兴安北省的日军、伪军、兴安军、森林警察共计2万余兵力，向抗联三支队发动大规模的"围剿"，企图将抗联三支队一举歼灭。抗联三支队在倭勒根河口分析敌情后决定面对严峻的形势，再次翻越大兴安岭主峰返回到嫩江平原开展游击活动。

抗联三支队由黑龙江边开始往嫩江、讷河方向进军。2月初，在经过北西里金矿顺着倭勒根河向余庆公司老沟行进时，突然遭到伪黑河省日军铃木喜一上尉网罗的一支少数民族猎民"讨伐队"的伏击，给抗联三支队造成很大损失，受伤20余人，牺牲20余人。其中有英勇善战、屡建功勋的大队长杨立荣。抗联三支队撤出战斗后，部队继续前进，途中破坏了日本一个木营，缴获100多匹马、几万斤粮食，补充了给养，然后用缴获的马匹把20多名伤员送到苏联。

1942年2月10日，抗联三支队从呼玛河向大乌苏门河转移，途中发现六七百名敌人埋伏在余庆公司西北卡（宝吉金矿），欲与抗联三支队决一死战。王明贵和陈雷决定绕道向多布库尔河疾速行进。抗联三支队行军整整一夜，拂晓到达库楚河边的山坳。休息时支队长和几个干部去察看地形，准备打击尾追之敌，但他们万万没有想到往南一公里远就是敌人"讨伐队"的营地。伪黑河省铃木喜一"讨伐队"发现三支队后，悄悄占领库楚河东西两个制高点，隐蔽在丛林里，从东、南、西三面将三支队包围。当支队长察看了北边的地形后刚回到篝火旁，敌人的枪声就响了，三支队的马匹被枪声惊吓得四处逃散。王明贵当即命令许保合带领20多名战士抢占西边的小山包。由于敌人占据了有利地形，又穿着白色狍皮大衣伏在雪地上，隐蔽在树林里，很难发现目标，而三支队却暴露在敌人的射程之内，处于十分被动的境地。三支队全体指战员团结一致，顽强抵抗。战斗整整打了一天，三支队百余人的队伍只剩下20多人，其中还有几名伤员。战斗中陈雷、任德福、李长德、王金贵、汪成、施玉昆等多名同志负伤，八大队队长徐宝合、支队长警卫员宋喜林等英勇牺牲。

在夜幕的掩护下，抗联三支队在支队长率领下开始突围。

抗联三支队血战库楚河突围后，只有25人了，大部分同志是伤员，经过10余天连续行军和战斗，至2月26日凌晨，来到呼玛县北部的旺哈达，只剩下11人。他们通过黑龙江冰面，到达对岸苏联，进行修整后重返东北抗日战场。

库楚河一战是东北抗日联军历史上最悲壮的一页，百余名抗联指战员，为抗击日本帝国主义的侵略，挽救苦难的中华民族而英勇捐躯，血洒疆场！

1986年10月10日，王明贵和陈雷同志怀着崇敬的心情，为了缅怀英勇牺牲的战友，来到大兴安岭库楚河畔，为东北抗日联军第三路军第三支队烈士纪念碑揭幕，悼念九泉之下的英灵，告慰长眠于松岭山下的烈士忠魂。王明贵的题词为：你们用鲜血浇灌的祖国大地，已经发生了翻天覆地的变化，中国人民正沿着社会主义大道奋勇前进！烈士们，安息吧！各族人民将千秋万代永远牢记你们的丰功伟绩。

四、人民群众支援抗日行动

抗联向导刘成仁。刘成仁家住旺哈达，父亲刘庆彬，母亲刘氏是白俄罗斯人，有兄妹4人，他排行老大，全家共7口人，靠种地、拉脚谋生。有一次刘成仁赶着双马爬犁给达拉罕日伪采金株式会社送年货，返回的途中，遇到了抗联三支队的骑兵。部队正需要一个带路的向导，刘成仁虽然年龄小，但身体很壮，由于从小跟父亲上山拉木头，对这一带山路很熟，愿意为抗联部队当向导。部队行走到日升利，天色已黑，因为有月亮，刘成仁看到远处山上有黑影在不停晃动，他向王明贵说："山上有人。"刚说完话，枪响了，王钧爬犁的外套马被打死。后面大部队听到枪声迅速还击，打退了敌人，战士们给马爬犁换上一匹外套马，部队迅速转移到宋家店山里，在山上休息一天，晚上拉山到旺哈达，将伤员和学员送过苏联。

刘成仁跟随部队又走了20多天，一直当向导，在吉龙沟附近，战士们把马爬犁还给他，并告诉他不要向任何人说给抗联带路的事。刘成仁在回家的路上，走到嘎拉河时，被住在那里的鄂伦春奸细抓住，怀疑他给抗联带路，用麻袋装上送往金山特务机关。在特务机关虽经多次刑讯，他始终没有说出给抗联带路的事情。他的父亲、母亲也被旺哈达警察所抓了起来。由于刘成仁给金山镇大药房孙晓峰放过牛，后经孙晓峰（他老婆是日本人）出保，才将他们放出来。

1951年8月，中央人民政府派慰问团到呼玛县慰问，金山区政府召开群众大会，向曾经给抗联三支队当过向导的刘成仁给予慰问，并当场授予纪念章一枚、慰问信一封，至今刘成仁仍保存完好。

民众借马支援抗联。抗联三支队路经韩家园子、达拉罕时，战斗进行得异常残酷，马匹损失严重。部队急需补充马匹。三支队党委召开干部会议，研究对策，决定向群众借马以解燃眉之急。群众倾力相助，积极支援三支队的抗日活动。王学文借给抗联马爬犁和2匹马，刘汉功借马2匹，韩桂有借马1匹，韩桂香借马1匹。

群众支援抗联。在库楚河战斗突围中，农民李树林不顾自己的安危给三支队拉道。三支队到塔河附近，遇着一位打围的鄂伦春族猎民孟才宝，他把日本"讨伐队"驻地和军事情况详细报告给三支队，并带领抗联队伍从塔源到日本"讨伐队"中队部驻地韩家园子去袭击敌人。白银纳猎民戈宝元在嘎拉河也曾给三支队带过路。

第三节　日本侵略者的覆灭

一、苏军进驻呼玛、鸥浦、漠河三县

1945年8月起，驻扎在苏联伯力、海兰泡方面的部分苏军，向呼玛、鸥浦、漠河三县的日本侵略军展开进攻。8日早3时许，苏军进驻呼玛县的金山镇、旺哈达、新街基、湖通镇等地。9日，呼玛县长栾凤仪和副县长率领全体警察、职员和日本人仓皇逃跑。13日，苏联军队进驻呼玛县城。

8月8日出兵漠河的苏军，进驻西口子、马扎尔、斯大辽克、永合站、乌苏里等地。盘踞在漠河县城的日本人和警察得到消息，立即征召自卫团发给枪弹准备抵抗，并将电信电报等通信设施撤到老沟，日本人家属也全部撤走。

8月11日，早上6时苏联一架侦察机在漠河上空盘旋侦察。日本侵略者见形势不妙，由县长、副县长率领全部日本人、警察和职员乘坐2台汽车狼狈逃跑。11时许，苏联陆海空三军一起出动，3架战斗机在漠河上空掩护地面部队，轮番轰炸、扫射。苏岸山头上几门大炮也猛烈轰击漠河县城，海军则在江上堵截，苏军当天进驻漠河城内。11日晚，日军逃到老沟日本的采金株式会社宿营。半夜时分伪警察故意鸣枪，制造苏联军队围攻假象。睡梦中的日军突然听到枪声乱作一团，急忙逃跑。敌伪官吏、警察趁机几乎全部逃散。日军为了减轻负担，便于潜逃半路上将他们的家属杀害。

8月12日，日本侵略者福特集团伪警逃到老沟，准备继续往嫩江逃跑。13日，400余名苏军骑兵在飞机的掩护下，向老沟进军。敌人放弃老沟往嫩江败逃，县长和警察全部被苏军擒住。苏军追至距栖林集20余公里的老桥克，把日本人包围后全部歼灭。上午11时许，进驻鸥浦县城，设立苏联红军戒严司令部，委任伪满洲国时投向苏联的警察赵志民为苏联红军鸥浦县戒严司令。

二、日本人从呼玛逃走

1945年8月9日上午11时，副县长安藤义一（日本人）通知政府人员在办公室待命。午后2点，安藤义一宣布分为四个队撤退，第一队为尖兵班，第二队由32名伪警察组成，第三队是26名文职人员，第四队是日本军人及军人家属约40余人。在呼玛河口有日本兵押着以贾沛然为首的5名船工，将这四队人摆船过河。

8月11，撤退队伍分两伙。一伙是日本人和十几个中国便衣特务去嫩江，另一伙是中国警察和文职人员，准备在山里打游击。第二伙人于13日返回呼玛，接受审查后，文职人员被放回家，警察特务被带到苏联去了。

三、击毙日本指导官铃木喜一

苏联红军进入呼玛地区后，铃木喜一带人从队部逃出来住在山里。天黑了，铃木喜一一面派人去队部察看情况，一面挑选了5个人，全部戴上防护面具，每人发给一个毒气罐，命令他们当苏联红军来时，扔毒气弹。他的卧室和所有资料、办公室、商店、粮库全烧掉了。他还企图炸毁弹药库，放毒气弹。苏联红军对鄂伦春族山林队采取智取的办法，派汉族人陈亚久去十八站把鄂伦春族青年赵立本、关臣马带到疙瘩干（现十八站乡创业村），苏联红军军官指示赵立本、关臣马到外河山林中去说服鄂伦春人全体起义消灭日本侵略者。二人以探望舅舅关门提、姐夫孟守路的名义来到倭勒根河，向部分鄂伦春上层人士说明日本侵略者就要垮台的新形势，鄂伦春上层人士关门提、葛满珠善、孟守路、孟兆兴、孟良海等人，经过认真研究做出起义的决定，并一致同意消灭以铃木喜一为首的日本侵略者，向他们讨还血债。第二天中午开饭时，鄂伦春族山林队热情邀请日本官兵一起进餐，日本官兵高兴地应邀。日本人的枪支放在离他们不远的地方，按照事先计划好的，孟清太藏在树后，当日本人正高兴地吃午饭时，孟清太朝铃木喜一脑后"啪"的一枪，子弹从鼻子和嘴中穿过，铃木喜一当场毙命，其他鄂伦春人几乎同时开枪打死剩余的日本官兵。就这样，铃木喜一这个杀人恶魔和盘踞在外河一带的日本侵略者被全部消灭。

第四章　剿匪建政

第一节　解放呼玛

一、接收呼玛县的斗争

（一）第一次接收呼玛

1945年11月初，黑河地区人民政府为尽快将地处偏远的呼玛政权早日接收到人民手中，派徐靖波和黄福友二人到呼玛了解情况。呼玛已经于10月成立维持会，由当地的大地主、商人宋杰三、杨明辅等任正、副会长，把持呼玛地方政权，正酝酿成立自卫团、保安队。黑河地工委根据他们汇报的情况，于12月派黑河军分区事务长王鹤全等7名同志前往呼玛开展接收工作。杨明辅、宋杰三等人连忙召集有关人员研究对策，妄图抵制接收工作。雷兴云、宋杰三等人派出保安队，将接收人员阻截在三大公司（呼玛郊外），只允许王鹤全一人到城里谈判。坚持反动立场的杨明辅、宋杰三、雷兴云、刘尚亭等人，多方刁难，恫吓王鹤全。王鹤全面对敌人的恐吓毫不畏惧，仍然耐心地宣传党的政策。但杨明辅等人坚持其反动立场，拒绝王鹤全等人接收呼玛，使谈判夭折。鉴于当时地方维持会势力较大，派去接收人员少，力量薄弱，接收工作已无法进行，王鹤全等人只好返回黑河。

（二）第二次接收呼玛

1946年2月，中共黑河中心县委和黑河地区行政办事处再次派谢维阳、王毓洲、韩忠奇、白振国等人，乘马爬犁由黑河来呼玛做接收工作。呼玛维持会拒绝接收工作，将刚到呼玛的接收人员控制在北满客栈，拒绝谈判。接收人员虽然失去了人身自由，却仍然利用各种机会同反动维持会据理斗争，阐明党的政策和当时的政治、军事形势。维持会的头目们迫于时局压力，恢复接收人员部分行动自由，但还是不准出城并暗中派人监视其行动。由于黑河和呼玛之间路途较远，又无交通工具，接收人员决定暂住呼玛。坚持到5月黑龙江通航，接收人员中的两名同志乘保安队不备，摆脱监视，在当地群众的帮助下，找到一条舢板船，日夜兼程划回了黑河，向黑河地区人民政府领导汇报接收情况。

（三）第三次接收呼玛　人民政权建立

1946年8月，西满军区三师特务团第一团团政委黄励华率领5个步兵连600余人，向呼玛进军。随军前来的有原任该团政治部主任、后任中共呼玛县工委书记荫正祺，有原任三师七旅敌工科科长、后任呼玛县政府第一任县长邱北池，以及后任呼玛县委民运工作部长晏萝莎（女），后任县政府民政科长许光华等二十几名同志。与此同时，建政后任鸥浦区长邢化杰也带领一个班的战士乘船从黑河出发到呼玛。10日，黄励华率部到达呼玛境内的三卡乡宽河屯，与盘踞在该地的政治土匪光复军进行一场战斗，解放了宽河屯。11日，解放距呼玛县城25公里的交通要地湖通镇。部队的挺进，迫使反动势力准备和群众一起迎接部队入城。

1946年8月13日下午2时，三师特一团在距县城南4公里的三大公司稍事休整后，高唱《三大纪律八项注意》的军歌，雄赳赳，气昂昂，进驻呼玛城。呼玛县各界人民倾城出动，庆祝解放。新生的革命政权呼玛县政府正式成立，同时解散了反动的呼玛维持会。

二、接收鸥浦县的斗争

1946年10月11日，赵志民带领科长陈景贤、秘书赵文经等5人来呼玛表示欢迎军队接收鸥浦，愿意交出政权。但回到鸥浦后，赵志民却勾结土匪张伯钧拉拢鄂伦春民族的部分猎民和鄂伦春族群众30多人，组成一支反动武装。

11月1日，赵志民到呼玛迎接接收队伍，荫正祺和邢化杰等共48人一同前往鸥浦。荫正祺在会上宣布鸥浦区政府正式成立，解散维持会、保安队，成立建联会，由邢化杰担任建联会主任。会后，筹建区人民政府，抽调干部，张贴安民告示，紧张有序地开展工作。

接收工作进行的同时，荫正祺和邢化杰派副排长窦永发带领一个班到额木尔接收伪满洲国时期采木组合的财产；派排长杜锦强和褚实一、徐山林、王福纯等人到依西肯扩军；派张云成、陈福礼、副班长机枪射手艾凤臣等到疙瘩干、桂花站、接收新兵。

1946年11月6日凌晨，赵志民发动武装叛乱，光复军一队、三队头目李长友、段喜文带60多名匪徒围攻鸥浦县城。经过一天的激烈战斗，土匪遭到沉重打击，只好撤退到距鸥浦1.5公里远的南地营子。战斗中，接收队伍有7名战士壮烈牺牲，4名战士身负重伤。为保存革命实力，荫政祺、邢化杰决定连夜撤出鸥浦，返回呼玛。军队撤出后，鸥浦县城立即被赵志民光复军占领，鸥浦县人民政权得而复失。

赵志民占领鸥浦后，分兵两路追击我军政人员，一路由葛满洲善带领从鸥浦出发，截击我方派往依西肯、额木尔的工作人员；一路由段喜文、关班宝、关门提带匪徒抄近路前往三合站，追击我返回呼玛的队伍。

返回呼玛的人员，因夜间行走迷失了方向，于11月7日中午才赶到三合站。当地群众派3匹马和4辆马车送行。赵志民派出的追击人员已抄近路赶到前边潜伏待击。当我方人员来到三合南山大沟时，突然从两边山上飞来密集的子弹，行在最前面的荫正祺当即牺牲。邢化杰组织还击，终因土匪人多势众又占据有利地势，我军接连失利，有8名同志牺牲，9人被俘，只有邢化杰、通讯员董泽和一名负伤的战士幸存脱险。

与此同时，我军派往依西肯进行扩军的排长杜锦强、战士褚实一、徐廷武、王福纯4人也陷入土匪的埋伏圈，惨遭杀害。凶狠的匪徒又到依西肯以南的古站，在通往鸥浦的必经要道干巴江山顶上设下埋伏。11月10日，当我军派往额木尔工作的窦永发副排长等11名同志路经这里时，遭到他们的突然袭击，副排长窦永发壮烈牺牲。战士吴振和击毙匪帮中伪警察张坤，但终因地势不利，又牺牲了9名同志。

三、呼玛县城保卫战

1946年10月，张伯钧（曾任国民革命军光复军骑兵二十三团团长）在黑河剿匪部队的沉重打击下，流窜到呼玛境内的三分处、五道沟、兴隆、兴华、闹达罕一带。11月，赵志民派人来兴华会见张伯钧，从此两股土匪勾结起来，形成了一个以张伯钧匪部为主体，以赵志民匪部为辅助力量，以部分被蒙蔽的鄂伦春人为帮凶的反革命政治土匪集团。他们以鸥浦为据点，兵分三路向呼玛县城逼近：一路由匪首张伯钧率领担任主攻，另一路由李长友带30余名土匪埋伏在金山镇外为策应，第三路由赵志民率领占据旺哈达为后方接应。

1946年11月26日，战斗打响。经过一天的激战，在火速赶来的特一团副团长兼民兵大队长毛和发所率战士的增援下，结束战斗。缴获敌人步枪40余支、子弹3 000余发、机枪2挺，毙敌俘敌80余人。战斗中我军二连牺牲了2位同志，骑兵大队也有3位同志牺牲，另外还有一些同志负伤。

四、第二次接收鸥浦县

呼玛县城保卫战胜利后，县委、县政府立即配合骑兵大队追剿土匪，在通往金山镇的暖泉子和旺哈达附近的大砬子山消灭了部分逃匪。接着又乘胜追击，来到翻身屯。毛副团长听说匪首赵志民已在旺哈达被击毙，便命令骑兵大队三中队副中队长傅振林和鸥浦区长邢化杰带一个排返回旺哈达辨认尸体，清理战场，侦察敌情。这时，赵志民的一部分匪徒仍留在旺哈达大砬子山的附近隐蔽着。当傅振林、邢化杰带领战士到达大砬子山前的江面上时，土匪便进行猛烈射击。匪徒居高临下，军队被压在江坎下低洼处。傅振林见形势不利，便命令二班长冲出去找大部队联系，但因土匪火力封锁江面，没冲出多远就牺牲了。傅振林又命令通讯员陈兴新按事先商定好的联络信号，向北打炮，与大部队联系，但因当时正刮着西北风，加之骑兵行进中马蹄声响很大，没有听到炮声。土匪的火力越来越猛，军队的伤亡越来越大。傅振林想要观察一下敌人的火力分布情况，不料刚一抬头，一颗子弹击中头部，鲜血染红了山石，当时就壮烈地牺牲了。区长邢化杰也身负重伤，天黑以后他带领26名同志，其中伤员8名，过江到苏联去了。

骑兵大队在金山镇与呼玛县长邱北池会合，研究第二次解放鸥浦的行动计划，决定由骑兵大队担任主攻，黑河军分区警备四连和机炮连各抽一个排，携带迫击炮和重机枪担任助攻。配合行动的有呼玛公安大队（即黑河军分区警备二连），三师特一团的步兵八连和从合江军分区调来的由朝鲜族战士组成的工兵连，以及由蒙古族战士组成的骑兵连。县政府从当地动员大量支前民工相助。担任这次军事行动的指挥员有团长毛和发及黑河军分区参谋长兼呼玛公安大队长张继承。

张伯钧、赵志民匪帮分别在韩家园子、怀柔站、三合站安排三道卡子，窥察军队行动。1946年12月初，剿匪大军兵分两路，沿江道和山道，向土匪巢穴鸥浦县城挺进。一路由旺哈达进山，直捣三间房、河口（现兴华）。土匪闻风而逃，军队追至闹达罕金矿，发现张伯钧部分匪徒正在吃饭，打他们一个措手不及，匪徒丢下多具尸体夺路而逃。军队追至韩家园子，很快冲破张伯钧的第一道防线，接着又乘胜追击，在疙瘩干、十八站、白银纳等地又消灭了部分土匪，然后到三合站与江道剿匪大军会师。

另一路剿匪大军顺江道经旺哈达、新街基，来到怀柔站，从三面包围了张伯钧、赵志民的一个连。经过激战，将他们全部歼灭。接着，土匪的第二道防线也在军队的强大攻势面前土崩瓦解了。江道剿匪大军继续北上，在鸥浦县境内的三合站与另一路部队会师，剿匪大军在距三合站以北20华里处歼灭了部分土匪。剿匪大军逼近鸥浦县城，张伯钧、赵志民慌忙弃城，胁迫部分群众向漠河境内逃窜。因为冬天非常寒冷，干部战士都穿着破皮乌拉（用牛皮缝制的鞋，里面塞些乌拉草，冬季穿在脚上御寒），特别是南方来的战士，很不习惯，冻伤的很多，所以部队不到半个月，就结束了这次行动。鸥浦人民政权没有建立起来。

五、第三次接收鸥浦县，呼玛全境解放

1947年2月初，黑龙江警备三旅奉命在黑河组织去呼玛、漠河的精干剿匪部队，由廖中符旅长率领700多名指战员，从黑河北上，每天行军140华里，用4天时间到达呼玛县城。兵分两路，骑兵走山路，步兵坐爬犁走江道，向鸥浦挺进。随军前往的有重

新任命的鸥浦区长邢化杰等地方行政干部。

2月中旬，我军第三次武装接收鸥浦，赵志民的光复军土崩瓦解，彻底覆灭。匪首赵志民只身潜逃到海拉尔，后被查出押往齐齐哈尔处死。

张伯钧匪部逃至漠河县境内的二十七站，继续为非作歹。廖中符解放鸥浦县城后，在依西肯、绥安站、开库康接连打几个胜仗后，日夜兼程直捣张伯钧匪巢。他们在大草甸子截到张伯钧拉马草的爬犁，经过反复做工作，赶爬犁的土匪供出了张伯钧匪部的真实情况，并同意将军队带进十九站。剿匪大军立即派出15名战士，由副连长李新民、指导员谢宝斋带队，隐蔽在爬犁草堆下。后继部队尾随而至。张伯钧正躺在炕上抽大烟，听到风声急忙从炕上跳下，还没来得及逃跑，就被战士一枪打死。军队里外夹击，又歼灭一些匪徒，其余见势不好，四散逃窜了。骑兵团紧随其后，穷追猛打，到大草甸子，匪徒全部被歼灭。2月下旬，剿匪大军胜利解放边陲重镇漠河县城，俘获张伯钧副官任铁男，以及从十九站逃回的头目杨德林等人，剿匪第三阶段取得决定性胜利。

六、砍大树、挖匪根

为配合剿匪斗争的开展，县委按照省委"剿匪除奸和发动群众结合起来"的指示，从1946年8月开始派民运工作队深入到群众基础较好的三道卡、呼玛、金山镇等地，开展"砍大树、挖匪根"的群众运动。王玉、张展等县委领导亲自带领群众斗争恶霸地主。通过这场政治斗争，帮助人民群众擦亮眼睛，提高觉悟。有的群众动员匪徒放下武器，切断了土匪拉拢人民群众的渠道，匪徒众叛亲离，四面楚歌，成了过街老鼠，人人喊打。各民运工作队在各村组织农会、妇救会等群众组织。各群众组织进一步发动群众，保家护村，恢复生产，支援剿匪前线。青年踊跃参军，群众积极出工出马，给部队送粮食，送饲料。人民军队如鱼得水，如虎添翼，使土匪陷入绝境。

县委在剿匪中特别注意做少数民族同胞的工作。县委、县政府主要领导多次到深山密林中与鄂伦春族首领交谈，向他们耐心宣传党的民族民主政策，同他们交朋友，送生活必需品，帮助推销山产品，劝其下山定居。他们很受感动，主动帮助政府工作，动员他们的亲人放下武器，弃旧图新。关门提、关班宝、葛满洲善等重要匪徒走出山林，弃恶从善。

七、彻底铲除匪患

（一）枪毙恶霸雷兴云

1946年10月5日，在呼玛小学校院内设立临时人民公审法庭。9点钟，法庭开庭，群众纷纷登台揭发，控诉雷兴云的罪行。法庭根据广大群众的要求和确凿的证据，判处雷兴云死刑，就地正法。

（二）消灭顽匪李长友

1947年2月，李长友在一次剿匪战斗中被俘，被释放后本性不改，跑到内蒙古参加了由190人组成的匪帮。他们抢劫民财，欺男霸女，无恶不作。匪帮曾偷袭巴彦旗守军，在小杨气、大杨树、达拉滨、五家子、为素沟等地枪杀"土改"工作队员十余人。1948年4月，兴隆护矿警备部队得知李长友等匪徒要到疙瘩干张老三家抢大烟的消息，便事先设下埋伏。李长友出现后，部队立即喊话令其放下武器。但李长友不听劝告，负隅顽抗，被军队战士击毙，其他匪徒纷纷投降。第四阶段剿匪斗争获得彻底胜利。

（三）智擒残匪

1949年，以赵连东、于志杰为首的小股残匪仍然为非作歹，猖獗活动。初冬，这伙残匪流窜到瑷珲县境内的纳金口子，残忍地杀害做鄂伦春民族工作的李开方指导员，并威胁村子里的几家大户供给他们米、面和油盐。

呼玛县公安科接到匪情报告后，立即命令三卡乡派出所剿灭残匪。三卡乡派出所所长谢义是位八路军老连长，接到命令后立即同公安干警张合田一起，在三卡乡挑选6个民兵，在老乡家里借8匹马带着武器出发了。

谢义等人赶到纳金口子，将十几个喝得酩酊大醉的匪徒擒获。谢义押着匪首赵连东和于志杰连夜赶回呼玛。赵连东和于志杰二匪毫无悔意，被公安部门关进监狱。匪首被擒，土匪个个觉得前途渺茫，打起行李回老家了。

第二节 建党建政

一、开展建党工作

（一）秘密建党时期

1946年8月13日，呼玛县城解放。17日，正式挂出呼玛县人民政府的牌子，由邱北池出任呼玛县第一任县长。同时，秘密成立中国共产党呼玛县委员会，由三师特一团政治部主任荫正祺任呼玛县工委书记（当时对外称政委），隶属中共黑河中心县工作委员会领导。时任县委委员有黄励华、毛和发、邱北池、张继承。

1946年8月至1948年11月，中共呼玛县委把工作重点放在清剿土匪、建立政权、支援前线、成立农会、反奸清算、土地改革、组织互助组、发展生产上。其间，党在呼玛仍处于秘密发展时期，从县委到区工委、党支部的活动都是秘密进行的。

1946年10月3日，中共呼玛县工委机关党支部在民运工作队员中首次秘密发展党员，张丕纪、陈善斌、袁显涛3人是秘密发展阶段发展最早的一批党员。是月下旬，在呼玛区三道卡村发动群众进行反奸清算斗争中，呼玛区第一任区长张展培养发展3名反奸清算积极分子吴元春、李长水、徐永福入党，这是中共呼玛县工委在全县农村中发展的第一批贫雇农党员。

1947年3月，县委相继在呼玛、金山、鸥浦、漠河等地秘密建立了四个区工委。这时各区工委书记以行政区长的身份在群众中出现。呼玛为第一区，区长兼区工委书记邢化杰，区政府设在呼玛；金山区为第二区，区长兼区工委书记张开平，区政府设在金山；鸥浦区为第三区，区长兼区工委书记张展，区政府设在鸥浦；漠河为第四区，区长兼区工委书记张武浩，区政府设在漠河。

当时在机关、部队、农村秘密发展党员，有的单位和村屯没有党支部，党员就采取单线联系。全县仅有县政府、公安大队一中队、金山区、鸥浦区4个秘密党支部，党员39名（不含金矿二分局）。

（二）公开建党时期

呼玛县经过剿匪、反奸清算和土地改革等一系列政治斗争，人民群众觉悟得到提高，政权得到巩固，人民的生活环境逐步安定。中共呼玛县委根据中共中央东北局的指示，党的工作也由秘密状态转为公开，决定在对现有党组织、党员整顿的基础上进行公开建党，公开发展党员，组建基层党的组织，扩大党在群众中的影响，壮大党的队伍，发挥党的领导核心作用。

县委决定从1948年11月至1949年3月在群众工作基础好、条件成熟的县机关、部队、学校、金矿局、农村进行公开建党。公开建党坚持自愿报名、群众公议、县委批准的原则，采取先试点、后铺开的方法。11月末至12月26日，在县政府、贸易公司、三大公司、呼玛小学和公安大队一中队等5个单位进行试点，共发展新党员19名，同时建立政府机关、正棋公司和县公安大队三个党支部。这是中共呼玛县委在公开建党中建立的第一批党的基层组织。

在总结机关、部队建党的基础上，县委召开扩大会议，决定在呼玛乡、三道卡乡进行公开建党试点，分别派了工作队。县委副书记余建文、民运部长晏璐莎、民教科员田玉杰3名同志负责呼玛乡，县长焦化南、副区长高学礼、区文书戴有辉（不是党员）3名同志负责三道卡乡。两个乡公开建党试点工作从12月20日开始，于1949年1月结束。呼玛乡发展了19名党员，三道卡乡发展了吴元春、张坤山、戴有辉等11名党员。此后，呼玛县公开建党工作相继在全县铺开。金山区于1948年12月开始公开建党，建党工作由区长张恒毅和马绍坤负责，共发展赵宝轩、刘文成等13名党员。呼玛区牧羊场村于1949年1月26日至2月5日开始公开建党，发展谢连山、任德库等12名党员。1949年2月26日，兴华村由马绍坤、高英华等负责公开建党，发展了李长春等5名党员。3月2日，县长焦化南带领建党工作组到兴隆金矿二分局领导公开建党工作，发展了周玉炎、丁念义等22名党员，建立全县第一个矿山党支部。3月10日，鸥浦区政府发展2名党员，鸥浦区公安大队二中队发展5名党员，鸥浦村发展10名党员，老卡村发展4名党员。漠河区因领导犯"左"的错误没有进行公开建党。经过这次公开建党，全县新建立6个党支部，发展新党员125名（机关10名，部队14名，农村79名，金矿22名）。

1949年，全县设区委5个，基层党支部12个，其中机关4个、农村6个、金矿1个、公安队1个。党员214名，其中机关、工矿124名，农村90名。

（三）新中国成立后党组织的发展

1.党代会前的中共呼玛县委。1949年4月20日，经上级批准组建了由余建文、邢化杰、张展组成的县委常务委员会。

1949年8月23日至26日召开呼玛县首届党员代表会议。大会主席团由余建文、常天玉、张恒毅、王和、杨士安、丁念义6人组成。县委副书记余建文在会上致开幕词，并代表县委总结全县建党以来党的工作，提出会议宗旨。组织部长邢化杰传达中共七届二中全会会议精神。代表就中共中央提出的党的工作重点由农村转向城市，抓好社会主义经济建设的工作方针进行认真讨论。会议决定在中共中央提出的"恢复生产、发展生产"的号召下，掀起大生产高潮，完成工农业及各项工作的计划。

1949年12月5日至7日，中共呼玛县委召开全县党员代表会议。会议主要内容是传达东北局主席高岗的报告，与会代表们就搞好全县副业生产，做好征粮工作，支援社会主义建设等问题进行热烈讨论。会议确定"工农并重、以农为主"的经济发展方针。

1954年2月10日，呼玛县委召开全县党员代表会议，会议历时3天。参加会议的正式代表47人，缺席1人，列席代表22人。参加会议的代表有区委书记、党员区长，组织、宣传委员和支部书记及优秀党员，代表着全县228名党员。在会上县委书记赵亚作《发扬已得成绩，克服存在问题，进一步提高1954年农业生产合作社工作》和《贯彻总路线精神，为完成1954年任务而奋斗》的工作报告。县委副书记、县长张恒毅作《呼玛县有计划买粮供应总结报告》。会议通过三项决议：进一步加强学习与宣传党在过渡时期的总路线；贯彻总路线精神，做好发展互助合作和备耕与春耕工作；加强党的领导。县委书记赵亚作会议总结，提出进一步搞好农业生产合作化运动及完成其他各项工作任务的总体要求。

1955年9月3日至11日，召开呼玛县党员大会。参加会议的人员共233名，其中党员167名，非党积极分子33名，团员33名。会议主要内容是：传达毛泽东主席关于"农业生产合作社问题"的指示；贯彻省委农村工作会议精神；根据毛泽东主席的报告，提出全县贯彻省委农村工作会议精神的具体意见；进一步贯彻中共七届四中全会、全国代表会议和党代表大会精神。会议期间，代表们就以上任务进行热烈讨论，一些部门的领导做发言，最后通过有关决议并进行了会议总结。

以上四次会议均没有选举县委委员和县委领导班子，根据党章规定，故没排届次。

2.中共呼玛县第一次代表大会。1956年3月20日，在呼玛镇召开中共呼玛县第一次代表大会，会议历时5天，参加会议的正式代表92人，列席代表27人，代表着全县各条战线的413名党员。

会议传达了毛泽东关于《中国农村的社会主义高潮》一书的序言以及中共中央《1956年到1967年全国农业发展纲要》和省委第二次农村工作会议精神。会议结合呼玛县的实际向全县人民提出工作任务。与会代表们听取县委副书记荆德治作的题为《提高党的领导，站在社会主义高潮面前，为争取四年完成五年计划任务而奋斗》的工作报告，讨论通过《关于提高党的领导水平》《加强党的建设工作》两项决议。大会选举产生了由荆德治、曹魁芳、李双贵、邵振山、杨玉麟、周连仲、矫洪兴、刘德厚、宫海林、丁桂树、宋云生、周树林、戴有辉、陆广祥14人组成的中共呼玛县首届委员会。会后举行党代会首届一次会议，选举荆德治、李双贵、杨玉麟、邵振山为县委常委，选举荆德治为县委书记，李双贵为县委副书记。会议选举由李双贵、丁桂树、周连仲、毓柏生、吴奎杰、张坤山、宋云升7名同志组成的中共呼玛县监察委员会，李双贵任书记，丁桂树任副书记。

二、建立人民民主政权

（一）新中国成立前建立人民民主政权情况

1946年8月13日，呼玛县政府建立人民政权。1947年3月，呼玛县全境解放，中共黑河地委、黑河地区行政督察专员公署正式决定将漠河、鸥浦、呼玛三县合并为呼玛县，县政府所在地设在呼玛镇。县内设立4个区18个乡。呼玛县政府在基层建立区级政权机构。各区辖乡，乡辖村。

（二）新中国成立后人民政权的巩固与发展

1949年10月11日至17日，中共呼玛县委在呼玛村进行建政试点工作。经过宣传教育和评定公民权、选举代表等工作后，选举村政府代表，召开了村代表大会。随后在全县普遍召开乡村两级人民代表大会，民主选举乡村人民政府负责人。1950年4月，呼玛县政府改称为呼玛县人民政府。

1.各界人民代表会议。中国人民政治协商会议通过的《共同纲领》明确规定，人民代表大会制度是国家的根本制度。由于新中国成立初期尚不具备召开人民代表大会的条件，《共同纲领》规定，由各级人民代表会议代行人民代表大会的职权，以此作为人民参政的一种过渡形式。

1949年11月24至26日，呼玛县第一次各界人民代表大会在呼玛镇胜利召开。出席会议代表55名，会议听取县长余建文所作的《三年政府工作报告》，制定"组织起来，插犋换工，发展生产，厉行节约，支援战争，改善人民生活"的政府工作方针。会议选举余建文为呼玛县人民委员会主席，吴心铎为副主席。

根据1949年11月16日《东北人民政府关于建立县区人民代表会议或人民代表大会及村人民代表大会的指示》中关于"县人民代表会议代表的产生可以采取直接、间接选举或推选、聘选等方式，代表任期为半年，县人民代表会议每两个月或三个月召开一次，不设常设机关"的规定，1951年10月，黑龙江省人民政府批复准予黑河地区四县召开人民代表会议，代行大会职权。从此，人民代表会议的职权逐步得到明确。从1949年末到1953年普选前，呼玛县共计召开了15次各界人民代表会议，听取县政府及有关方面的工作汇报，通过相关决议，选举政府领导和人民委员会，征集并承办代表提案，履行人民所赋予的历史使命，为向人民代表大会过渡作充分准备，开始步入人民当家作主的新时代。

2.基层人民政权的发展。1947年，呼玛县政府在基层建立了4个区级政权机构，实行县辖区、区辖乡、乡辖村的基层政权。4个区级政府分别是：漠河区政府（辖漠河、额木尔、马伦、开库康4个乡）、鸥浦区政府（辖鸥浦、依西肯、老卡、怀柔站、三合站5个乡）、金山区政府（辖金山、河口、兴安、新街基、兴隆5个乡）、呼玛区政府（辖呼玛、牧养场、湖通镇、三卡4个乡）。1949年，县政府根据工作需要，对基层政权做了重新调整，将兴隆乡从金山区中划出，建立兴隆区人民政府，下辖兴隆、闹达罕、四道沟3个自然村。至此，呼玛县基层政权全部建立，全县共划分5个区，形成了一套县辖区、区辖乡、乡辖村的行政管理体制。1950年8月7日，呼玛县人民政府根据中央人民政府内务部关于"区名称按数字顺序排列"的指令，发出通知规定呼玛区为第1区、金山区为第2区，鸥浦区为第3区、漠河区为第4区、兴隆区为第5区。1951年3月1日，呼玛县政府根据上级要求，对行政区划进行一次调整，区政府改称为区人民政府。

1953年7月23日，呼玛县成立选举委员会，在全县开展普选工作。呼玛县选举委员会向全县颁布《呼玛县基层选举工作计划》。计划总的要求是：领导要充分发扬民主，提高人民觉悟，贯彻真正的民主选举制度。发动广大人民积极参加地方各级选举，进一步提高各级领导水平，改进作风，密切党委和政府与人民群众间的联系，进一步提高政权职能，以巩固人民民主专政。通过普选宣传教育，使农民懂得了自己行使民主权利的重要性，积极地参加普选。

1953年8月，全县采取"先行试点、分期铺开、轮番进行、分段总结、分期完成"的办法开展村、镇人民代表大会普选工作。普选工作分两个阶段进行：第一阶段培训干部、准备进点、宣传教育、人口调查、选民登记、提候选人；第二阶段动员选民参加选举，搜集代表提案，召开村、镇人民代表大会，总结工作，部署任务。时全县总人口为12 830人，有选举权的为8 876人，占总人口数的69.18%，被剥夺选举权利的20人，占人口总数的0.15%。整个普选工作从8月13日至11月10日结束，共选举出村、镇人民代表297人，其中有工人、农民、工商界、文教卫生界和其他阶层代表，体现代表的广泛性，圆满地完成任务。这是呼玛县有史以来人民群众第一次运用自己的权力选举所信任的人管理国家大事。随后，全县各乡镇先后召开人民代表大会，逐步建立起乡镇人民代表大会制度。1956年8月，为适应合作化运动的需要，撤销呼玛、金山、兴隆三个区，保留鸥浦、漠河两个区的建制，成立16个乡，即：呼玛、三卡、湖通镇、金山、兴华、新民、新街基、兴隆、闹达罕、四道沟、鸥浦、正棋、依西肯、开库康、额木尔、漠河，其中鸥浦、漠河是区、乡两级机构同时并存。

3.呼玛县第一届人民代表大会《中华人民共和国宪法》《地方各级人大和人民委员会组织法》颁布后，地方各级人民政府都由本级人民代表大会选举产生，名称改为人民委员会。同时人民委员会又行使本级人民代表大会常设机关的职权。

1954年3月16日至19日，呼玛县第一届人民代表大会第一次会议在呼玛镇召开。这是普选后首届人民代表大会，共有代表81人，出席一次会议的代表66名。会议的中心议题是：进一步学习党在过渡时期的总路线与总任务；集中全力搞好冬季事业生产，组织好备耕；搞好春季护林防火；选举县人民政府成员和出席省人代会的代表。会议听取县委书记赵亚所作的《关于认真贯彻总路线总任务的报告》、县长张恒毅所作的《关于四年来总结与1954年工作计划的报告》。会议通过关于动员全县人民进一步贯彻党在过渡时期的总路线与总任务的决议，关于积极领导稳步发展互助合作的决议，关于坚决做好护林防火工作，为支援国家建设用材，保障农田丰收而斗争的决议。会议以无记名投票的形式，民主选举由张恒毅等21人组成的呼玛县第一届人民政府委员会。在3月19日召开的首届一次委员会议上，选举张恒毅继任县长，荆德治为副县长。会议成立提案审查委员会，根据提案的性质，与有关部门成立政法、生产建设、文教卫生、财经合作、干部作风5个提案组，共收到144件代表提案。

第三节　土地改革运动

一、组织人民群众开展反奸清算斗争

（一）呼玛的反奸清算斗争

1946年10月下旬，中共黑河中心县委公安特派员王玉、黑河工人自卫团团长马绍坤和呼玛区区长张展，带领民运工作队员在呼玛区三道卡村发动群众进行反奸清算斗争，共清算斗争12户地主，打击恶霸势力，鼓舞群众斗志。

11月4日，成立呼玛清算委员会，会长刘新仲，委员辛福江、陈学田等人。清算呼玛自治总会和各分会、公安局、保安队首恶分子。清查伪满洲国时期遗留的鸦片烟和小卖联盟所存物资，以及部分商店在伪满洲国时期配给物品时勒索群众、克扣群众的账目，有的退赃还款，有的没收全部财产。东永茂商店被查封，三盛号商店被清算。同时，对经营宝局的梁文斋、李筠青和伪满洲国甲长李濯元等人进行政治上的斗争和经济上的清算。

11月11日，金山村成立村政府，清算斗争东顺和商店掌柜崔三德、大东商店掌柜刘占禄、义和福商店掌柜刘子修、伪满洲国时期大北公司经理侯圭田等欺压人民群众的首恶分子。

（二）漠河的反奸清算斗争

1947年8月，黑河专员公署派遣章文焱、谢宝斋等同志到漠河领导清算斗争工作，组织建联会。建联会主任章文焱、副主任谢宝斋，委员11人。清算斗争组织反动武装的恶霸地主杨德林以及维持会成员张子育等。

（三）鸥浦的反奸清算斗争

1947年11月，在鸥浦区政府领导下，成立清算斗争委员会。会长由张展兼任，副会长孙秀富，委员赵金帮等八人。清算斗争委员会带领鸥浦人民群众，清算斗争恶霸地主王作顺、勾结土匪的坏分子、双发德商店老板王赞和伪满洲国时期保甲长田广文、袁殿瑞、孙向宝等，逮捕了勾结土匪袭击剿匪军队的反动分子李振起。

二、贯彻《土地法大纲》

1948年1月29日至2月21日，中共黑河地委召开土地会议，传达了中央和省委土地会议精神。呼玛县开始进行土地改革运动。

伪满洲国时期，呼玛、鸥浦、漠河三县的农村，仍然保留着封建的土地关系和剥削关系。地主、富农占有大量土地和生产资料，以雇工和出租土地剥削贫苦农民。日本帝国主义只顾千方百计地掠夺黄金和木材，不重视农业的发展，作物单一，耕作粗放，大量土地没有开垦，农业生产仍然处于落后状态。据呼玛县志记载，当时土地的占有情况如下：呼玛县，三大公司占据土地1 000多垧，除雇工耕种外，出租给佃户500多垧。大北木材公司占据拥有土地100多垧。呼玛镇地主宋杰三拥有土地100多垧。金山镇地主孙晓峰有2处地营子，200多垧土地。金山镇地主顾瑞亭占有150多垧土地，雇用大批农民耕种，群众给他起个绰号叫"顾三蝎子"。鸥浦县，地主王作顺（俄名干德罗斯科）占据土地200多响。依西肯大把头唐德、刘秀山占有依西肯全屯的土地四分之三以上，少数自耕农必须以人工换他们马工和机器使用。漠河县，大地主黄奎元、杨德林、张子育、林化成等占有土地二三百垧。地主阶级与日伪反动势力相勾结，成为敌伪统治农村的社会基础，敌伪实行"粮谷出荷"政策，地主又把大部分"出荷"任务转嫁给农民，农民被迫按定量廉价出售粮食。1943年日伪黑河省下达出荷粮任务，呼玛县15吨、鸥浦县5吨、漠河县10吨。1944年，日伪因战势吃紧，出荷粮任务呼玛县增至50吨，鸥浦县增至30吨，漠河县增至40吨。解放建政后，广大农民迫切要求翻身解放，要求获得土地。

（一）各区成立农会组织

1946年12月，呼玛区开始筹建农会，会长陈学田，副会长刘新仲，委员谭景和，民兵队长郭良臣，副队长郝志忠等。农会领导呼玛区翻身农民开展土地改革的宣传和发动工作。

1947年9月，漠河区成立农会，吸收会员30名。第一任会长高某（绰号高小胡），副会长霍臣才，委员王树杰等7人。在斗争过程中，几经整顿，会长改为杨玉和，副会长黄永庆，委员刘季海等9人，会员130多人，民兵队队长王锡福。

1947年11月，鸥浦区成立农会，会长任凤祥，副会长孙秀富，委员安维祥等。

1948年2月，金山区成立农会，会长王凤鸣，副会长王怀胜，委员高洪祥、刘维新等8人，会员22名，自卫队长于智明。

各区所辖村屯，根据人口数量不同，相继建立农会或领导小组。各级农会组织建立后，学习党的土地改革方针政策，发展会员，清理阶级队伍，为土地改革运动做好组织准备和思想准备。

（二）轰轰烈烈的"土改"运动

1948年2月，全县开始拘捕地主、恶霸、警察特务和汉奸等反坏分子。按照党的政策，没收地主、恶霸的浮财和土地。对民愤极大、罪大恶极的反动分子实行镇压。3月，全县土地改革转入划定成分，落实政策的阶段。根据经济地位和剥削程度，划分雇农、贫农、下中农、中农、富裕中农、小富农、富农、小地主、中地主、大地主十种成分。对于在"土改"高潮中错斗错划的，分别进行纠偏、落实政策。同时贯彻团结中农的政策，对中农的土地和财产给予保护。

阶级成分划定之后，按照分类划等、合理分配的办法，开始分配胜利果实。首先分雇农、贫农、下中农三级。然后由建联会（或土改工作组）和农会将贫雇农又分为六等，将"土改"果实按优劣程度、数量多少，分为三级六等，进行合理分配。对贫雇农中的孤儿寡母和军烈属给予适当照顾。给中农适当地分配胜利果实。对部分生产资料，如割地机、脱谷机等暂归农会所有。对较为高级的生活用品，如沙发、皮料等，实行作价分配。

依照没收地主、富农土地数量，按照农民人口平均分配。因为各地土地数量不同，因而分配数量也不一致。如呼玛村，贫雇农每人分到一垧二亩地（每垧三千六百平方弓，十亩为一垧）。对下中农原有土地多于一垧二亩者不收，少于一垧二亩者补齐。

在"土改"运动中，各区村屯组建了妇女会、儿童团。

（三）纠正"土改"运动中的偏差

"土改"中的偏差及原因。呼玛县在"土改"运动中出现的偏差主要是打击面过宽，侵犯了中农利益和拘押人员过多、打杀人过多。原因是多方面的，主要是在平分土地中对存在的问题没有进行认真具体分析研究，急于求成，脱离实际。一些干部对党在"土改"中依靠贫雇农，团结中农，保护民族工商业的政策认识不明确，在工作中阶级划分不清，侵犯部分中农利益，把富农和地主一样对待；片面地强调了贫雇农说了算，忽视了党员干部的领导。一些人错误地认为贫雇农起来了，一切问题都可以解决了，这样使有些地方的"土改"运动失去了党的领导，不按照党的政策去做，偏离了正确的轨道；把运动绝对化，不注意政策，一些地方把运动绝对化，提出"运动等于一切""运动高于一切""运动解决一切"，单纯地追求"运动的规模和饱满"，提倡为运动"不要怕乱""没有大乱，我们的手就放不开"，等等。

纠正偏。按照中央、东北局和省委的指示，呼玛开始纠偏。县委、县政府在纠偏中牢牢把握党的政策，认真贯彻了"政策就是党的生命"这一思想，分别召开贫雇农代表大会和中农会议，及时地调整和纠正在"土改"运动中出现的偏差。及时下发文件，确定政治斗争对象和缩小打击面的意见。在定成分时，首先要比生活、比家底，要大家讨论。个人需要什么，要自报公议，三榜定案。

第四节　恢复生产

一、开展大生产运动

1948年，开展大生产运动。县委所有干部纷纷下乡。农民组成以自愿插犋为原则的互助组，解决部分农民生产中劳动力、畜力缺乏的困难。为解决部分农民籽种不足的问题，县政府把解放军战士和政府工作人员食用的原粮拿出来，分配给缺少籽种的农民，顺利地完成了春播。各级领导、解放军指战员、党政工作人员和农民一起拉犁拉耙，压地铲趟，收割打场，齐心协力地为争获土地改革后的第一个丰收年而努力工作。冬季，开展了多种门路的副业生产，打桦子、倒大木、拉脚运输、烧木炭、打鱼狩猎、纺织生产等，为第二年生产筹集了资金。广大农民在大生产运动中迎来了新年、春节。各村屯排练文艺节目、扭秧歌，欢庆翻身解放，欢庆生产大丰收。

（一）呼玛县贫雇农代表大会

1948年4月15日，呼玛县召开全县贫雇农代表大会，余建文在会上作《巩固土地改革伟大成果，开展大生产运动》的报告。共有18个屯子109名代表参加了会议，其中：中农23人、贫农55人、雇农31人，呼玛乡约有500余名贫雇农全部参加会议。会议的目的检查总结农民的翻身情况，组织广大农民集思广益，寻找发财之道。会议号召，种地是根本，定计划过日子才能有吃有穿，并提出："全部插犋搭伙多种地""吃不穷，穿不穷，计划不到终是穷"等宣传口号。会议总结了土地改革运动，研究部署发展生产、支援前线等问题。

（二）开展劳动竞赛　订立挑战公约

在大生产运动中，人们在生产中开展竞赛活动，争先进、当劳模。各个乡、镇、村屯之间互相挑战，订下挑战公约。如：金山镇和湖通镇，三道卡乡和呼玛乡之间相互订立挑战公约。金矿二分局第一分矿向第二、三、四分矿提出采金挑战，并下了挑战书。挑战书的内容是：保证完成26 470个（4.25克为1个）黄金任务，提高生产，支援前线。各分矿纷纷应战，采金工人生产积极性空前高涨。

（三）发展副业生产　解决经济困难

根据地理环境和资源情况，呼玛县政府积极发动群众利用农闲开展副业生产。恢复县境内大小金矿的采金生产，同时派人组织税收，开辟县政府的资金来源，解决发展生产的经费，缓解经济暂时困难的局面。结合境内野生动物资源丰富的实际情况，组织有关人员去兴华、十八站一带的鄂伦春族部落同猎民出围狩猎。派人到山里去收购皮张、鹿茸等珍贵山产品，运到黑河一带销售，既搞活经济，又为鄂伦春人解决生活中困难。

（四）呼玛县首次劳动模范大会

1949年1月15日，召开呼玛县首次劳动模范大会，39名县级劳动模范受到奖励，会议总结了1948年大生产运动的丰硕成果。呼玛、鸥浦、金山三个区统计，1948年共有耕地9 062垧，比1947年增长24.9%，各类作物产量显著提高。呼玛区小麦平均垧产975斤，燕麦1 050斤，糜子1 450斤，苞米2 000斤，元豆2 320斤（最高产量为4 972斤）。会议经过充分讨论，制定1949年各区的生产计划。

（五）换工插犋，组织互助组

为了解决牲畜、农具或劳动力不足的困难，县委号召广大农民换工插犋、劳动互助。主要形式：插犋，种地时，几家凑上3

匹或4匹牲畜和一副犁插在一起。换工，人畜换工，即无畜力的农户种地时同有畜力户进行换工，以工价折钱，以人工抵畜力工。另一种换工，主要是在劳动力强弱相当，土地数量接近的农户间进行，在种、铲、趟几个重要农时实行劳动合作。

1949年初，呼玛县兴起互助合作运动，开始是简单的共同劳动临时性互助组，后来出现了三大季节组和常年互助组。参加互助组的农民仍是以一家一户为生产单位，生产资料私有，土地经营也不统一，是用换工形式组织起来共同劳动组织。1949年全县共有998个互助组，其中常年组630个，三大季节组265个，临时组103个。

（六）机关、部队开展大生产运动

1948年4月12日，呼玛县召开机关、部队大生产动员大会，薛志侠书记做动员报告，县公安大队长张继承在会上宣布了1948年后呼玛县机关、部队生产计划和各单位的具体任务指标。会后，县政府成立了机关生产委员会，负责对机关大生产的全面指导。

由新四军三师特一团和黑河警备司令部警卫四连、二连组成的剿匪部队在完成剿匪任务后，按照上级指示在呼玛长期驻守。1948年5月，部队参与到全县大生产运动中来。以开荒种地、养猪种菜为主，部队提出的口号是"一手拿枪，一手拿镐，开荒种地，保障供给"。部队除了每天早晨集中军训以外，吃过饭就背着枪、拿着镐下地了。呼玛四周有大片荒地，一片片榛柴稞子被战士们一镐镐地刨下去，榛柴稞子的根子又长又硬，一镐刨下去，震得手疼，几天下来，虎口都震裂了。战士们坚持翻地，一个春天，开了50多垧地，大部分种了小麦，小部分种了白菜、大头菜、土豆、萝卜。

（七）金山区开展大生产运动

1947年2月，党组织派张开平到呼玛县金山区任区委书记、区长，同时前往的还有3名同志，组成中共金山区委员会。通过开展"土改"斗争，领导群众斗地主、分田地、搞清算、分财产，人民群众手捧胜利果实，兴高采烈，对党和政府充满了无限感激之情。但金山区土地资源少，已开垦的耕地更少，许多人找不到活干，生活极其贫困。

为了发展生产、改善人民生活，使群众尽快摆脱贫困面貌，金山区决定在地营子（后改名为翻身屯）开垦荒地，再分给那些缺地的农民，组织群众开展大生产运动。张开平亲自带人踏查荒山荒地，确定开荒地块和建设新村位置。由于受传统观念的束缚，有些人不愿意离开老地方。张开平带领区政府的干部，深入村屯，挨家挨户做思想动员工作。张开平区长带领金山区全体工作人员也参加了开荒运动，工作人员自己牵马、扶犁，早晨天一放亮就开始干，晚上看不见才收工。为让农民及时种上地，区政府工作人员帮助那些有马无犁，有犁无马的农户互换农具，没有种子，区里就派人去呼玛、三卡联系种子。

1948年春天，人们在一万多亩新田里播下了种子，秋后收获很大。农民们望着用辛苦劳动换来的满囤粮食，脸上露出了甜蜜的笑容。为鼓励农民开荒种田，发展生产的积极性，年终金山区政府召开劳动模范表彰大会。张开平高度赞扬了农民的艰苦奋斗、发展生产、建设家园的创业精神，亲自给劳动模范披红戴花。

（八）漠河区开展大生产运动

1948年5月大生产运动在漠河全面展开，区政府号召翻身农民"组织起来、人合心、马合套、自愿互利、换工互助、种好地、多打粮、支援前线、打倒蒋介石、解放全中国"，并指出

"劳动光荣、劳动致富深入人心，保卫胜利果实不再做牛马和受二遍苦"。由区干部分村屯包干组织领导，掀起一个既轰轰烈烈，又扎扎实实的春耕生产运动。

王考先家在土改中被定为中农成分，分得五垧多好地。按照自愿插组为原则组成互助组，由王考先的父亲、叔父和近邻杨振业等4户组成。当时具有人强马壮生产力较强的特点。王考先是唯一的"小力巴"，各位老人很关心他，手把手教他，从头学起，经历春耕夏锄，伏天打草，收割打场的劳动锻炼，初步学会"人与具"结合的各种农活。

二、支援全国解放

缴纳公粮。1949年，呼玛县共征收公粮129万斤，超额完成了上级下达的征公粮任务，并按照上级要号召全县人民捐献铜铁，支援前线。

捐款捐物。1949年2月12日，呼玛区三卡乡农民积极为解放战争前线捐款，共捐款东北流通券 3 260.5万元；呼玛村捐粮捐款折合东北流通券 1 931.66万元。

拥军优属。重视荣军工作，安排残疾军人山石庆为电话员，安排祖玉明参加金山区政府工作，安排张武参加林务局工作。1949年1月起呼玛县群众积极展开拥军优属运动。呼玛区帮助军烈属代耕八垧半地；金山区各屯以人或马为劳动力，帮助军属代耕。对军属实行包工制，由各个生产小组负责，从翻、种、割、拉、打，到秋后粮食入仓，帮助军属完成。对生活困难的军属，借给其粮食和种子等。到年节时动员群众慰问军属，新年时群众捐献大米5斤、面137斤、猪肉34斤、粉条2斤、鱼8斤、小鸡3只、豆腐20块，共计分给12户军烈属。鸥浦区共有军属6户，鸥浦区政府组织人员帮助军属割地，对其生活给予照顾。

三、支援抗美援朝

（一）积极报名参军参战

呼玛县各区青年在县委的号召下，积极踊跃报名参加志愿军，共有81名青年主动要求去前线，出现母亲送儿子、妻子送丈夫、兄弟争相参军的感人事迹。截至1950年12月10日，有24名青年光荣入伍。12日，呼玛县各界群众在呼玛完小院内举行隆重欢送新兵仪式。中共呼玛县委书记余建文到会讲话并与新兵合影留念，县长邢化杰为新入伍战士佩戴红花，新兵们骑着披红戴花的骏马光荣入伍。

居住在呼玛县的少数民族鄂伦春族青年，也积极响应党和政府号召积极参军参战，如关福伦、吴福寿、吴仓海等。吴仓海在战斗中献出了宝贵的生命。关福伦参军后在炮兵中当枪手，多次参加战斗，1950年用机枪打落美军飞机一架，荣立三等功，曾获奖章和纪念章多枚。

（二）和平签名、投票运动和五一大游行

1950年4月28日，中国保卫世界和平大会委员会发出通知，号召全国人民热烈响应世界和平大会常委会开展最广泛的禁止原子武器的签名运动。呼玛县经过40天宣传教育，全县工人、店员、学生、工商界及各阶层的爱国人士，以实际行动参加了和平签名运动。1951年，全县有4 165人签名，拥护五大国缔结和平公约和反对美国重新武装日本，1 757人参加五一示威游行。共召开诉苦会34次，参加人数达750人次。截至1952年4月4日，全县有9 658人签名，占全县总人数的75%。

（三）捐献"黑河号"大炮

1951年7月12日，中国抗美援朝总会黑河分会举行第四次委员扩大会议，结合黑河地区实际情况，研究制定《响应"三大

号召"实施方案》，做出"自觉自愿，增产捐献"、"为捐献黑河号大炮而努力"的决定。会后，呼玛县迅速掀起响应"三大号召"积极捐献飞机大炮的群众运动。全县城乡各界群众节衣缩食，踊跃捐款。三道卡乡群众捐款5 700多万元（东北流通券），漠河区捐款345万元，兴隆区捐款435万元，1 355名妇女捐献3 888万元。鄂伦春族同胞捐款23万元。呼玛县金矿二分局分局长常天玉带头捐款7万元。在他的带领下，全体职工共捐款人民币169万元。11月，呼玛县贸易公司提前完成捐款任务，42人在半年内捐款543万元。呼玛县抗美援朝分会（会员1 683名）自1951年10月至1952年1月30日，共组织全县捐款25 000万元。1950年至1953年，全县有1 812名职工捐款1.32亿元。

（四）订立爱国公约

1951年6月1日，中共中央发出《关于开展订立爱国公约和捐献武器运动》的指示，全县人民积极行动订立爱国公约。老卡村妇女订了160个桦子（1个桦子为长4米、宽0.6米、高1米的木桦子）及捐献22万元的生产计划；公安局通过订立爱国公约，干部职工积极性被调动起来，早来晚走，主动找工作干；老卡村订立公约后，虽然遭受洪涝灾害，但一公顷地也没丢掉，全部收割了。1951年，全县有1 902个组、5 544人订立了爱国公约，仅妇联组织就发动全县城乡1 231名妇女订立了爱国公约。

（五）开展拥军优属工作

全县人民响应党和政府的号召，开展优抚、劳军慰问等活动，支援抗美援朝。各机关、学校、群众团体、工商企业等各界人士有组织地或自发地开展向志愿军写慰问信、邮慰问品和为军烈属做好事等多种形式的拥军优属活动。学生、干部、职工主动给军烈属扫庭院、担水、劈柴、干零活。在农村，群众为军烈属代耕农田，受到军烈属欢迎。身在战场的勇士们也回信表示，感谢家乡父老兄弟的关怀，使他们没有后顾之忧，在战场上要立战功，为家乡争光。1951年，拥军优属资金达到1 344万元，妇女、儿童也都积极行动起来，帮助军属干活。各机关单位对优属工作十分重视，只要开会就把军属请到前排就座。县联社每星期都帮助附近的军属劈柈子、挑水。鸥浦区实行代耕、助耕制度，政府发动群众为缺乏劳动力的烈军属代耕或派工助耕，代耕的数量以保证不低于一般群众生活水平为准。金山区与呼玛区因大江涨水，群众自觉地帮助军属抢庄稼，给军属洗衣服及做鞋、棉衣等，并在年节送去慰问品。牧养场村在订完公约的第二天，妇女即组织起来，帮助军烈属干农活。三卡村不仅给困难军属送去粮食，还免去他们的公粮。部分群众把自家储存的干菜都拿出来捐给志愿军，并收集一些书送给志愿军鼓励他们增强胜利的信心。

第五节　群团组织

一、工会组织

1949年12月15日，呼玛县在原工人联合会的基础上，成立呼玛县总工会筹备委员会。委员会由9人组成，余建文为主任。

1950年7月15日，在呼玛镇召开呼玛县工会会员代表大会，正式成立呼玛县工会联合会，隶属黑河专区总工会领导。会议由余建文总结了半年以来的筹委会工作，传达省总工会精神。会议选举余建文、邢化杰、常天玉、李坤、周学臣、周行海、王春武、丁念义、程炳玉、于文德、张宝财、王和、商振权、吴景春等15名委员，余建文兼主席。会议确定工会的主要任务是：建立健全工会组织，教育工人提高阶级觉悟，解决劳资争议，贯彻劳资两利政策，签订劳资集体合同。会议对推广新纪录运动，提高生产，改善工人生活，确保完成生产任务等工作进行了部署。全县1 591名工人中，共发展了1 167名会员，占职工总数的73.4%。

二、妇联组织

1949年12月15日成立县妇联筹备委员会。经过10天的酝酿和充分准备，1949年12月25日，在呼玛镇召开呼玛县首次妇女代表大会，各区、乡的妇女代表共25人参加会议。会议听取田玉洁（县民政科长兼县妇联主任）所做的题为《三年来的妇女工作总结和今后工作任务》的报告，制定了妇女工作计划，选举了田玉洁等5人组成的首届县民主妇女联合会。县委副书记余建文到会祝贺并讲话，组织部长邢化杰作会议总结。与会代表还选出田玉洁、马瑞凤等3人为出席省妇女代表大会的代表。

三、共青团组织

1950年2月20日，成立中国新民主主义青年团呼玛县委员会，由高岩（女）代理团委书记。全县5个区的机关建立了团组织。年末，全县共有团员99名。至1953年，全县共建立27个团支部，其中机关支部13个，农村支部11个，学校支部3个，共有团员324名，占全县青年总数的21%。是年12月，呼玛县共青团员代表裴烈辉出席共青团黑龙江省委全体委员扩大会议。1954年，中国新民主主义青年团呼玛县委改称为中国共产主义青年团呼玛县委员会。1956年3月26日至29日，中国共产主义青年团呼玛县委员会第一次代表大会召开，出席会议的代表74名。县委书记荆德治到会祝贺并做报告。会议选举由毓柏生等11人组成的共青团呼玛县第一届委员会。毓柏生当选为副书记时，团县委下设组织部、宣传部两个股级机构，配有专职部长。

第六节　贯彻《婚姻法》

一、革除封建婚姻制度

1950年6月13日，呼玛县人民政府发出通知，要求全县干部认真学习、贯彻中央人民政府第七次会议通过的《中华人民共和国婚姻法》。县委成立贯彻《婚姻法》委员会，设立办公室，召开了由各区宣传委员，妇联干部，县民政科、法院、共青委、妇联、人武部等有关部门参加的联席会，学习《婚姻法》和中央《关于贯彻〈婚姻法〉的宣传计划》等文件，研究贯彻执行《婚姻法》的具体办法。在全县城乡开展宣传贯彻《婚姻法》的活动。通过大张旗鼓地宣传，使广大群众对《婚姻法》有了正确的认识。广大男女青年实行自由恋爱结婚，反对封建的包办婚姻制度，许多原来不和睦的家庭变成了团结和睦的家庭；广大妇女开始走上劳动岗位，实现了男女平等。在贯彻《婚姻法》的同时，根据政策适当地解决童养媳问题。

1953年2月17日，中共呼玛县委召开县直机关干部和职工学习《婚姻法》动员大会，县委书记赵亚作了动员报告，县委秘书宫海林作了《关于〈婚姻法〉条文及其伟大意义》的讲解，县委领导作了总结。3月4日，中共呼玛县委为使《婚姻法》达到家喻户晓，人人皆知，并能够遵照执行，将3月份定为"大张旗鼓宣传贯彻《婚姻法》的运动月"。在全县范围内，组织党内外宣传力量，发动一场声势浩大的，以宣传《婚姻法》为主要内容的群众运动。县妇联配合有关部门在全县宣传贯彻《婚姻法》，反对封建包办婚姻制度。广大妇女思想发生明显变化，许多在旧社会受买卖婚姻迫害的妇女要求解除婚姻。县妇联受理婚姻民事案件

63起。

二、同封建婚姻制度抗争

呼玛县呼玛村一名8岁女孩，因父母抽鸦片烟，被以200元东北流通券卖给一黄姓人家做童养媳，15岁那年（1949年）被迫同24岁黄某（傻子）结了婚，婆婆经常打骂她，使其受尽了非人的折磨。学习了《婚姻法》后，她找到了解放的出路，在当地政府的调解下，经过不屈的斗争，终于和傻丈夫离了婚。

鄂伦春族实行严格的族外婚制，氏族内部不能通婚，必需族内通婚时，要按照氏族规矩，杀牲祭天，宴请亲友，经商议同意后，方可通婚，如不同意仍不允许族内通婚。这些在原始社会形成的婚姻制度，又长期受封建制度影响，使其变得更加残酷。婚姻完全由父母包办，当孩子七八岁或更小时就给订了婚。订婚的双方要商定男方给女方多少彩礼，如几匹马、几桶酒等。女子出嫁时，也陪送马匹、衣、被等嫁妆，但数量比彩礼少些。寡妇改嫁要受许多限制。强迫包办的婚姻，给人们带来了莫大的痛苦。婚后家庭不睦，青年男女因不满婚事而逃婚或为了要与意中人结合而私奔的事件时有发生，而其结局往往是悲惨的。被抓回来后，要受到佐领责罚，轻者遭受严刑毒打，重者丧命。《婚姻法》实施后，男女平等，婚姻自主，结婚前进行登记，并倡导家庭和睦的新风。许多包办婚约解除了，早婚的现象大大减少，彩礼和嫁妆也逐渐简单化，寡妇改嫁不再受限制。妇女从琐碎的家务劳动中解放出来，参加了社会生产劳动，几千年来受压迫的妇女真正获得了翻身和解放。

第七节　扫盲运动

一、"冬学"培训班

1949年12月10日，成立呼玛县"冬学"（利用冬季农闲学习文化）委员会，由戴天安、田玉洁、张书庭、刘世鹏、张恒毅5人组成，公推张恒毅为主任委员。各区在13日前后成立"冬学"委员会，教员大都是由当地完小或初小教员义务担任。15日，各地"冬学"开学，至1950年1月9日，共有848人参加"冬学"。1950年至1951年，两年扫除青壮年文盲55人。

二、推行"速成识字法"

1952年7月31日，县长张玉峰签发《推行速成识字法，加速扫除文盲运动第一步实施计划》。11月，中共黑河地委向呼玛县派出16名专职扫盲干部。11月22日，呼玛县成立推行速成识字法、加速扫除文盲委员会，正副主任4人，邢化杰担任主任，下设办公室负责具体工作，领导全县扫盲工作。县委向各区乡委派了专职扫盲工作人员，白天劳动互相学，晚间进校集中学，青年骨干突击学，老年送字上门学，经常外出者包教保学等多种学习方法扫除文盲。根据规定，扫除文盲的基本要求是能认1 500字，会念通俗读物，能写简单便条。经过测试，1952年全县已有640余人摘掉了文盲帽子。其中参加学习的妇女有341人，成绩合格者达到130人。

1954年，成立白银纳扫盲委员会，开办速成识字班，由村筹委会直接领导，小学教员辅导。因鄂伦春人冬夏出猎，学习时间一般都放在春秋两季，每晚上课2小时。1957年全村扫盲班有

30多人，按学习成绩分为甲乙两班，甲班20多人已达初小程度，乙班10多人能认300至400字。很多人经过学习后，可以看报、写信、记账。同时，村里设立了图书室，备有各种画报和通俗读物，集体和个人订有许多报纸、杂志。村筹委会还组织篮球、乒乓球和棋类比赛等，丰富了鄂伦春族人民的文化生活。

三、成立扫盲协会和职工干部学校

（一）成立扫盲协会

1956年，全县参加扫盲学习1 383人，占三个区文盲总数60%（一、二、三区文盲2 339人，四、五区没有统计），三个区以村为单位共建立15个扫除文盲协会。

在扫盲工作中，各级党组织进行统一安排，采取一帮一的方法，互定学习计划，努力做到包教包会，形成了良好的学习氛围。新民村的吴秀英包教饲养员吴展发，不到3个月时间，就认识了700多个字，并能记简单的出入账。高小毕业的崔国善包教杨玉清，双方互相保证要在六个月内扫除文盲。经过16天学习，杨玉清就已认识170多个字。

各地团支部和农业生产合作社也十分重视扫盲工作，牧养场幸福社和鸥浦区的怀柔社等，各队都有明确分工，主任带头参加学习，社队内设立了学习小黑板，采取以队为单位组织学习，由队长负责，并将扫盲工作列入生产队的主要工作内容，规定学习时间。队员表示有决心学，并做到四会（讲、写、认、用），每天学习3个字以上。幸福社在学习时有个别文盲队员没来学习，队长、组长亲自去找，帮助他们把落下的课都补上。怀柔村村民充分利用午休时间和下地间歇时间进行学习，学习氛围十分浓烈。

（二）成立职工干部政治学校

县委组织全县党、政、军干部、战士学习文化理论知识，参加工作年限较短的同志组建为初级班，学习《革命读本》《中国革命与中国共产党》等著作；工龄较长、理论水平较高的同志组建为高级班，学习《实践论》《矛盾论》等文献。全县共有294人参加学习班。学习班订有严格的学习制度，定期检查，每天学习时间定为早晨上班前两个小时，采取辅导、讨论、自读、写心得相结合的方法，人人有笔记、有课本，初、高级两个班都制订学习计划，有进度要求，不可缺课，有事请假，事后补课，下乡与基层单位一起学，回来汇报学习情况；根据进度定期检验，进行批评表扬，评选学习模范。到1952年随着干部的增加，学习人数增多了，其中有的文化程度达不到高小毕业水平，学习理论有一定困难，还有部分不识字的同志，又成立了文化班，学习文化。每晚业余时间学习两小时，聘请学校教师和文化水平较高的同志讲课，学习内容为语文、算术两科，共有59人参加，不识字的20多名同志参加县扫盲学习班。为加强这项工作，在县委宣传部直接领导下，成立了职工干部政治学校，配备专职人员3人，负责组织、安排，对学员辅导等工作。参加学习的人数随着职工人数的增长而逐年增加，至1966年社教运动开始后停止。

第八节　鄂伦春人民的新生

鄂伦春民族是中国人数较少的民族之一。1946年，呼玛县解放建政时，全县鄂伦春族仅有544人。解放前，呼玛县的鄂伦春人主要是在黑龙江流域大兴安岭的深山密林里，从事着原始的狩猎活动，始终过着"居无定址、风餐露宿、衣着兽皮、患病无医"的困苦生活，特别是经过日本侵略者惨无人道的屠杀与迫害，整个民族几乎到了灭绝的边缘。解放后，在党和政府的领导和扶持下，鄂伦春民族同其他民族一样成为国家的主人，开始过上丰衣足食的生活。为了使鄂伦春族同胞由原始社会过渡到社会主义社会，由旧社会的奴隶变成国家的主人，呼玛县各级党委、政府做了大量工作。

一、对鄂伦春民族的特殊政策

1945年4月23日，毛泽东在党的七大政治报告中指出，必须帮助少数民族争取他们在政治上、经济上、文化上的解放和发展。中华人民共和国共同纲领有关条款规定：中华人民共和国境内各民族一律平等。实行团结互助，反对帝国主义和各族人民内部的人民公敌，使中华人民共和国成为各民族友爱合作的大家庭。反对大民族主义和狭隘民族主义，禁止民族间歧视、压迫和分裂各民族团结的行为，各少数民族均有发展其语言文字，保持或改革其风俗习惯及宗教信仰的自由。人民政府应帮助各少数民族的人民大众发展其政治、经济、文化、教育事业。在解放初期，中共黑河地委就明确指出："鄂伦春民族是一个较落后的少数民族，在政治上、经济上、文化上扶助他们是我们的根本政策。"呼玛县委按照党的民族政策，通过对鄂伦春民族实行许多有利于民族发展的特殊政策，使在解放前濒于灭亡边缘的这一民族在呼玛地区得以繁衍、生息、发展、壮大，开始走向新生活，实现了历史性的飞跃。

（一）政治上的保护和关怀

1947年，县委书记薛志侠不顾个人安危，带领几名战士冒险进入深山老林中寻找、开导、教育、争取受蒙骗的鄂伦春人，向他们解释人民政府的政策，宣传国际国内形势，揭露帝国主义和国民党反动派的罪恶，只要他们与反动武装断绝来往，站到人民一边，人民政府保证既往不咎。经过反复不懈的努力，到新中国成立前夕，县内被敌人诱骗为匪的鄂伦春人终于全部回到人民一边。

1949年12月，成立了呼玛县协领分署，协领分署的主要任务是：团结鄂伦春族群众，进行爱国主义教育；组织鄂伦春族同胞发展生产，动员适龄儿童上学读书；对鄂伦春族群众实行"大供给"制，使鄂伦春族人民在政治上有地位，在生产上有门路，在生活上有保障。县委派3名汉族干部和2名满族干部到鄂伦春族地区，协助开展工作，同时选拔鄂伦春族中有影响的上层代表人物参与地方政权建设。1950年3月26日，呼玛县鄂伦春第一队副佐领孟庆泰，当选为鄂伦春族模范干部，光荣出席了省劳模大会。11月12日，呼玛县鄂伦春协领分署召开鄂伦春民族工作会议，分署协领向鄂伦春族同胞讲解了当前形势，部署生产任务和落实民族政策，同时决定调孟太路、孟庆泰、葛满洲善、孟春林4人，到县协领分署工作。1951年3月22日，呼玛县鄂伦春族协领分署召开首届鄂伦春民族代表大会。与会代表认真听取了县长邢化杰所作的形势报告并进行讨论。代表们还积极同政府签订爱国公约，保证做好护林防火工作，以实际行动支援国家建设。

1952年至1956年，县有关部门连续5次组织鄂伦春族干部和有代表性的上层人物70余人次，到北京、哈尔滨、沈阳、大连、上海等大城市进行参观游览，赵宝昌、孟太路、孟守路三人参加了首都五一国际劳动节和十一国庆节观礼，登上了天安门，其中赵宝昌、孟守路二人受到毛泽东、刘少奇、周恩来、朱德等老一辈革命家亲切接见，赵宝昌还参加了国庆晚宴，荣幸地代表全国少数民族向毛泽东主席、周恩来总理及党和国家领导人敬酒。此外，县每年都派鄂伦春人参加省和县人代会议、劳模会议、林业会议，有的还参加中央民委召开的民族工作扩大会议。通过参加各种活动和宣传教育工作，不但开阔了鄂伦春人的眼界，也使他们对党的政策加深了理解，坚定了靠近共产党的信念，愿意在党的领导下，与各兄弟民族团结一致，走社会主义道路。

（二）经济上的支持和扶助

解放后，对鄂伦春民族实行"包下来的大供给制"办法，每人每年发给米面120公斤、色布15尺、黄烟4公斤，冬天每人棉衣一套，学生冬、夏装各一套，棉鞋一双，单鞋一双，袜子三双，帽子一顶，两年一套被褥，伙食免费。1947年至1948年，供给县内的鄂伦春族人民米面28.8万斤，棉布1.8万尺。为充分发展其猎业生产能力，政府免费为猎民调换了猎枪，供给足够子弹，保证猎业生产。在学校里设立了鄂伦春族子弟班，让鄂伦春族儿童有受教育的机会。通过经济上的扶持工作，使鄂伦春人生活得到了改善。

县委和县政府十分关注鄂伦春人的身体健康，对鄂伦春人实行免费医疗。改善医疗条件，建立了巡回医疗队，深入各"乌力楞"（意思是"子孙们""住在一起的人们"。包括四五个至七八个同一父系血缘的小家庭。每个乌力楞是一个生产单位和共同消费单位，有一定的游猎范围）免费为鄂伦春族群众医治疾病。经常派卫生部门干部、医生到鄂伦春族居住地宣传结核病防治、妇女生育等卫生常识，宣传吸食鸦片和酗酒对身体危害的知识。政府还注意在鄂伦春人中培养医护人员和助产士，为建村定居、建立卫生院创造条件。

（三）组建鄂伦春武装护林队

新中国成立前，鄂伦春人放火寻角，烧荒引兽，风餐露宿，篝火取暖，这样的生活方式经常引起森林火灾。1950年，县人民政府在鄂伦春人居住和渔猎区指定范围，划分固定的防火界线，实行防火分段包干负责制。从居住在呼玛县内的67户609名鄂伦春人中抽出100人，编为一支护林队，分为5个护林小队：一小队驻在呼玛河口，二小队驻在古龙干河，三小队驻在新立屯，四小队驻在十八站附近，五小队驻在西尔根气河。护林队的任务是：在每年春季防火期（从3月15日起到6月15日止）、秋季防火期（从9月15日起到12月15日止）计6个月的护林防火期内，昼夜巡逻、放哨，充当护林防火尖兵；夏冬6个月从事猎业生产。每个护林员由县政府林业部门发给弹药、服装、防火工具。护林队员实行工薪分制，按月发放。分队长每人每月140工薪分，班长每人每月120工薪分，队员每人每月72工薪分，非队员和无劳动能力的妇女，每人每年发给米面120公斤，油、盐2公斤，棉布15尺，冬季发给棉衣一套。1951年，将工薪分制改为工资制，每年计付工资旧人民币6亿多元（中国人民银行1948年12月1日发行的货币为苏制版，称旧人民币。1955年3月1日中国人民银行发行的人民币，称新人民币，兑换币值为10 000∶1，即旧人民币1万元兑换新人民币1元）。

鄂伦春武装护林队组建后，县委、县政府于1950年先后派5名政治指导员到5个护林队，第一队指导员关景春，第二队指导员李绪才，第三队指导员白永臣，第四队指导员盛守成，第五队指导员于景山。指导员任务是宣传国内外形势，召开各种会议，宣传党的政策；做好护林防火工作和调查研究工作；以会代训，培养鄂伦春族干部。

1951年7月3日至4日，呼玛县人民政府召开鄂伦春族防火护林春季总结评模大会。推选出15名鄂伦春族护林模范，并奖励一面锦旗。1953年10月26日，呼玛县鄂伦春民族护林队在春季扑火中成绩显著受到黑河地委的表扬。1952年1月21日，在黑龙江省第四届工农劳动模范代表大会上，葛福财被省政府授予"护林模范"称号。随着鄂伦春人下山定居，这支护林队逐步转业为农。

二、鄂伦春民族定居

（一）动员定居

1953年，党和政府决定将鄂伦春人从深山老林里接出来定居。然而，许多鄂伦春人并不愿意下山定居，尤其是老年人。为实现这一重大历史变革，呼玛县委派出工作组深入鄂伦春族居民点做动员工作。县协领分署派关景春等人深入到倭勒根河部落，由关景春任指导员兼大队长，负责管理生产、生活、治安。在倭勒根河选出戈福财为小队长，在布拉戈罕选出关佰宝为小队长。小队下设排，选出排长。在鄂伦春人中，特别是在鄂伦春族上层人物中，宣传定居的好处。为使鄂伦春族人民增加感性认识，政府分期分批地组织鄂伦春族各界代表到内地城市、农村、工厂、机关、学校去参观、学习、考察，目睹祖国建设发展情况及汉族村屯基本建设和各项事业发展情况，通过对比加强对定居重要意义的认识，使鄂伦春族群众对定居有深刻的认识。在鄂伦春族群众中，充分酝酿、协商对定居的各种意见、建议。具体帮助解决一些实际困难，如建村地点、经费、组织领导等问题。反复深入地向鄂伦春族人民宣传，只有定居才能发展本民族的文教、卫生和公益事业，才能逐渐改变历史遗留下来的贫困落后状态，才能同其他民族一道建设社会主义，达到事实上的民族平等。

为了尽快把鄂伦春人从原始森林中接出来，鄂伦春人关佰宝带领县工作组，沿呼玛河流域，寻找在深山密林里游猎的鄂伦春人。他们钻密林，趟小河，过草甸子，一个部落一个部落地寻找，有时一两天才找到三五个人，苦口婆心地做他们的思想动员工作。有的鄂伦春老人不但不听，反而说工作组多管闲事，住哪不是自己说了算。面对质疑和不理解，工作组并没有气馁，今天去这个乌力楞，明天去那个乌力楞，每一户工作组不知跑了多少趄。在县工作组和鄂伦春进步青年关佰宝等人的共同努力下，游猎在呼玛河一带不愿下山的猎民，终于在白银纳、十八站定居下来。

（二）下山定居

定居地点的选择关系到鄂伦春民族子孙后代发展大计，同时又要考虑到鄂伦春民族的生活习惯，必须慎之又慎。党和政府在广泛征求鄂伦春族人民群众的意见后，确定选择村址的条件是：土质肥沃，有发展农业生产前途；水质好，不生大骨节病和无地方病；交通方便，靠近公路；距离汉族村屯比较近，可互相学习，增进友谊；距离狩猎场较近，便于鄂伦春族群众狩猎生产。经过精心的勘察，1953年党和政府选择依山傍水，资源丰富，土质肥沃，交通方便的新立屯、十八站、白银纳、下渔亮子建起4个鄂伦春族新村。

定居在白银纳的鄂伦春族，是第一护林队的60户211人。建房45栋，划成3条街道，每户56平方米。每户住房都是玻璃窗，有天棚、地板。县委派吴景春任指导员，主任由鄂伦春人孟玉担任。这211人原属库马尔路正黄旗二佐和三佐，即伪满山林第一队，游猎于倭勒根河流域，分布在外倭勒根河、内倭勒根河、布拉戈罕。1953年9月，由原佐领孟吕古，护林队长孟清太、葛福财等人带领下山定居。这是鄂伦春族同胞历史上的大事，他们背枪跨马，马驮成帮，浩浩荡荡下山集中，从野外撮罗子迁进了房屋。在10月1日国庆节这天，召开了定居庆祝大会，苦难的鄂伦春族兄弟从此结束了"毡幕而处，逐水而居"、伏冰卧雪、风餐露宿、漂泊游猎的生活，过上了安居乐业的日子。白银纳村原来是汉族小屯子，鄂伦春定居后即成为鄂伦春族村，成立了初级社。鄂伦春族兄弟划分为两个队，一队社员是倭勒根河一带的猎民，队长葛福财；二队社员是布拉戈罕一带的猎民，队长关佰宝,猎业队长是孟玉林。

定居在十八站的鄂伦春族,是第四护林队的48户161人,建房38栋。县委派盛守成任指导员,主任由鄂伦春人赵宝昌担任。这161人原属库玛路正蓝旗头佐,即伪满山林第四队。游猎于呼玛河流域,分布在奥洛顿、固其固、依沙溪河、阿尔根、占奎河、乌拉林、瓦拉干、猛克那胜等9个"乌力楞",主要是孟、葛、关三大姓。由原佐领孟守路、护林队长葛万财、关门提、葛满珠善等带领下山定居。

定居在下渔亮子的鄂伦春族,是第五护林队的18户57人,建房17栋。县委派任德库为指导员,主任由鄂伦春人魏开闹担任。这57人原属库玛尔路正黄旗头佐,即伪满山林第五队,游猎于盘古河流域,分布在乌拉干、塔来里、朱科达里3个"乌力楞"。在原佐领吴九九纳纳、护林队长魏州龙带领下山定居。

定居在新立屯的鄂伦春族,是第二护林队的22户97人和第三护林队的18户73人,建房42栋。孟太路、孟广寿当选主任,白永臣(满族)为指导员。这170人中,有73人原属库玛尔路镶黄旗二佐即伪满山林第三队,游猎于宽河流域,分布在新立屯、苏卧勒、泥冲关等3个"乌力楞",在护林队长孟玉生、孟太路带领下山定居。有97人原属库玛尔路镶白旗头佐即伪满山林第二队,游猎于那温河流域,分布在乌尔干、那温、库尔坎、杨耶尔河等4个"乌力楞",在护林队长孟良海、孟广寿带领下山定居。

鄂伦春人定居后,各村成立了"民族区域自治"筹备委员会,作为临时的行政机构。1954年又进行民主改选,重新选举了筹委会主任和委员。选吴景春为白银纳主任,盛守成为十八站主任,孟太路为新立屯主任,任德库为下渔亮子主任。

鄂伦春族从定居建村到地方乡政府机构建立前后经历4年,

到1957年共建新房191栋，建筑费用约合新人民币11万元，均由国家拨款。

三、鄂伦春民族的繁荣与发展

1953年，十八站、白银纳等地的鄂伦春族人民组织起了临时性或季节性的猎业互助组。1955年，成立了农猎结合的常年互助组。1956年5月，随着全国农业合作化运动高潮的到来，鄂伦春族地区也在常年互助组的基础上，建立了两个高级生产合作社，白银纳村建立了跃进高级社，主任为孟太路。合作化运动后，猎业收入由1952年的8.6万元，增加到1954年的10万元。农业方面由不会种地到学会种地，由手工作业使用原始犁耙，到半机械化作业。作物主要有小麦，后来种大豆、燕麦。生产方式由广种薄收到增施化肥、实行科学种田，单产逐年提高，耕地面积由1953年的24公顷增加到1958年的176公顷。各户都养马狩猎，后来人工养鹿取鹿茸。

1953年，在十八站、白银纳、新立屯等地设立供销合作社和供销部，供给鄂族群众生活必需品，收购鄂伦春人猎获山货、皮张。

1954年9月，呼玛县鄂伦春人口增至1 210人。已建民族新村38个，学校7处，卫生所3个，有民族教师、助产士、放映技术员、演员等11人。

在白银纳、十八站、新立屯等地建新村的同时，建立了卫生所，实行免费医疗，开展了爱国卫生运动，卫生防疫和妇幼保健工作，使鄂伦春族地区卫生条件大为改善。组织开展巡回医疗，培训医护骨干，开展传染病防治工作。至1957年，严重威胁鄂伦春人民生命的天花和伤寒已经绝迹，结核病得到有效控制。据黑河协领公署统计，鄂伦春人口死亡率1955年仅为1952年的21%，由于改变了妇女在房子外面生孩子等陋习，婴儿成活率大大提高，人口增长率不断上升。国家先后在十八站建立县第二人民医院和十八站结核病防治院，使鄂伦春人民的健康水平不断提高。

定居后，各村成立初级小学校，适龄儿童入学率达到了95％。为发展鄂伦春族的教育事业，国家在物质上给予大力支持和帮助，除校舍的修建，各种教具的设置外，还供给学生食宿、学习用品以及夏冬两季的服装等全部生活费用。新中国成立初期，国家供给各小学的鄂伦春族学生的费用每人每年平均205元。先后在鄂伦春族地区建起了初级中学和完全小学，使鄂伦春族儿童从小学到高中都可以就近入学。为了丰富鄂伦春族地区的文化生活，在十八站先后设立了文化站、图书馆、广播室和电影播放队，鄂伦春族人民可随时看到各种报刊书籍，经常看到电影。

1956年，呼玛县鄂伦春协领分署开始筹备并村建乡工作。在深入开展宣传教育工作的基础上，通过鄂伦春群众酝酿及鄂伦春族上层代表人物的支持，于1957年11月，经上级人民政府批准，将原来的四个筹委会合并，成立呼玛县十八站鄂伦春民族乡。原住在下渔亮子和新立屯的鄂伦春人，迁移到十八站地区的疙瘩干，建立新村。民族乡诞生的同时，召开了首届鄂伦春人民代表大会，选出代表22名，正副乡长2名，委员9人。选出鄂伦春人孟玉为乡长。全乡包括白银纳、十八站、疙瘩干、布拉戈罕4个自然屯，共计201户（其中汉族40户）767人（其中汉族70人）。民族乡的建立，是贯彻党的民族政策具体表现，对促进鄂伦春民族政治、经济、文化、教育、卫生等事业的发展意义重大。1958年4月，撤乡更名十八站公社。1969年10月9日，将白银纳划归鸥浦公社，成为鸥浦公社驻地。1984年8月1日，经省政府民政厅批准设置白银纳鄂伦春民族乡，1985年1月1日，正式成立白银纳鄂伦春族乡。

定居后，党和政府高度重视培养、使用民族干部，采取参观学习、举办培训班、以会带训等方法，注重党的基本知识、理论政策水平、组织协调能力等综合素质的提高，先后培养了一大批鄂伦春族干部。涌现出了孟玉、莫金臣、关佰宝、关清曙等优秀民族干部，就是落实党的民族政策的结果。

中共十一届三国全会后，白银纳鄂伦春族乡实行家族联产承包责任制，成立以鄂伦春族青壮年和妇女为主的营林公司，兴办采金业，扶持发展个体经济，办起商店、旅店、饭店，在农业生产中引进种植养殖新技术，提高农业科技含量，促进鄂伦春民族经济和社会的快速发展。

1983年，省投资修建64户砖瓦结构住房，改善鄂伦春人的居住、生活条件。2000年，全乡实现农业总收入1 163万元，农村人均收入2 527元。2003年，鄂伦春族下山定居50周年，新建商业区670平方米和民俗广场4 560平方米。有全日制中心校1所，教学楼1 780平方米。

2017年，完成鄂族新村10栋平房、6栋楼房建设工程。10月，投入416万元建设4米宽白色路1 596米，地面砖化18 036平方米，石砌排水沟1 053米。改造厕所61座。全乡有各类合人社协会组织6个，社员53户。有拖拉机521台，其中大型拖拉机148台，中小型拖拉机373台。有收割机79台。畜物年总产值702万元。肉牛存栏408头，马98匹，羊存栏152只，生猪存栏468头。

第五章　戍边生产

20世纪60—70年代，呼玛县是中国最北县份，包括现在大兴安岭地区的塔河县和漠河县等地区，总面积6.4万余平方千米，总人口近4万人。辖14个人民公社、95个生产大队、6个县办国营农牧场、4个国营林场。交通电讯落后闭塞，电力没有普及，农村普遍不通公路、客运、邮政、电话，生产力和人民生活水平低下。

1964年9月，呼玛县首届上山下乡的10名知识青年到金山林场工作。1968年11月9日，首批309名齐齐哈尔市知青来到呼玛插队落户。1968年12月22日，毛泽东发出"知识青年到农村去，接受贫下中农再教育，很有必要"的号召，至1971年末，呼玛县分四批接收上海知青5 516名、齐齐哈尔知青503名、北安知青56名。此后又接收鄂伦春族自治旗知青45名，安置本县知青2 186名。全县知青总数为8 306名。这些知青基本都是在校的初、高中学生，年龄最大22岁，最小仅15岁。

上海市先后派出463名干部（局、处、科级干部243名）到呼玛，协助当地教育管理下乡知青，一起分配到14个农村人民公社的81个生产队和4个林场插队，开始近十年的插队生活。

国家先后下拨知青建房款340余万元，共建起砖瓦房、立木房314幢、7.5万平方米，当地公社和生产队组织采伐木材，脱坯烧砖，改建库房，积极解决知青住房问题。各生产队全部建起公共食堂，实行粮食定量供应集中办伙食，凭票就餐。

广大知青尤其是上海知青，很快适应了北方生活环境，具备独立生活的能力，普遍学会了劈柴、担水、烧火、煮饭、炒菜、缝补、洗涮等，逐步学会了播种、锄地、收获、养殖、打草、伐木、捕鱼，有的还学会拖拉机、汽车驾驶。

各级党政组织十分重视知青工作，组织知青学习政治、军事、文化，将训练合格者编入武装基干民兵，引导知青靠近党、团组织，选送一批优秀青年到大学深造。

1975年1月13—17日，呼玛知青山秋林作为全国第四届人民代表大会代表，担任大会监票人，受到党和国家领导人的亲切接见。涌现出县级劳动模范131人、公社级劳模219人、生产大队级劳模621人，先后有276人光荣加入中国共产党、2 067人加入共青团、845人被大、中专院校录取继续深造，471人应征入伍参加中国人民解放军。

知青优秀人物脱颖而出，先后进入县、社、队领导班子。各公社都有1名知青担任不脱产的公社党委副书记、革委会副主任。有的走上了县、地级领导岗位，有的担任县内部门单位的领导职务。许多知青在基层生产队任职，一些优秀知青被选派到县、社党政机关和企事业单位。

大批城市青年的到来，提高了农村的文化素质，增加了新生力量。他们发挥文化优势和技能特长，成为农业生产的骨干力量，为边疆经济和社会发展做出应有的贡献，改变了农村的落后面貌。知青插队拉近了城乡的情感距离，加速了南北融合。尤其是上海知青带来城市文明、开放思维，带动了生活方式的转变，打破农村封闭、保守、愚昧、落后的思维，促进了农村的发展和进步，大幅度提高了生产力。

1.加速推进农业开发。1968年，筹建县属国营农牧场，在加格达河建场；1969年，在"落马湖"畔建成五七农场；1973年，建成铁帽山农场；1977年，建成园艺场。各国营农场开垦荒地6 666.67公顷，累计上缴商品粮1 279万千克。1971年，以上海知青和部分当地老社员组成的开发队伍，在嫩江上游冲积平原上创建北疆人民公社。农业机械化水平大幅度提高，1968年，呼玛县农业机械总马力3 589千瓦，拥有拖拉机（混合台）48台，机引农具285台（套）。1979年，总马力达到25 426千瓦，拥有拖拉机（混合台）280台，机引农具1 284台（套），新增小型拖拉机104台。

2.丰富农村文化生活。组织建立业余文艺小分队。修建简易篮球、羽毛球、足球场地，组织开展体育比赛。

3.发展生产建点办场。1969年，兴建了十二站林场。1970年4月12日，知青克服蚊虫侵扰、断粮缺菜、环境险恶、气候恶劣等困难，赴呼中原始森林劈山开路，8个月时间用人力修筑4公里公路和一座200米长大桥，这其中有女知青架桥连的艰苦奉献。1977年，相继兴建了青年林场、七十三林场和八十四林场。1968年，再次开发椅子圈煤矿，1970年建成投产，年产9万吨煤炭。开展呼玛镇老黄沟水库、东风水库、兴华改水、宽河水电站等工程建设，怀柔、正棋、湖通镇等小水电站先后投产发电。1969年恢复建设椅子圈电厂，1973年1号机组发电，1978年2号机组发电。上海干部对呼玛的电力建设、水利建设和造纸厂建设给予大力支持，亲自进行设计和规划组织安排生产，提高生产经营管理水平。

4.保卫边疆建功立业。知青普遍被编入民兵组织参加军事训练、站岗、巡逻、挖地道、修工事。为保卫鸥浦公社三合生产队的黑龙江中方岛屿吴八老岛，近300人的上海、齐市、呼玛知青为主体，组建呼玛民兵连和三合民兵连，坚持登岛播种、收割、打草、建房，与入侵苏军展开殊死斗争，将三合村建成能打、能防、能生产、能支前的反侵略战斗村，被国务院、中央军委授予"三合战斗村"光荣称号。民兵组织多次被省军区、地区军分区给予记功奖励。

1976年粉碎"四人帮"后，上海干部陆续返回上海，知青陆续返城。成长为各级领导和业务骨干，他们在不同工作岗位上，为地方经济和社会发展做出贡献。

第六章　发展成就

第一节　经济建设

一、农业

互助组。1949年春，在"土改"基础上开始农业互助合作运动。截至年底，建立农业互助组998个，其中常年组63个、三大季节级别265个、临时组103个。之后，互助组逐步合并扩大，至1952年，全县互助组409个，其中常年组170个、三大季节级别239个。是年，全县实播面积9 137公顷，小麦每公顷产2 500千克，玉米每公顷产5 600千克，谷子每公顷产5 500千克。

初级社。1953年，建立初级农业合作社3个，有社员55户。1954年，贯彻中共中央《关于发展农业生产合作社的决议》，初级社发展至30个，入社农户687户，占全县农户25.50%。1955年发展至60个，入社农户占全县农户70%以上。初级社每公顷产量高于互助组，且副业收入大幅度提高。

高级社。1956年，贯彻毛泽东《关于农业合作社问题》和省委农村工作会议精神，在初级社基础上组建高级社。全县成立高级社22个，入社农户2 827户，占全县农户94.2%。1957年，全县农户均加入高级社，成立高级社26个，入社2 980户。

人民公社。1958年4月，呼玛县召开第三次人民代表大会，撤销全县18个区、乡，取消村建制，成立9个人民公社制，成立生产大队、生产队。之后，又先后成立5个公社。至1971年末全县人民公社14个。1974年，农村粮食实现自给自足并有余粮，结束吃返销粮的历史。1978年，播种农作物28 119公顷，粮豆薯总产2 327万千克。

家庭联产承包责任制。中共十一届三中全会后农村开始进行经济体制改革。1979年，一些生产队从改革大寨评工记分计酬形式入手，试行分田到组作业，季节性小段包工，机车单车核算，定额管理，统种统分联产计酬，农户合股承包机械和土地，统种分管联产计酬及土地承包到户、农机具卖给农民，有机户为无机户代耕代收等多种形式的责任制。1983年7月，建立乡、镇政府，生产队改建为村民委员会。至年末，全县64个生产大队中36个实行家庭联产承包责任制，26个实行承包到组经营形式，有2个实行统一经营，搞小段包工形式。除金山乡金山村、前进队外，先后将农用大中型拖拉机613台、联合收割机189台、汽车23台、农具2 758台（件），全部作价卖给农民和农场农工。全县出现种植、养殖专业户、重点户215个。1985年末，全县64个行政村有62个实行家庭联产承包责任制。1984—1986年，贯彻三个中共中央关于农村工作的一号文件，县委、县政府强化对农村"统"的职能和农村经济宏观调控力度，鼓励扶持农村集体、联户和农户兴办各类农业服务组织，发挥合作经济的优势。1986年，大兴安区行署给予优惠政策，全县农村实施"林农联营"，集体积累和农民收入大幅增加。1989年12月，第一个经济联合组织荣边乡荣边经济联合社成立。

1990年3月和1994年11月，县委、县政府制发《关于深化农村经济体制改革的意见》及《呼玛县"五荒"拍卖工作方案》，深化农村改革，推动县域经济发展。1994年末，全县所有行政村全部实行家庭联产承包责任制。

1995年，县委制发《关于加快农业发展的决定》。1997年7月，县政府做出以全县粮食平均单产提高50千克、耕地面积增加1倍、农业总产值翻1番、农村人均收入增加1 000元为目标的"四个一工程"。1998年，贯彻中共十五届三中全会通过的《关于农业和农村工作若干重大问题的决定》，调整农村产业结构和种植结构，促进了生产力发展。2000年，全县农业总产值15 853万元，粮食总产45 752吨，农村人均收入2 550元。

2001年，践行"三个代表"重要思想，农业在改革中迅速发展。2002年，加大农村改革和农业结构调整力度，推进传统农业向现代化农业转变进程。全县农业总产值 19 241万元。粮食总产38 209吨，农村人均收入2 916元。2003年，落实"促农壮牧"经济发展思路，实施生态农业战略，加快农业产业化进程，全县农业总产值 26 171万元，粮食总产7 958吨，农村人均收入2 921元。2004年，落实中共中央一号文件，免除农业税，强化各行各业支援农业，服务农业。全县农业总产值32 216万元，粮食总产值 55 886吨，有史以来首次突破 5万吨关，农村人均收入3 453元。2005年，坚持用"三个代表"重要思想统领农村工作，落实中共中央一号文件。全县农业总产值36 225万元，粮食总产44 037吨，农村人均收入3 671元。

2006年，贯彻落实中共十六届五中、六中全县精神，按照县委、县政府"三农工作固本，产业系体系立县，特色经济富民"的总体安排，以发展农村经济和提高农民收入为中心，以加强农村基础设施建设、改善农民生产生活条件为重点，加快农村经济结构战略性调整步伐。全县农业总产值38 385万元，农村人均收入3 892元。2008年，贯彻落实中共中央一号文件，全力打造中国最北高寒生态生产之乡，优化农业和农村经济结构，加强农业综合生产能力建设，促进农村经济又好又快发展。全县播种面积650 670亩，首次突破65万亩，粮食总产8.48万吨，农林牧渔总产值59 971万元，农村人均纯收入4 757元。2009年，贯彻中共中央农村工作会议和省、地农村工作会议精神，全面落实强农惠农政策，不断拓宽农民增收渠道，扎实推进社会主义新农村建设，农村经济持续稳定发展。

全县播种面积113万亩，粮食总产14.7万吨，实现农业总产值54 825万元，农民人均纯收入5 537元。2010年，全县播种面积1 128 725亩，总产3.74亿斤。优质麦种植面积24万亩，总产1亿斤，农村人均收入实现7 752元。是年，发放粮食直补和综合补贴2 139.2万元，发放良种补贴1 321.4万元。完成4个新农村建设省级示范村、试点村和5个地级整村推进村、3个扶贫开发整村推进村建设任务。全面开展以十个农业科技试验示范基地为平台，百名技术指导员帮扶一千个农业科技示范户，建设三万亩粮食高产创建核心区为内容的"十、百、千、万"活动。建设小麦、大豆、马铃薯三大主栽作物科技实验示范基地10个300亩，小麦、大豆高产创业核心区31 810亩。

2011年，全县播种面积1 128 725亩，粮食总产3.84亿斤。绿色有机食品标志认证增至19个，种植生产基地面积85万亩，监测面积8.5万亩。食用菌种植保持4 100，冷水鱼人工养殖面积增至2万亩，农村人均收入9 524元。2012年，全县播种面积112.8 725万亩，粮食总产4.013亿斤，农业总产值 10.2亿元，农村人均收入1.1万元。2013年，全县播种面积1 128 725亩，粮食总产17.769万吨。完成合作社整合方案，制定出符合县情的合作社星级标准，组建了西山口农机种植业合作社，全县有一定规模的家庭农场（庄）15个。2014年，围绕推进发展大农业这条主线，把保障国家粮食安全作为政治责任，把促进农民持续增收作为核心任务，把改革创新作为根本动力，努力在体制机制创新上取得新突破，特别是在深化农业调整，加大农业科技支撑，培育新型农业经营主体和推进美丽乡村建设等方面，扎实工作，创新发展。全县粮食总产21.18万吨，实现农业总产值19.24亿元，农民人均纯收入1.32万元。2015年，全县播种112.8 725万亩，粮食总产14.75万吨，农林牧渔业总产值15.75亿元，农村居民人均可支配收入11 802元。2016年，全县播种112.87万亩，粮食总产11.42万吨，实现农业总产值16.53亿元，农村居民人均可支配收入12 583元。是年，全面推进和完成土地承包经营权确权登记颁证工作，培育和规范各类农村新型经营主体，全县耕地实现农业保险全覆盖。2017年，全县播种112.5万亩，粮食总产11.75万吨，农林牧渔业总产值17.71亿元，农村居民人均可支配收入13 413元。美丽乡村建设指标全部通过省地验收，并顺利通过2015—2017年省级美丽乡村建设验收。

2020年，播种面积稳定在112.87万亩，粮食总产14.35万吨，农林牧渔业产值14.95亿元。农业科技示范园区，引进新品种320余个、新技术130余项。管护区栽植林下浆果2.4万株，种植金莲花、赤芍、丹参、白藓皮、返魂草等道地药材6.5万亩。棚室种植面积11万平方米，推广有机麦、豆种植2万亩、绿色种植83万亩。测土配方施肥面积112万亩，分析土壤样本1 700余个。农业科技贡献率达68%。投资6 116万元，完成5个高标准农田项目，规模5.45万亩。投资2.1亿元，开展农村人居环境整治，生产生活条件明显提升。全县以市场为牵动，各类农民专业合作组织发展到245个，比2010年增加198个。家庭农场157家。

畜牧业 1949年，全县存栏马3 779匹、牛856头、骡驴40头、猪3 200头。1950年，县政府颁布《严禁滥行屠宰耕畜办法》。1954年，县政府制发《加强饲养毛猪的指示》。1956年，全县存栏马3 672匹、黄牛820头、奶牛60头、猪1 912头。1957年，贯彻"私有私养、私养公助和社繁户养"的生猪生产发展方针。1958年"人民公社化"后，农村大牲畜全部变为集体所有。1959年，全县存栏马2 315匹、黄牛1 176头、奶牛64头、猪1 636头。1961—1963年，贯彻省委"以猪为首，以耕畜为中心，全面发展畜牧业"和"公养私养并举，以私养为主"发展畜牧业、生猪生产方针，城乡居民饲养畜禽出现了好的态势。1965年，全县大牲畜存栏4 633头（匹），其中马2 235匹、黄牛2 359头、奶牛36头、骡驴3头，存栏猪2 480头、羊130只。"文化大革命"开始后，原本畜牧基础设施差、饲养规模小、科学养殖水平低的状态，更是雪上加霜。社员和居民家庭饲养业被当作"资本主义尾巴"来割，畜牧业生产受挫。1968年，全县存栏马2 440匹、牛3 093头、猪3 410头、羊986只。1970年，贯彻省《以养猪为中心，全面发展畜牧业》的指示和"积极发展集体养猪，继续鼓励社员养猪"方针，全县畜牧业出现了发展的好势头。1973年，全县大牲畜存栏马3 056匹、黄牛2 679头、奶牛57头、骡驴2头，存栏猪6 206头、羊1 180只。1976年，全县108个生产队实现队队养猪，达到15 000头。大牲畜存栏7 243头（匹），其中马3 820匹、黄牛3 372头、奶牛49头、骡驴2头。存栏猪6 206头、羊1 891只。1978年，存栏马4 096匹、黄牛3 615头、奶牛108头、猪12 483头、羊2 478只、禽66 531只。

1978年12月党的十一届三中全会后，全县畜牧业走上快速、全面发展的新轨道。1983年2月后，推行家庭联产承包责任制，将畜禽与土地、农机具作价卖给农户经营。1985年，全县畜禽存栏马1 871匹、黄牛2 310头、奶牛70头、猪4 064头、羊747只、禽71 930只。1988年，养殖专业户75户，养牛专业户50户养黄牛625头，养奶牛专业户23户养奶牛79头。养羊专业户2户养绵羊

389只。1995年，全县存栏马1 264匹、黄牛4 966头、奶牛26头、猪8 677头、羊1 792只、禽119 249只。至2000年，全县养牛10头以上、猪20头以上、羊100只以上、鸡200只以上的养殖专业户达115户。2001年，全县养殖专业户185户；2002年200户；2003年298户；2005年428户。2005年，全县存栏黄牛6 806头、奶牛62头、马319匹、猪8 185头、羊167 634只、禽37 370只。

2013年，全县建成东大养殖场和呼玛镇老白河养牛场2个养殖示范基地，培养和扶持兴志种养殖合作社、繁荣生态猪养殖场、三卡乡野猪养殖场、云博公司及象山村农民合作社5个养殖典型。是年，全县猪存栏10 132头、牛存栏6 407头、羊存栏43 267只、禽存栏96 169只。畜牧业产值达1.12亿元。2014年，全县存栏肉牛7 963头、生猪12 243头、羊48 344只、禽类174 942只。2015年，全县存栏猪10 558头、羊38 028只、禽66 840只。畜牧业产值1.25亿元。

至2020年，全县肉牛、生猪、肉羊、禽存栏分别为8 456头、9 709头、10 182头、52 700只；肉、蛋产量分别达到0.35万吨、0.11万吨，实现畜牧业产值1.4亿元。冷水鱼养殖面积达到18 300亩。

农业机械 1930年后，呼玛县沿江农民从苏联边境村庄购买或以物换回遥臂收割机、单铧犁、双铧犁等马拉农机具。中共边境封锁后，从黑河、哈尔滨购入播种机、清粮机、割地机等机具。至1952年，全县有大洋犁529台，小洋犁356台、锄草机2台、割地机63台、打场机16台、播种机13台、圆盘耙2台、清粮机3台、综合铲趟机11台。1959年，呼玛镇购进2台德特54拖拉机。1961年，国家所拨给呼玛县东方红54拖拉机1台。1962年，国家又拨给拖拉机10台。1965年，全县有链轨拖拉机27台、胶轮拖拉机2台、机引农具136台（件）。1979年，全县农业机械保有量链轨拖拉机192台、胶轮车88台、小型胶轮拖拉机104台、自走式联合收割机50台、牵引式联合收割机78台、机引农具1 284台（件）。1982年，全县有链轨拖拉机251台、胶轮拖拉机168台、小型胶轮拖拉机66台、自走式联合收割机62台、牵引式联合收割机138台、机引农具1 721台（件）1983年，全县推行家庭联产承包责任制，农村生产队和国营农牧场相继把农业机械作价卖给农户或实行承包经营。1987年，全县拖拉机966台。其中小型拖拉机481台，接近拖拉机总数的一半。联合收割机170台，机引农机具1 463台（件），农用汽车38台，农用拖拉机463台。是年，独户经营拖拉机的农户708户，拥有各型拖拉机772台。1989年，引进俄制叶尼赛自走联合收割机5台。是年，全县链轨拖拉机256台、胶轮拖拉机241台、小型拖拉机800台、自走式联合收割机39台、牵引式联合收割机108台、机引农机具1 767台（件）、农业动力机械534台、农用汽车60台。

1990年后，县政府通过国家、集体、个人等渠道筹资，对老旧农机具进行更新和给修。县农机管理部门先后引进大豆精量播种机、俄制140马力大型轮式拖拉机、联合深松耕地机、大豆低茬收割装置，提高全县农业机械化水平。1995年，全县有链轨拖拉机230台、胶轮拖拉机206台、小型拖拉机1 669台、自走式联合收割机59台、机引农机具1 175台（件）、农用汽车58台、农用拖车1 760台。全县人均农机保有量居全省前列。2000年，县政府筹资805万元，从省内外购进11种型号的马铃薯播种、收获机械和种子包衣机等252台（套）。是年，全县大中小型拖拉机3 564台。联合收割机121台，机引农机具1 982台（件）、农用汽车39台。2001年，全县累计投资521万元，购进轮式拖拉机150台、联合收割机36台、马铃薯收获机104台、播种机60台、大豆精播机70台、旋耕机5台、翻转犁2台、脱粒机4台、割晒机15台。2004

年，全县投资307万元，购进轮式拖拉机40台、联合收割机12台、其他机械453台。

2005年，执行国家补贴购置农业机械政策，有9户农民投资78万元、国家补贴30万元，购进大中型新式农机具27台（件）。

是年，全县有链轨拖拉机288台、轮式拖拉机434台、小型拖拉机3 100台、大中型收获机械485台（自走式大型麦豆收获机155台、大豆收获机65台、大豆低割装置120台、割晒机15台、马铃薯收获机130台）、大中型配套机引农具2 147台（件）、小型配套机引农具236台（件）。全县农机人均保有量位于全省第二。

2014年，各型拖拉机保有量4 622台，其中大中型拖拉机保有量4 402台、大中型配套农机具9 693台（件）、联合收割机401台、小型拖拉机220台。田间作业综合机械化程度达96.70%。是年，共补贴机具79台，受益农户79户。补贴联合收割机18台、补贴资金72.30万元。补贴大中型拖拉机61台、补贴资金226.70万元。2015年，争取国家农机购置补贴专项资金375万元，购置补贴农机具78台（套）。共有农机合作社36个。新成立的北疆乡象山村800万规模的象山现代农机合作社采取代耕为主，土地入社、租种土地为辅的方式运营。2016年，全县各型拖拉机保有量4 737台，农机总动力23.73万千瓦，大中型拖拉机保有量4 574台，小型拖拉机190台，大中型配套农具11 265台，田间作业综合机械化程度达97.1%。争取国家农机购置补贴专项资金251.8万元，购置补贴农机具110台（套）。新建金山乡新街基村、鸥浦乡怀柔和正棋村、兴华乡兴华村4个农机大院。

至2020年，全县拖拉机保有量4 746台，其中80马力以上拖拉机12化程度99.03%，高于全省平均水平2.03个百分点。"智慧农机"的应用，用"精准农业"改变了传统的农机作业方式，引领县域农业不断转型升级。

二、工业

1.私有工业。1916—1931年，全县有手工作坊9家。至1939年，增至29家。1946年起，私营工业得以发展。1949年，全县注册私营手工业户42家，工业产值16.2万元。1952年，私营工业产值12万元。1955年，私营工业产值13.7万元。

1981—1985年，全县服装、副食品加工私营业户98户，实现产值40余万元。1990—1994年，全县私营工业户160户，其中城镇86户、农村74户，从业人员203人，产值816万元。

1995年起，进行所有制结构调整和国有工业企业转制、重组私有工业加快发展。1998年，全县私营工业户258户，从业人员338人，产值16 416万元。至2005年，全县私有工业企业191户，其中城镇133户、农村58户，从业人员290人，实现产值8 603万元。

2.集体工业。1956年，城镇24户33人手工业从业人员，组建集体性质的铁业社、被服社、皮革社、钟表刻字社、豆腐生产组。农村30户手工业户共88人，纳入所在的农业生产合作社。是年，全县集体工业产值6.7万元。1960年，成立呼玛县木制家具厂和呼玛县日用五金厂，全县集体工业产值50.6万元。

1963—1965年，因国民经济调整，原过渡到地方国营的企业恢复为集体性质。1965年，全县集体工业产值27.9万元。

1973—1979年，省二轻局和县地方投资，改造、装备县服装厂、农具厂、木制品厂。产品品种53种，其中铁锚牌水平尺为出口外销产品。1979年全县集体工业产值135.8万元，1984年增至210万元。1988年，打破分配上的"铁饭碗"，实行计件工资和分红工资，多劳多得。生产、加工的产品黄金2 782两、发电量7万千瓦时、煤炭400吨、木材29 621立方米、红砖1 445万块、筷子24 133箱、果酒44吨、服装1.2万件、皮鞋1 380双、薄铁制品1

万件。全县集体工业产值546.4万元。

1990年，集体工业企业29户，其中二轻系统6户、乡镇21户、县劳动服务公司所属2户。1992年全县集体工业产值1 617.5万元。1997年，集体工业产值 17 490万元，占全县工业总产值58.40%，首次超过国有工业产值。2004年，集体工业产值17 219万元。主要产品产量红砖2 683万块、筷子4 112箱、牙签961吨、单板9 417吨。2005年后，集体工业企业全部转为私有。

3.国有工业。1952年，建立县铁工厂、酱醋厂和国营呼玛县砖厂。全县国有工业产值96.4万元。1954年，建立呼玛县制材厂和呼玛县糕点糖果厂。全县国有工业产值80.9万元。1955年，县国营工业企业6户，产值92.4万元。1961年，国营工业企业增至10户，产值189.9万元。1963—1965年，落实国家"调整、巩固、充实、提高"方针，原过渡为地方国营工业企业的铁业社、被服社、皮革社等恢复集体性质。1970年，国营呼玛县椅子圈煤矿、呼玛县八十四综合木器厂、呼玛县新曙光机械厂投产。全县国有工业产值184.6万元。1975年，全县国有工业产值490.5万元。生产黄金1 828两、煤炭3 572吨、发电量63万千瓦时、白酒56吨、醋90吨、糕点139吨。

1978年9月，全县国有工业企业15户，其中地方13户，产值610.5万元。1985年，国营呼玛县利康卫生筷子厂、呼玛县果酒厂建成投产。黄金、木材、电力产量增加，新增采金船筛板、果酒、筷子等产品。全县国有工业产值1 669万元。1990年，生产黄金40 710两、煤炭51 166吨、发电量1 632万千瓦时、机制纸228吨、采金船筛板42万吨、白酒72吨、醋121吨、酱油177吨、糕点134吨。全县国有工业产值10 493万元，首次突破亿元。

1994年，国家实施生态环境保护和经济可持续发展战略，对森林、黄金实行限采、禁采。由于资源减少，企业逐渐陷入困境。1995年，全县国有工业产值9 440.7万元。1997年，完成县属国有工业企业转制工作。2003年，全县国有工业产值1 170万元。

2005年末，县域内国有企业有团结水电站、县椅子圈发电厂（委托大兴安岭地区电力总公司经营）、丽雪精淀粉公司呼玛分公司、地直企业呼玛供电局及中国黄金集团公司直属并已进入破产程序的兴隆金矿、韩家园金矿等工业企业。县内其他国有工业企业除破产、解体外，均转制为民营企业或股份制企业。是年，全县国有工业产值2 130万元。

2005年，成立呼玛县兴安矿业有限责任公司，注册资金1 000万元，经营范围是开采铁矿和精铁粉生产。为规模以上企业。兴安桥铁矿已探明储量243万吨，铁矿石平均品位35%，公司建成生产线10条。2010年开采，当年生产精铁粉6万吨，通过铁路运输销往阿城钢厂和北满特钢。2011年后，企业处于停产状态。

2006年12月，成立呼玛对俄经济贸易合作园区，占地面积128.79公顷，投资1.96亿元，分为7个功能区。园区现有企业12家（成功孵化2家），2019年实现产值7 727万元，销售总收入8 428万元，实现税收806万元，实现利润983万元，安置就业人员455人。

2012年，鸥浦煤矿生产权、销售权收归呼玛县。鸥浦煤矿始建于1993年10月，由十八站林业局出资建立，为全民所有制企业。小立井开采，2005年7月改为露天开采，生产能力年9万吨。截至2019年12月，剩余煤炭资源储量276.12万吨，实际剩余可采储量100余万吨。

2006年6月，黑龙江省鑫玛经贸集团有限责任公司呼玛热电厂在呼玛县注册成立。经过两年建设，于2008年10月开始对呼玛镇供热，当年实现供热面积30万平方米。鑫玛集团投资4亿元，于2006年、2011年分两期建设呼玛热电厂。

2012—2016年，全县规模以上企业3家，分别是兴安矿业、鑫玛热电厂和十八站鸥浦煤矿。2017年后，规模以上企业仅有鑫玛热电厂1家，临界规模以上生产企业2家，为大兴安岭利沃康生物科技有限公司和呼玛县生态农业有限公司。

三、林业

林木资源 1952年，经国家踏查，全县有林地面积540万公顷，蓄积32 200万立方米。针叶树种占91%，其中落叶松树种占85%，樟子松和鱼磷松占6%；阔叶榛占9%，主要有柞树、桦树、杨树、榆树、柳树及山丁子、水冬瓜、稠李子树等。

1962年，经国家森林资源调查，全县有林地523.90万公顷，疏林地18.20万公顷，有林地蓄积57 680.80万立方米。

1985年，县农业区划办调查，全县林业用地1 167 167公顷，有林地面积1 013 114公顷，活立木蓄积7 885.10万立方米。

2010年，全县有林地面积178 582公顷，活立木蓄积12 588 548立方米，森林覆盖率71.91%。森林植被60%以上属于寒温带针叶林，代表植被类型是兴安落叶为主的寒温带针叶林。此外，还有樟子松、红皮云杉和朝鲜柳原生性植被，以及原生性植被破坏后形成的次生白桦林、柞树林和山杨林。

解放前，由于日本侵略者的破坏和掠夺，全县森林资源一度减少，林相残破，形成大量次生林。东北沦陷至1945年光复，日本侵略者共掠走木材达250万立方米。

林场 1960年，县林业局在全县相继建立林场，负责营林生产和林政管理及造林、抚育、防火等工作。1970年，呼玛县划归大兴安岭地区管辖，县林业局一并划归。1973年同，县林业局下辖漠河、卫东（二十二站）、金山、十二站4个国营林场。1977年，建立青年林场（三卡林场）。1981年，呼玛县分置漠河、塔河两县，漠河、卫东两个林场分别划归漠河县、塔河县。1983年4月，嫩江县林业局所属嘎拉河林场划归呼玛县林业局。分县后，呼玛县林业局管辖中心苗圃及金山、三卡、嘎拉河、十二站4个林场。县林业局土地经营总面积243 169公顷，其中金山林场57 376公顷，三卡林场79 415公顷，嘎拉河林场57 301公顷，十二站林场56 122公顷。

各林场建立后，相继建立商店、卫生所、子弟小学。1967年开始，户户安广播，每天通过广播了解国家大事。

1992年后，林场商店陆续折价卖给职工个人经营。1983年金山林场开始能收看电视节目。1993年，四个林场卫生所，按商品化管理，自收自支。四个林场接通有线电视，能收看五个频道。2005年8月1日，林场子弟小学划归地方政府教育部门管理。商业服务网点24个，电视转播台四座，电视覆盖率达100%。通移动、联通通信网络，覆盖施业区，基本满足各林场社会需求。

生产经营　母树林基地建设。1965年，由省林业设计院规划金山林场为樟子松母树林基地。1979年，大兴安岭营林局区划金山林场天然母树林3 067公顷。1982年，增加主伐生产，林业经营生产管理体系已基本形成。1989年，开展森林植物检疫工作，在金山林场建设有1 862公顷的樟子松母树林基地。2005年，全面停止采伐，进入森林管护新的历史时期。

木材生产　至2018年末，累计生产木材178.2万立方米、人工造林12 108.31公顷、天然幼中林抚育181 303.9公顷、母树林抚育16 082.3公顷、采集樟子松种子545 292.5千克、采集落叶松种子5 179千克、病虫害防治105 997公顷、木材检疫767.81立方米、种子检疫5 520千克、苗木检疫1 182.556万株、产地检疫42 003.73公顷。苗圃育苗面积8公顷，年产苗量200万株。

森林保护　20世纪50年代，呼玛县规定严禁擅自采伐木材，采伐木材按上级审批计划进行，使用木材必须办理手续，否则不许采伐和运输木材。1960年后，在各公社设林业管理站，主要运输路口设木材检查站，重点区域设林业派出所。规定居民烧材只允许烧柞树、黑桦、杨树。建筑用材必须履行批准手续，否则按乱砍滥伐处理。各林场必须按上级下达计划进行采伐、调运木材，同时在指定地点进行封山育林。

野生动物保护　在9个乡划定禁猎区。1981年实行持证狩猎。1987年，加强野生动物资源管理，未经野生动物管理部门批准，任何单位和个人严禁入山狩猎。

三总量管理　1989年，加强采伐、运输、销售"三总量"管理，建立各项监督检查机制，依法规定完成任务。1992年起，加强对县内私营木材加工企业管理，对来源不清的木材一律收缴。1998年后，依据《森林法》，严厉打木材领域的违法犯罪分子。建立行政执法责任考评制度，促进执法能力提高。

专项行动　2006—2008年，开展打击破坏森林资源专项行动（代号"兴安绿剑"行动），进行宣传、拉网式排查，重点清理整顿施为区违法占地、毁林开荒和非法沙金开采等行动；打击涉林涉木和制假贩假木材运输票证、乱捕乱猎、乱采滥挖等违法犯罪行为，达到了保护森林资源的目的。2009—2015年，开展打击破坏森林资源专项整治行动（代号"兴安一号"至"兴安七号"专项行动）。重点打击非法盗伐林木、占用林地、运输木材等违法行动；严查非法收法购黑材、侵占湿地和破坏野生动植物资源等违法行为；特别是对非法木材加工厂违法行为进行彻底检查清理。宣传林业法律法规，整治采挖树木，规范种子和苗木经营秩序。2016—2018年，每年开展清理整治非法占用、开垦林地湿地、毁林种参、采集野生兴安杜鹃、乱捕乱猎野生动植物等专项行动。

森林防火　坚持预防为主，积极消灭的方针，在辖区内各路口设固定和临时防火检查站、森林腹地设防火外站、瞭望塔。金山林场实现建场以来27年无人为森林火灾。1987年后，每年开展形式多样宣传活动，依法开展巡护、清山、瞭望、打烧防火线、设检查站等预防工作，把火源消灭在萌芽中。配齐防火设施设备，建立严格预防和扑救管理制度，依法进行防火宣传和管理。各林场组建30人的森林消防队负责防火工作，场址周围开设100～150米宽的防火隔离带。2003年9月，成立100人的森林消防专业扑火队，各林场成立50人的森林消防队，各乡镇成立30人的扑火队、县直机关成立200人的县直扑火队，参与火灾预防和扑救工作。2000年后，修防火公路达790.88千米。至2018年，所属四个林场范围内，建有森林防火瞭望塔9座，设立检查站、临时岗卡35处，防火外站24处。主要防火设备有：基地点26台、中继站6台、车载台17台、GPS定位仪40部、望远镜13个、对讲机120部、大小运兵车31辆、风力灭火机180台、灭火水枪60支、割灌机82台、油锯100台等。

天然林保护工程　1999年，部分林地纳入天然林保护工程。2005年，部分林业用地纳入省级生态试点。此后，根据国家政策生态补偿面积逐年增加，至2017年，纳入国家公益林补偿面积129 706.67公顷、天然林保护补助面积58 393.33公顷。重点公益林多在深山区，人烟稀少，交通不便，确定为站（段）管护形式。以管护站（段）为中心，将管护站附近的管护责任区划分为一个管护经营区。商品中林多处于浅山区，地势平坦，交通方便，森林经营活动开展的较为频繁。除三卡林场商品林纳入天然林保护工程实行专门管护外，其他林场均采取重点管护区带商品林管护区。2007年，国家生态公益林管理，本着上级批复的资金整体总量控制的原则，落实中央级责任区404个、管理人员40

人；落实省级责任区114个、落实责任区管护人员114人、管理人员11人，与569位管护责任人签订管护合同，落实了管护责任和义务。建立完善森林管护管理和培训制度，配备必要的交通、通信工具等基础设施和设备，在重点地段设置警示标识，建立完整的森林管护档案，逐步实现档案管理标准化和现代化，不断提高管理水平。对国家级公益林实行"总量控制、区域稳定、动态管理、增减平衡"的管理机制。2018年，重新区划管护责任区411个，确定管护责任人411人，设立监管人员41人，制作管护宣传牌137块。

四、商业贸易

1956年1—3月，完成工商业社会主义改造，私营工商业均被地方国营和集体企业吸纳，商业网点有所减少，从业人员相对增加，改变了旧中国遗留下来的通货膨胀、货币不稳定的局面，满足人民生活的基本需求。1959年，全县商品销售总额比1949年提高31.5倍，农副产品采购总额增长8.4倍。全县有三级批发站5处、基层供销部10个、分销店11个、城镇零售商店7处。

1962年，国家经济形势逐渐向好，城乡物资交流开始活跃，市场秩序稳定。按照"统筹兼顾、全面安排"的原则，改进商品供应方法，保证城乡人民生活基本需求，社会购买力实现702.1万元，40余种凭票供应的商品陆续敞开供应，集市贸易价格回落，价格差由2倍以缩小至1倍左右。1964年，开展以农村为重点，以漠河、兴安、开库康、依西肯、十八站5个公社为中心，兼顾城、林、矿区，在商品分配上执行"城乡皆需要的商品优先供应农村"的原则，城乡市场日趋活跃。全县商品销售额257.5万元，比上年提高9.1%，经营品种增加1 000余种，集市贸易价格差由上年的70%缩小至30%。

1965年，市场供应缓和，取消商品高价供应。

"文化大革命"中，商业经营管理粗放服务项目减少，造成商品短缺、销售下降。一些日常生活用品例如自行车、手表、缝纫机和烟酒、先衣粉、肥皂、食糖等，均需定量和按计划分配供应。

中共十一届三中全会后，贯彻"调整、改革、整顿、提高"方针，执行"对内搞活，对外开放"政策，商品流通规模不断扩大，经营管理水平大幅度提高，商业设施大大改善，城乡市场呈现繁荣兴旺的景象。

1981年，全年商品总购进1 238.5万元，商品销售1 522万元。1985年，对各三级批发企业和零售企业放开经营，完善各种承包制，规范商品摆放及店容店貌，开展物价信得过活动，全年商品总购进1 079万元，总销售1 257.5万元。1989年，按照省政府指示实施"383"工程，商品总购进1 712.4万元，商品销售2 039.8万元。

1990年，加大改革力度，实行经营风险抵押，全县商业各项经济指标创历史最好水平。全年商品总购进1 870万元，商品总销售2 386万元。1994—1998年，转换企业经营机械，商业经济企业在竞争中大部分亏损，逐渐完成资产出让、产权改制、拍卖企业产仅等项改革。

2000年起，国营商业退出商品零售市场，个体商品零售成为商业的主体。全县商贸已全部根据市场需求进行调节，流通渠道自由多样，商业品种齐全新颖，市场购销两旺。

2014年，新建呼玛农贸市场长宁商贸城投入使用。

五、黄金生产

1914年起，呼玛县相继建立库玛尔金厂、余庆金厂、省广信公司呼玛分号、省官银号采苗事务所和浚源金厂五大采金企业。1918年，浚源金厂并入库玛尔金厂，省官银号采苗事务所并入省广信公司呼玛分号，时为三大采金企业。1923年，改建、兴办裕利金厂和兴安金厂。1924年，在倭西门（今鸥浦乡）兴办富拉罕金厂和洪源金厂。很多流民从山东、河北、内蒙古和东北等地进入呼玛境内采金，生产规模扩大，黄金产量增加，黄金矿业成为唯一迅速发展的工业产业。但采金方式和作业工具依然非常原始、落后，采金作业环境、条件十分艰苦。

1929年，苏军借"中东路事件"入侵中国东北地区。6月22日，匪首魏春田（匪名"魏佬"）等围攻呼玛县城。8月中旬，苏军攻陷鸥浦县城。呼玛边事紧张，矿工纷纷逃避，许多金厂一度被迫闭矿停产。

东北沦陷时期，日本侵略者强行剥夺中国对金矿的开采权，对呼玛县和鸥浦县境内的黄金资源进行掠夺式破坏性采掘。1934年5月，日本侵略者在呼玛兴隆地区四道沟设立满洲四道沟采金株式会社，在鸥浦县设立鸥浦金矿分局，监管黄金矿业和采金，加强统治与掠夺。初始实行包厂代办"委托经营"和自带金制度、满收金制度，从中索取高额金利、货利提成和包办费。1935年，满洲采金株式会社对矿体、金厂实行统一管理，垄断采金业。

1938年，满洲四道沟采金株式会社分别建立达拉罕采金作业所（驻达拉罕，所长日本人宫崎，直接辖管经营福兴公司、达拉罕、同益、会宝沟和韩家园子金厂）和三分处采金作业所（驻三分处，所长日本人大久保，直接辖管并经营兴安、大昌、三分处、格良满河、四道沟、五道沟、余庆老沟、余庆支沟金厂）。1939年，建立兴隆采金作业所（驻兴隆，所长日本人白石，直接辖管并经营兴隆、裕利、北习力和吉龙小沟金厂）。同时，废除包厂代办"委托经营"，收回各金厂矿区自行经营。修建煤矿、发电厂，建造机械采金船采金。1939年，满洲四道沟采金株式会社迁址金山镇并更名满洲金山镇采金株式会社。

1941年，太平洋战争爆发。因战争急需钢铁，满洲金山镇采金株式会社无奈将采金船拆毁用于转造军械，境内黄金矿业迅速衰落。1943年，日本侵略者临近战败，采金处于封沟闭矿、基本停产状态。是年，满洲金山镇采金株式会社及达拉罕、三分处、兴隆等采金作业所撤离呼玛后解体。县内恢复兴办福兴公司金厂。

日本侵略者霸占、垄断呼玛采金业10年间，黄金资源遭受空前掠夺和破坏。1934—1943年，日本满洲采金株式会社从呼玛、鸥浦、漠河三县共掠走黄金145.22万两（按黄金生产传统，规定计量黄金1两为31.25克，16两为1市斤）。

1945年8月，呼玛县光复。时县内多匪患祸乱，采金规模小，除福兴公司金厂恢复经营外，其余均为私人自由采掘。

1946年8月，呼玛县解放，东北民主联军西满军区后勤部长刘炳华派员接管呼玛县境内金矿，恢复采金经营。设立东北金矿管理局黑河金矿总局呼玛金矿分局，管理全县黄金生产。

1947年4月15日，成立黑嫩联合省金矿管理局呼玛第二分局，下设4个分矿。局址置兴隆乡，国营企业，局长戴德归，副局长常天玉。8月，成立黑嫩联合省金矿管理局漠河第三分局，局址置漠河乡，局长孔庆田。分局下辖两个分矿，第一分矿置老沟，矿长李继高；第二分矿置富克山，矿长刘善宝。9月16日，撤销黑嫩联合省金矿管理局漠河第三分局，更名黑龙江省金矿管理局漠河第三分局。黑龙江省金矿管理局呼玛第二分局仍延续管辖此前下设的4个分矿。第一分矿设在闹达罕，矿长崔凤山，下辖会宝沟、乌斯力和韩家园子3个支矿；第二分矿设在兴隆，矿长毕福增，下辖瓦西力支矿、吉龙沟、宝泉沟、北习力4个支矿；第三分矿设在四道沟，矿长余建臣，下辖三分处、五道沟2个支矿；第四分矿设在富拉罕，矿长贾荣贵，下辖富拉罕支矿。是年，全县采金矿工1 600余人，采金5 600两。1948年，呼玛第二分局采金矿工1 626人。其中，第一分矿采金矿工383人（闹达罕沟50人、达拉罕沟13人、河口小沟14人、金悦沟11人、会宝沟101人、吉祥沟13人、五士力21人、中沟48人、小不拉力沟14人、罕一支沟98人），第二分矿采金矿工324人（兴隆沟46人、高力店20人、瓦西力26人、吉龙沟79人、大碰子沟46人、余庆上沟82人、高升沟19人、二道盘查6人），第三分矿采金矿工791人（大四道沟176人、小四道沟8人、五道沟73人、嘎鲁河沟261人、三分处沟84人、支沟97人、湖通河沟92人），第四分矿采金矿工128人（富拉罕98人、二十一站沟30人）。分矿所辖的腰站、小东沟无工人采金。是年，开展土地改革运动，清理采金队伍，取消把头制，成立矿工工会，组建矿工自愿插组的新金班。

1949年，呼玛第二分局局址从兴隆乡迁至金山乡，局长常天玉，副局长李旺德。是年，全县采金矿工1 600余人，采金4 926两（包括漠河金矿三分局）。

1950年4月，县内采金矿工不足，省金矿管理局从省劳改总局调来1 000余名劳改犯人，分派在宽河、兴隆、闹达罕和四道沟等金矿采金（1952年劳改犯人调回）。是年5月25日，省金矿管理局呼玛第二分局更名黑龙江省金矿管理局呼玛分局。同时，撤销漠河第三分局，其所辖分矿并入呼玛分局。时呼玛分局下辖5个分矿、3个直属矿。第一分矿置闹达罕，矿长崔振山，下辖五士力、会宝沟2个支矿；第二分矿置兴隆，矿长毕福增，下辖宝泉沟、吉龙沟、瓦拉里3个支矿；第三分矿置四道沟，矿长赵界文，下辖三分处支矿；第四分矿置富拉罕，矿长郑宪立，下辖二十一站支矿；第五分矿置漠河，矿长余建臣，下辖老沟、富克山2个支矿。分局直辖宽河、湖通河、余庆沟3个金矿。是年，呼玛分局采金5 905两。1951年，采金7 786两。

1952年1月，黑龙江省金矿管理局下划黑河，更名黑河专员公署工矿管理局。呼玛分局随之更名为黑河专员公署工矿管理局呼玛分局，分局所辖各分矿、支矿依旧。县内黄金采区仍停留在旧有矿区，采金方式仍为落后的手工操作。黄金品位较低，多数采金企业经营亏损。时国家对采金企业实行收缩生产规模、下放管理权限和闭矿停产等减亏措施，县内陆续撤销、封闭金矿、采区。4月15日，撤销呼玛分局富拉罕第四分矿，将呼玛分局漠河第五分矿更名为呼玛分局漠河第四分矿。7月14日，呼玛分局下划县地方，更名为呼玛县企业公司，辖管全县金矿，经理赵亚，副经理孔庆田。是年，全县采金8 362两，为新中国建立后至1980年间最高产量。

1954年3月25日，撤销县企业公司直属的湖通河金矿，并直属宽河金矿。是月，县企业公司将所属各金矿统一更名为地方国营的呼玛县呼玛金矿、四道沟金矿、兴隆金矿、闹达罕金矿、漠河金矿和五士力支矿、会宝沟支矿、三分处支矿、余庆上沟支矿、老沟支矿、富克山支矿。12月6日，县企业公司更名呼玛县地方工业科，辖管全县金矿企业。1957年，四道沟、五道沟、三分处矿区闭矿，只有兴隆金矿继续生产（持续至1962年6月）。10月24日，县地方工业科更名呼玛县工业局，管理全县黄金生产。

1962年6月14日，呼玛县兴隆金矿、宽河金矿上划黑龙江省黑河金矿局直属，开始复建宽河金矿。至1966年，受国家紧缩政策、停沟闭矿诸因素影响，采金规模缩小，年产量在411~1 751两之间。

1967年，国家实行限制私人采金，恢复发展国营黄金生产的政策。7月，黑河金矿局呼玛金矿在兴隆上八段大沟始建采金船，兴隆金矿采金始由纯手工作业和半机械化生产逐渐转为机械化生产。恢复对宽河岩金矿（亦称脉金矿、山金矿）开采并实行机械化作业。

1976年，黑河金矿局呼玛金矿在兴隆金矿二道盘查小支沟、关门嘴子大沟和后沟始建4只机械采金船。国家开始筹建韩家园金矿。1977年10月，撤销宽河金矿，人员转向韩家园金矿，由脉金生产转为沙金生产。是年，县政府成立呼玛县黄金生产办公室，内设于县工业局。1979年，中国人民解放军基建工程兵部队黄金部队某部进驻韩家园地区，进行黄金勘探、开采。中国黄金总公司从荷兰引进3只现代化采金船，建于韩家园金矿达拉罕矿区2只，由解放军基建工程兵黄金部队某部建于兴隆东大沟矿区1只。黑河金矿局呼玛金矿此前建造的4只采金船先后投产。时县内采金主要在省直属黄金企业中进行，生产手段完成以手工采金为主到以机械采金为主的转变。中华人民共和国成立后至1979年，全县累计生产黄金98 041两，年采金量最多的为1952年的8 362两。同时，探明了新的黄金矿藏资源。

1981年3月21日，成立国家冶金工业部呼玛金矿局，黑河金矿管理局原所属的兴隆金矿和韩家园金矿划归呼玛金矿局管辖。7月，县黄金生产办公室改建为呼玛县黄金公司。1982年9月22日，兴隆公社岳书臣采到一块重达106.40两（3 325克）的特大金块（亦称金疙瘩、狗头金）。

1983年，兴隆金矿实施吉龙沟矿区建设工程，扩建兴隆金矿。1984年，县政府做出"充分利用黄金资源优势，大力发展黄金生产"的决策，实行专群结合、机械和手工并举大搞群采。是年，县黄金公司从县工业局划出单设，为科级企业。1985年，县黄金公司建立二十四号桥露天采选场。兴隆金矿有采金船8只，生产规模为采矿量637.40万吨，生产能力为年产黄金14 480两。韩家园金矿有采金船4只，生产能力为年产黄金10 670两。两矿各配置相应的发电、作业、运输机械等配套设备。县内采金规模扩大，生产工艺水平提高。

1986年，成立呼玛县宝盈采金实业公司，续建二十四号桥脉金矿。

1987年，县委八届三次全委（扩大）会议提出"以黄金为重点"的经济发展战略。4月7日，县政府制发《关于呼玛县发展黄金生产若干问题的规定》，落实省关于发展地方黄金生产以县办为主的部署，要求县黄金公司在地方采金中发挥骨干和示范作用；贯彻"积极扶持、合理规划、正确引导、加强管理"方针，争取各乡镇都建立采金基地，坚持自愿原则组织集体采金，取缔采金"父子班""朋友班""夫妻溜"和个体单干户；坚持互惠互利原则，制定优惠政策，欢迎县外单位来投资办矿采金；县政府实行黄金资源统一管理和黄金统一收购；扩大探矿能力，搞好资源勘探。5月8日，县政府制发《关于兴隆、韩家园两乡组织好黄金生产的通知》，要求两乡充分利用辖内黄金资源，重点开发黄金产业。8月，县政府建造的1059号采金船投产。建造机械溜槽采金，恢复开采宽河、三分处和余庆上沟矿区，开设露天采选场，加强黄金勘探。全县乡镇企业采金趁势兴起，各乡镇开始建立采金队。是年，全县采金19 909两，其中国属兴隆金矿10 101两、国属韩家园金矿5 029两、县地方4 779两（含乡镇企业和非行业采金1 291两）。县地方形成年黄金生产能力7 200两（不含二十四号桥脉金矿）。

1988年，贯彻国务院在黄金生产中"保护国营、限制集体、取缔个体采金"指示，县政府成立黄金矿产清理整顿组织，对个体采金进行清理，进一步规范境内采金秩序。县地方新增黄金年生产能力3 218两。1989年，全县采金35 489两，其中兴隆金矿18 038两、韩家园金矿6 348两、县地方11 103两（其中兴隆乡采金1 103两），首次突破万两关。县地方建造的1080号采金船投产。此间，县民政局与地区民政局联营、县乡镇企业管理局与省乡镇企业管理局矿业公司联营、呼玛镇与鸡西市联营、县人民银行与北疆乡嘎拉河村联营、县物资局、交通局等非行业采金部门和冶金部采金船工程处、省地质三所、省武警黄金总队某部等单位来呼玛办矿采金。省内和湖南、广西、四川等省的部分金农亦转赴呼玛县进行集体采金。

1990年，全县采金48 068两，其中兴隆金矿20 021两、韩家园金矿10 965两、县地方17 082两（含县黄金公司9 724两、乡镇企业4 973两、非行业2 385两）。兴、韩两矿分别首次突破2万两、1万两关。

1991年，全县采金56 645两，其中兴隆金矿23 501两、韩家园金矿12 599两、县地方20 545两（首次突破2万两关），均创新中国成立后最高年产量。呼玛县成为全省、全国重点黄金生产基地之一。全县有机械采金船22只共2 500立升、露天采选场和机械采金溜槽30余处。其中，兴隆金矿采金船9只共1 250立升、机械采金溜槽8条和配套生产设备设施，韩家园金矿采金船8只共800立升和配套的生产设备设施，县黄金公司采金船5只共450立升、山金矿1座和露天采选场10处，乡镇企业和非行业机械采金溜槽近20处，全县黄金生产处于鼎盛时期。1992年，全县采金46 118两，其中兴隆金矿20 525两、韩家园金矿6 802两、县地方18 791两（含县黄金公司10 384两、乡镇企业2 335两、非行业6 072两）。县黄金公司创全省地方国营企业采金最好水平。是年，兴隆采金队采到一重达2 167克的特大金块。国家实行发展采金优惠政策，县地方获得相当数量的黄金价外补贴和外汇额度。1995年，全县采金27 680两，其中兴隆金矿7 360两、韩家园金矿4 384两、县地方15 936两（含县黄金公司3 264两、乡镇企业3 488两、非行业9 184两）。

1998年，国家实施经济社会可持续发展战略，保护生态环境，对省级自然保护区呼玛河流域实行沙金限采、禁采，加之黄金资源渐趋枯竭，使县内黄金生产逐渐衰退，产量逐年下减。中国黄金集团公司直属的黑龙江兴隆金矿和黑龙江韩家园金矿相继停产，经全国企业兼并破产和职工再就业工作领导小组批准，于21世纪初进入企业破产程序。

2001年，兴隆、韩家园等地有少量集体采金。2002年，国家放开黄金市场，黄金生产和黄金产品销售实行市场经济。2004年，国家实施沙金禁采，全县停止黄金生产。

1949年至2003年，全县累计生产黄金874 845两，其中呼玛县地方生产537 512两。

第二节　社会事业

一、文化体育

（一）文化阵地建设

1950年，呼玛县文化馆建立，负责有线广播、图书借阅，协助学校、机关和社会团体组织群众开展文化活动。1954年，设立呼玛收音站。1955年，建立电影放映队，由国家投资建设一个砖瓦结构1 567个座位的电影院，基本满足城镇居民看电影的需求。1956年成立呼玛新华书店，呼玛人民开始享受文明健康的文化生活。

1962年，建立电影管理站，管理电影院和3个放映队，放映队主要交通工具冬天是马爬犁、夏天是船，边远乡村仍然看不到电影。

"文化大革命"期间，文化事业受到冲击。1973年，图书室从文化馆分离，成立县图书馆。1974年开建设有1 182座位的呼玛县电影院，1976年竣工，成为这一时期文化活动的中心。

1977年，被禁锢十几年的电影恢复上映，当年放映500场，观众111 862人次。全县共有农村电影放映40个放映队，每个人民公社都有放映队，个别生产大队也有自己的放映队。1979年，放映电影5 696场，观众达1 140 000人次。

1975—1978年，全县城乡相继成立42个放映队，有放映员70余人。有固定放映点31处。1979年，行业放映队增至10个，其中农场放映队达7个。

1955年，县文化馆设广播定时转播新闻节目。1956年，成立呼玛县广播站，广播讯号通过电话线路延伸各乡，全县4 200户居民在家中能收听到省、中央的声音，有线广播覆盖呼玛县全境。至1978年，呼玛县形成以县站为中心，以公社小片广播网为主的有线广播网络。

1974年，由省广播事业局投资建立呼玛转播台和漠河转播台。1978年，呼玛转播台每日转19个小时省台节目。1979年，改为转播中央人民广播电台第二套节目，发射机进入乙级指标。1987年，达到甲级标准，覆盖半径50千米。1994年，无线转播台改为调频台。1997年9月，呼玛县有线广播与无线转播台合并为呼玛县调频转播台。

"文化大革命"结束后，书刊种类增多销售量提升。1979年，销售量达到300 000册，全县人均购书6册。为满足乡镇村屯读者需求，新华书店在13个人民公社的供销社、4个林场的商店及场矿等32个单位建立售书代销点，派出流动售书员为偏远村屯、工矿企业、知识青年点送书上门。

1950年，成立呼玛县文艺委员会领导全县文艺活动，结合当时工作和形势，组成文艺宣传队或文艺演出团体。1951年初，成立呼玛县金矿二分局专业宣传队，宣传抗美援朝、《婚姻法》，结合增产节约活动组织文艺演出。1956年后，全县成立7个农村俱乐部，20个业余文艺团体。1954年，成立业余管弦乐队、商业系统业余文艺宣传队、三合大队业余文艺宣传队；1972年，成立十八站公社文艺宣传队、县公路管理站文艺宣传队；1973年，成立椅子圈煤矿文艺宣传队。这些文艺宣传队活跃在不同战线和乡村，宣传国家法律和党的方针路线，丰富城乡人民文化生活。

戏曲演出在群众文化生活中占有重要位置。1947年，为配合解放战争和土改工作，金山乡、呼玛县演出《戳穿蒋介石的和谈阴谋》《打倒美国佬》《兄弟开荒》等活报剧。1950年以后，成业余剧团到各村屯巡演，演出话剧、歌剧、评剧。1959年，呼玛县代表团参加黑河地区首届文艺会演，创作的京剧《战洪水》获得三等奖。

1958年，10余名外地艺人来到呼玛，与当地艺人联手建起民办评剧团。1962年，县文教科从明水请来10名演员，经省文化局、县委批准，评剧团定编20人。评剧团演出《回杯记》《秦香莲》等30多个传统剧，也结合形势演出现代剧。后因林业建设下马人口急剧下降，剧团解散。

党的十一届三中全会以后，文化事业进入改革开放的新时代，电视机、录音机进入家庭，广播、图书发行、群众文化活动快速发展、日益活跃。

1981年12月28日，呼玛县电视台正式开播，有线广播受到影响，县站广播只覆盖呼玛镇和荣边乡。呼玛县电视台在哈尔滨设立1处节目录像点，全县电视人口覆盖面为40%。1985年后，建立电视卫星地面接收站，多数居民能收看到中央和地方2套电视节目。1992年，呼玛电视台更名为呼玛电视转播台。1998年，全县共建电视差转站和转播站19个，全县电视人口覆盖率达100%。

1993年，成立呼玛县广播电视局有线电视台。1995年，陆续建立基层有线电视台。至1997年，原基层电视转播站、差转站全部建成有线电视台。2010年，自播质量、科技含量不断提高，有线电视入户率在县城达到80%以上。

图书借阅工作稳中求进，开馆时间逐年延长，读者日渐增多，馆藏书籍种类、册数提升，全县建成53家书屋。至2005年，销售图书250 641册，销售额1 564 347元，实现利润18 539元，销售额、利润分别比1978年增长203.06%和397.58%。

1980年，电影管理站改为电影公司。1981年，全县农村放映点发展到29个。1982年起，由于电视对电影的冲击观众锐减。1984年，电影公司开始以文补文，利用电影院场地开办商店和电器修理部。1990年，县城乡电影放映大幅减少，县电影院成为以电影为主、以录像、台球、商业服务为辅的多功能娱乐中心，并为全县大型活动提供场地服务，接纳各类文艺演出。1994年，电影发行放映全面推向市场。2000年，恢复放映工作。2005年，重建3 010平方米电影院，开始送电影下乡工作。

1980年7月1日，举办历时5天的首届"呼玛之夏"音乐会，邀请地区及其他县区文化单位团体和优秀演员参加演出，并邀请省内外专家亲临指导，给群众带来文化盛宴，提升呼玛的文化品位。至1992年，共举办四届"呼玛之夏"音乐会。1998年，举办第一届"呼玛之夏"艺术节，此后两年举办一次。2002年，第三届"呼玛之夏"艺术节邀请俄罗斯阿穆尔州艺术团和省内著名艺术家进行专场演出。

随着经济发展各项文化活动十分活跃，现代舞、交谊舞、卡拉OK歌手大赛、钢琴、电子琴大赛各种比赛不断。

20世纪末，城欣公园、江畔公园、人民广场相继建成，为人民群众休闲、娱乐和文艺演出提供活动场所。

2000年，县委、县政府提出打造"突出地方特色、体现时代精神和呼玛人内涵"广场文化。2006年6月，全国人大常委会副委员长田纪云来呼玛视察，参加了"呼玛县全民健身周广场歌舞晚会"，并给予高度评价。人民广场、城欣公园、江畔公园成为呼玛人民娱乐健身场所。

2005年，建成正棋社区、园西社区、长虹社区，设有棋牌室、舞蹈室，为居民提供冬季文化活动场地。2008年，扩建三卡乡、白银纳乡文化站。2010年，韩家园、呼玛镇综合文化站开工建设，乡村文化阵地进一步强化。

2013年，呼玛县广播电视网络城网由光缆连接改为数字电视网络，有线电视覆盖率80%，农网全部租用县联通公司光缆，6个乡镇有5个站点，农网覆盖率达40%。2016年，城网有线电视覆盖率达100%，农网70%。有线电视网络的发展，满足人民群众日益增长的精神文化生活需求，增强边远山区信息接受能力。

呼玛电视台以《呼玛新闻》宣传为主，逐年推出各类专题节目，在地区电视台发稿量连年居首，省台、央视台时有呼玛节目播出。群众活动自发到有组织开展，更为丰富多彩，主题不断出新，综合性文化成果显著。每年都举办春节晚会，七一、八一、十一专场演出。2013年，呼玛县通过省级文化先进县考核验收，白银纳乡文化站获得"全省先进文化站"称号，各中小学校园艺术节、社区文化演出等各类文艺赛事层出不穷。"南有钱塘观潮，北有呼玛开江"主题黑龙江开江文化周系列活动，展示了鄂伦春民族文化风情，呼玛的物华天宝，加强了中国与俄罗斯文化交流。2016年，呼玛县文化馆承办大兴安岭地区"结对子、种文化"活动荣获先进集体称号，2018年，被命名地级文明单位"标兵称号"。

2013年，图书馆完成原有藏书的旧书建库和新书整理、编目上架工作。2017年，藏书量68 894册，图书年入藏量1 156种、报刊年购入量172种。全年开馆339天，每周开馆42.5小时，全面免费开放图书借阅室、期报刊阅览室、电子阅览室。至2017年底，累计办证2 615个，年接待读者34 208人次，年外借人次11 439，年外借册次34 317。

（二）体育健身

新中国成立以后，县内学校按国家要求开设体育课，从1952年始，体育成绩记入考试总成绩。1958年10月，在中小学贯彻《劳动卫生体育制度条例》。1959年末，全县有1 700余名学生参加各项达标活动，其中119人达到运动员标准。1963年以后，全县体育教学工作依据《全日制中小学工作条例》和《体育教学大纲》规定，以体育课、广播体操、眼保健操、课间活动、课外活动为体育教学核心内容。1966年，县文教科号召各校开展以冰上活动为重点的体育活动。1974年，成立业余体育学校，学员多为中小学生，以速滑、冰球和篮球教学为主。每年五一、六一期间，各学校均举办环城赛和运动会，组织学生参加县乡运动会和环城赛。

1949年7月24日，举办首届全县体育大会，设竞走、篮球、排球等比赛项目，共有百余名运动员参加，开始竞技体育运动。之后全县运动定期召开，运动会规模逐渐扩大，技术水平不断上升。2001年，第六届全县田径运动会有23支代表队700余名运动员参加比赛，10人次打破7项县田径运动会纪录。2004年，七届全县田径运动会，有53人次打破15项全县运动会纪录。

改革开放以来，各种体育赛事层出不穷，篮球、乒乓球、羽毛球、钓鱼、舞蹈各种比赛内涵丰富，"春节杯""人寿杯""环保杯""防火杯"等活动主题鲜明。仅业余体校每年组织各类体育赛事近10场次，群众体育健身活动蔚然成风，县城内广场、公园江畔、湖边都有人们健身运动的身影。13 000平方米的人民广场上有青年人现代舞队、有中老年人健身操队、有传统的秧歌队，健身运动已成为群众生活中不可或缺的内容。

1959年，在呼玛县第一小学院内修建400米环形跑道固定运动场1处。20世纪70年代初，在呼玛镇修建体育场1处。1987年，基本趋于完善，有办公室、主席台、仓库三位一体的房屋330平方米，四周有围墙，场内有1个水泥结标准的篮球场。

2003年投资54万元，2004年投资30万元，2005年投资301.50万元建设城乡文化体育设施。2011年，建设拥有篮球、排球、羽毛球、乒乓球场、健身房、舞蹈室等功能设施完备的体育馆，开创呼玛在漫长冬季

室内健身的先河。目前，城乡村屯都普遍设置体育锻炼和休闲健身器材。

（三）文化体育场所

1.文化馆。

呼玛县文化馆始建于1951年，原名呼玛县人民文化馆，1953年更名呼玛县文化馆，2002年在通江街南、正棋路西筹建新馆。该馆自建立以来共搜集、整理、改编、创作歌曲、话剧、绘画等

文学作品1 000余部，其中推荐到《黑龙江艺术》《大兴安岭文艺》，纳入《中国民歌集》等文艺媒体300余件，获得省级奖作品100余件。

新馆建筑面积1 500平方米，内设演播厅、排练室、木管室、键盘室，舞蹈室、声乐室，对外免费开放。开设有舞蹈、声乐、民乐、打击乐、铜管乐、键盘乐、绘画、书法、摄影、计算机应用等科目辅导班，对全县城乡文化骨干开展两次技能业务培训，开展文化演出、培训、画展等活动40余场次，至2018年累计培训文化骨干5 000余人次。该馆在2008年被评定为二级文化馆，后因场馆面积不足被评定为三级馆；2013年被推荐为"百馆千站"先进单位，2018年被评为地级文明单位标兵。

2.青少年宫。

呼玛县青少年活动中心（少年宫）坐落于呼玛县城中心，建成于2003年，建筑面积1 500平方米，是一所综合性的青少年学习、培训的校外教育场所。内设办公室、排练室、美术部、舞蹈部、综合部、青少部、活动联络部、管乐部、声乐部、打击乐部、音乐部、民乐部、录音室、演播厅等工作和活动场所。青少年宫与文化馆共用教师资源，现有教职工12人，在籍培训学员200人。开设音乐基础（乐理、试听、练耳）、西洋管乐、民族器乐、键盘乐、声乐、打击乐、舞蹈、美术、语言等辅导专业。

近年来，有40余名学员考入沈阳音乐学院、西安音乐学院、山东艺术学院、吉林艺术学院、南京师范大学、哈尔滨师范大学、黑龙江大学等省内外本科艺术院校;有98名学生四次赴北京参加"全国电视希望之星""星耀中华""蒲公英"等全国青少年器乐、声乐比赛，分获28金奖、31银奖、18铜奖，21人获集体舞金奖等佳绩;337人获省少儿"群星奖""蒲公英"等比赛的金、银、铜奖。青少年宫吸纳60名学生组建的青少年管乐队，承担县内大型活动的礼仪演奏任务，2002年荣获大兴安岭地区首届管乐进行大赛第一名，2008年获得大兴安岭地区管乐室内交响乐比赛金奖，多次获得大兴安岭地区管乐比赛一、二、三等奖。

3.图书馆。

呼玛县图书馆前身为县文化馆的一个图书室，1973年从文化馆分出建馆。最初馆舍面积240平方米，内设综合阅览室、书库、基藏库、办公室。藏书22大类，19 000余册。

2002年9月迁入新馆。馆舍面积1 000平方米。现有藏书78 387册，其中图书67 624册、期刊报纸10 578册、地方文献185册。馆内设少儿图书阅览区、电子资源阅览区、图书外借阅览区、期刊阅览区、读者休闲区、采编室、参考咨询室、综合阅览室、书库，免费提供外借、阅览、检索、咨询、复印等服务。

2016年，图书馆结合边疆万里数字文化长廊文化共享工程，运用互联网和移动通讯等现代信息融合技术，为全县的乡镇、村、社区、学校及客运站发放公共文化一体机，建设32个乡镇公共电子阅览室的基层服务点和数字文化驿站。一体机内存数字资源，轻点屏幕后即可查阅。用户还可以用手机与其无线连接下载功能，只要扫描一体机上屏幕上的三维码，下载安装客户端，就可以在500米范围内免费下载和观看。

4.体育馆。

呼玛县体育馆2011年10月15日正式竣工。总面积3 427平方米。内设篮球、排球、羽毛球场、乒乓球室、台球室、棋牌室及健身房，看台和座席容纳500人，外设建设广场、灯光球场等设施，可举办各类专业赛事，开展体育交流、培训、健身等活动。

5.博物馆。

呼玛博物馆位于呼玛县呼玛镇中心，始建于2014年，占地面积2 420平方米，建筑面积4 402平方米。共分历史陈列、发展史略、专题文化、自然地理、城市规划、临时展区六个展厅，有包括历史文物、艺术品、自然标本、民族文物等藏品2 000余件（套）。外形设计是以黑龙江流经呼玛县城江道的轨迹曲线为思路，变形演绎生态环保理念，最大限度保留原有的樟子松林和绿地，把原有的历史文物——革命烈士纪念碑作为整个设计的重要组成要素，以自然、历史、文化为主题，用以传承呼玛厚重的历史，展示呼玛地域的红色文化、采金文化、抗联文化、知青文化和鄂伦春民族文化。

呼玛县博物馆是一座以自然、历史、文化为主题的综合性博物馆，以实物史料展陈和模型、视频、影像、文本等为辅助表现方式，展示呼玛自然地理、人类活动、区域经济、社会文化发展，集史料研究、文物收藏、文化传承融的综合性博物馆。

6.地情馆。

呼玛地情馆位于呼玛镇新华路东侧，馆舍建筑由呼玛县知事公署改建而成，始建于1915年4月，竣工于1916年11月。该馆建筑是欧式风格中西合璧二层砖木结构建筑，从空中俯瞰，主体建筑呈"凹"字型。占地面积963平方米，建筑面积570平方米，是我国北方建设年代最早、保留最为完整的县级行政机构旧址，是大兴安岭地区唯一的百年建县历史见证的标志性建筑，作为北方黑龙江上游设置的最高县级行政机关所在长达四五十年。

民国初期至20世纪60年代间，在此建治的"中华民国"呼玛县知事公署、伪呼玛县政府、中华人民共和国呼玛县政府，曾经管辖包括漠河、塔河在内的我国最北部地区近七万平方公里疆域，现保留有完整独体建筑1幢及院落。

2004年，呼玛知事公署旧址被呼玛县人民政府确定为县级文物保护单位；2014年，被确定为省级文物保护单位。2016年，在保持呼玛县公署旧址原始风貌的基础上，合理修复历史遗存，以保护文物为前提，严格遵循"再现风貌，活化历史，重塑功能，科学布展"的原则，对楼体外观进行打磨恢复清水红砖的本色，将建筑元素延伸到围墙和院落中，改建成为呼玛地情馆。分为庭院陈展和内部功能陈展两部分，是进行爱国主义教育、传承历史文化、展现发展历程、了解研究地情的平台。

呼玛地情馆建设坚持以《呼玛县志》和真实的志书史料为基础，以呼玛历史发展进程为主线，以呼玛重大历史事件为节点，以呼玛主要文化现象和重要历史人物为重点，以呼玛特有的自然风貌和民俗风情背景，以呼玛地域文化特征为元素，综合运用文字、图表、地图，油画、水墨画，仿真硅胶人像与模拟场景，微雕、微景场景，多媒体影像等多种表现形式和现代科技手段，对史志做较为集中的展示，充分体现呼玛的自然地理、地域风情，传承呼玛的厚重历史和多元文化，对呼玛地情进行多维度的剖析，并图存史、资政、教化之功能。内部展览陈设分为序厅、史话溯源、政通人和、物华天宝、民俗风情、方志文献等6个展厅，按照馆藏档案和历史记载脉络，采用"纵述历史、横陈百科"的展陈方式，突出地方特色，解读地域风情，分别从自然、政治、经济、文化等多角度出发点，对呼玛地区的历史发展进程进行全景展示。

7.人民广场。

呼玛县人民广场坐落于呼玛县呼玛镇中心，占地面积13 000平方米，是集文体活动和休闲娱乐等功能为一体的公众活动场所。

2014年进行维修改造工程，安装14米长、8米宽的室外全彩LED屏，铺设地面地砖，更换照明设备。2015年安装移动式室外

850922093

5 of 314

演出舞台；2016年安装室外演出灯光设备。

二、教育工作

（一）新中国成立前的教育

呼玛县最早的办学记载始于1915年，在县城金山镇设国民初级小学1所，有学生23名（男18名，女5名）。1916年，县城迁至古站（今呼玛镇）设私立国民初级小学1所，适龄儿童20名，仅有男学生18名，后更名呼玛县立第一国民学校。2月，成立倭西门国民学校，金山镇国民初级小学更名呼玛县立第二国民学校。1917年2月，倭西门国民学校撤销。1928年，湖通镇成立初级小学。由于边疆战乱和经费问题，几所学校时办时停。1929年因水灾、苏军入侵、匪患，县内所有学校停办。

1930年，建牧养场初级小学。1931年兴办私立小学，整顿私塾，改良为代用小学，私塾教育宣告结束。1934年，日军入侵实行奴化教育。

1945年8月，呼玛光复后学校教育一度停止，10月，维持会组建学校董事会，部分学校复课。

1946年8月，呼玛县民主政府成立之后，县民教科主抓教育。

（二）新中国成立后的教育

1.基础教育。

1949年，实行新民主主义教育制度，广设学校免费招收学生，动员广大贫下中农子女入学。

1966年，"文化大革命"开始，全县学校相继停课，搞"大批判、大辩论"，正常的教学秩序被打乱。

1986年6月，撤销教育局成立县教育委员会（以下称教委），下辖电大工作站、教师进修校、幼儿园和包括9所"戴帽初中"（在小学办初中班）在内的11所中学、64所小学，指导企业办学3所中学、7所小学。

1999年，教育机构调整，县教师进修校、电大工作站机构合并，教研部分并入教委成立教研室。进修校、电大的干训和成人教育的职能转移，成立职教中心。

2000年，全县有1所高中、4所初中（包括2所九年一贯制学校）、57所小学（包括43个村屯教学点）和负责业务指导的5所企业办小学及1所幼儿园。

2005年，全县有1所高中、4所初中（包括2所九年一贯制学校）、52所教育部门和其他部门办小学（包括38个村屯教学点）、1所公办幼儿园和5所企业办小学。

2006年，鸥浦乡的三合村、怀柔村、正棋村、李花站村学校撤并到白银纳乡中心校；韩家园镇达拉罕村、十七站村学校撤并到韩家园镇中心校；北疆乡北疆村、马场村学校撤并到北疆乡中心校；三卡乡戈拉曼河村学校撤并到三卡乡中心校；三卡乡小学和初中合并成立九年一贯制学校。

2010年，有高中1所，职业技术学校1所，初中1所，乡级小学附设初中3所，9年一贯制学校（其他部门办学——韩家园林业局励志学校）1所，小学11所（其中，其他部门办学—韩家园林业局育真小学1所）；教育部门办幼儿园3所。白银纳乡中心校是独立设置的少数民族学校。

2011年，撤并兴隆办事处中心校和鸥浦乡怀柔村等25个村屯教学点。

2012年，学前教育县域内公办幼儿保育场所全覆盖，实现从学前三年到初中阶段免费义务教育，县普通高中免收本地户籍学生议价费。撤并呼玛镇河南村等15个村屯教学点，将6个乡镇中心校（荣边乡中心校、北疆乡中心校、兴华乡中心校、金山乡中心校、鸥浦乡中心校、椅子圈中心校）的小学4—6年级收归到呼玛县第二小学，政府每月每人补助200元，以寄宿制学校形式，整合教育资源，实现集中办学。调整后，有高级中学1所、职业技术学校1所、初级中学1所、九年一贯制4所（呼玛县三卡乡中心校、呼玛县韩家园镇中学、呼玛县白银纳鄂伦春民族乡中心校、其他部门办学—韩家园林业局励志学校）、小学11所（呼玛县第一小学、呼玛县第二小学、呼玛县第三小学、呼玛县呼玛镇中心小学、呼玛县金山乡中心校、呼玛县鸥浦乡中心小学、黑龙江省呼玛县兴华乡中心校、呼玛县兴隆镇中心学校、呼玛县北疆乡中心小学、呼玛县椅子圈小学、其他部门办学—韩家园林业局育真小学），下设小学教学点43所；全县有幼儿园3所（呼玛县第一幼儿园、北疆乡中心幼儿园、兴华乡中心幼儿园）。

2016年，合理调整义务教育学校布局，2月末撤销长期无生源的兴隆镇中心校及14所村屯教学点，变更6所规模不足百人的乡镇中心校（荣边乡中心校、北疆乡中心校、兴华乡中心校、金山乡中心校、鸥浦乡中心校、椅子圈中心校）为教学点。按照建立九年一贯制学校为中心的校园布局整合，将原有14所义务教育学校整合为3所九年一贯制学校（三卡乡中心校、白银纳乡中心校、韩家园镇中心校）、3所小学（呼玛县第一小学、呼玛县第二小学、呼玛县第三小学）和1所中学（呼玛县第一中学）；调整后下设教学点8所（呼玛县白银纳乡鸥浦小学、呼玛县韩家园镇兴华小学、呼玛县三卡乡老道店小学、呼玛县鸥浦乡三合村小学、呼玛县金山乡翻身屯小学、呼玛县三卡乡北疆小学、呼玛县北疆乡铁帽山小学、呼玛县韩家园镇椅子圈小学）。有其他部门办学——九年一贯制韩家园林业局励志学校1所、韩家园林业局育真小学1所；此外设有高级中学1所，中等职业教育学校1所，县乡公办幼儿园11所。

2019年，完成韩家园林业局教育职能移交呼玛县工作，对义务教育学校再次进行布局调整，保留呼玛县韩家园励志学校，将韩家园镇中心校初中部取消，并入励志学校；韩家园育真小学及附设幼儿园撤销，小学生转入励志学校就读，幼儿并入韩家园中心幼儿园。截至2019年末，呼玛县共有义务教育学校8所，其中：小学4所（呼玛县第一小学、呼玛县第二小学、呼玛县第三小学、韩家园镇中心小学），初级中学1所（呼玛县第一中学），九年一贯制学校3所（三卡乡中心校、白银纳乡中心校、韩家园镇励志学校），调整后下设教学点6所（呼玛二小荣边小学、呼玛二小金山小学、呼玛县白银纳乡鸥浦小学、呼玛县韩家园镇兴华小学、呼玛县三卡乡老道店小学、呼玛县三卡乡北疆小学、呼玛县北疆乡铁帽山小学、呼玛县韩家园镇椅子圈小学）。此外设有高级中学1所，中等职业教育学校1所，县乡公办幼儿园12所。

2020年末，撤销韩家园镇中心校，学生转入励志学校就读；将中等职业教育学校调整为高中附设素质职教班。调整后共有义务教育学校7所，其中小学3所（呼玛县第一小学、呼玛县第二小学、呼玛县第三小学），初级中学1所（呼玛县第一中学），九年一贯制学校3所（三卡乡中心校、白银纳乡中心校、韩家园镇励志学校），下设教学点4个（呼玛县三卡乡北疆小学、呼玛县韩家园镇兴华小学、呼玛二小金山小学、呼玛县白银纳乡鸥浦小学）。高级中学1所，县乡公办幼儿园10所。

2.学前教育。

1958年起，县政府机关、工业、商业等部门相继开办托儿所。1960年，全县有24处幼儿园，没有规定的学前教育内容。

1975年，成立县内第一个幼儿园呼玛幼儿园（1992年更名呼玛县第一幼儿园）。

1982年，三卡中心校办全县首个学前班，招收4—6岁学龄前儿童30名。

1985—1986年，呼玛县二小、一小、三小相继办起学前班。1987年，有13个学前班，入班人数466名，入班率45%。

1990年5月，镇内机关、企事业单位、群众团体、在职干部工人、个体工商户、离退休干部，在半个月时间内捐款55万元筹建县第二幼儿园。1990年7月20日在呼玛镇长虹路北端奠基，12月末建成县第二幼儿园。占地面积0.13公顷，建筑面积906平方米。3月开园，招生51名，开中、小班各1个。1992年，在园幼儿83名。是年，各乡中心校部办起学前班。

1996年3月，呼玛镇内成立第一个个体幼儿园圣蕾幼儿园。

1999年4月，第二幼儿园撤销，其部分人员和可动资产转入县第一幼儿园。

2003年5—8月，呼玛镇内先后成立圣蓓蕾幼稚园、启明星幼儿园、一休双语幼儿园等3个个体幼儿园。

2005年，全县有1个公立幼儿园，在园幼儿130名；4个私人幼儿园，在园幼儿242名。县一、二、三小和幼儿园及各乡镇中心校共有14个学前班，入班人数313人，入班率46%。

2010年5月，易址新建开工呼玛县第一幼儿园新园，由原址呼玛镇正棋路144号迁址到呼玛镇和平路西侧、龙江街北侧。2011年10月，县第一幼儿园新园正式投入使用，新园占地面积8 000多平方米，主楼建筑面积3 006平方米，内设多功能厅、舞蹈室、生态活动室、图书室、保健室、隔离室等多个功能室，及7个办公室，9个教学班，每个班配有活动室、寝室、盥洗室、卫生间，以及液晶电视、DVD、电子琴、录音机等教学设备。户外有塑胶场地、绿地、水池、沙池以及多种大型玩具和游乐设施；同年，利用中小学闲置校舍改扩建兴华乡、北疆乡、鸥浦乡幼儿园工程，实现了呼玛县幼儿园园所建设历史性的突破。

2012年，新建三卡乡幼儿园、白银纳乡幼儿园2所农村幼儿园，利用农村学校闲置校舍改建呼玛镇幼儿园、金山乡幼儿园2所农村幼儿园。

2012年，在全省率先实现县域内学前三年免费教育，只按收取教材费和伙食费。

2013年改扩建韩家园、煤矿幼儿园。

2016年，第一幼儿园标准食堂、餐厅投入使用，达到标准并顺利通过大兴安岭地区一级幼儿园验收。同年，新建察哈彦村幼儿园一所。

2017年4月，开工新建呼玛二小附属幼儿园。2018年4月，呼玛二小附属幼儿园开园，设大、中、小班各1个，招收呼玛镇内北侧适龄幼儿就近入园。同年，清理整顿无证民办园。

2019年，按照省示范园标准不断完善。为避免出现学前教育"小学化"倾向，制定《呼玛县幼儿园"小学化"专项治理工作实施方案》，以《3—6岁儿童学习与发展指南》为纲领，严禁幼儿园教授小学课程内容，坚持以游戏为基本活动。

2020年，取缔县城内5所办园条件经整改无法达标的民办幼儿园。

3.社区教育。

2013年，出台《呼玛县社区教育工作实施意见》按照常住人口人均每年不低于2元的标准落实社区教育专项经费。

2014年，进一步整合教育资源，深入开发富有地方特色的课程体系，扎实开展社区文化教育活动。开展全民终身学习周活动，组织志愿者发挥特长组成社区教育志愿者教师队伍，开设中老年书法、舞蹈、合唱、瑜伽等常规课程及急救、厨艺、传统教育等随机课程，评选学习之星、读书状元，组织全民终身学习活动周专场演出等文化活动。

4.教学条件改善。

2001年，新建2 300平方米的第三小学教学楼。

2003年，新建5 640平方米的第一中学教学楼、2 230平方米的第二小学教学楼、1 800平方米的白银纳乡中心校教学楼。

2004年，新建北疆乡北疆村、马场村学校，兴华乡新民村学校。

2005年，改造北疆乡铁帽山村学校，鸥浦乡中心校和煤矿中心校。改造了初中宿舍、食堂，高中教学楼。

2006年，新建三卡乡中心校2 296平方米的教学楼和金山乡中心校、韩家园中心校、三卡乡老道店村小学和金山乡翻身屯村小学1 664平方米的平房教室，维修兴华乡中心校、三卡乡星山村学校和呼玛镇河南村学校。

2007年，维修改造韩家园镇中心校、白银纳中心校宿舍、食堂和兴华乡新立村学校，维修改造第一中学教学楼。

2004—2006年，对全县的中小学校进行局部维修改造，新建校门、厕所、球场、围墙等，彻底消灭农村中小学D级危房。

十一五期间（2005—2010年），先后新建第一中学教学楼、第二小学教学楼、白银纳乡中心校教学楼、三卡乡中心校教学楼和职业技术学校教学楼和一中、高中、职校宿舍楼，新建幼儿园和韩家园镇中心校教学食宿综合楼；新建体育馆、金山乡中心校、韩家园中心校、三卡乡老道店村小学和金山乡翻身屯村小学平房教室。先后维修改造兴华乡中心校、三卡乡星山村学校和呼玛镇河南村学校，韩家园镇中心校、白银纳中心校宿舍、食堂和兴华乡新立村学校，第一中学教学楼、北疆乡中心校，新建供应师生用水的纯净水厂。

2007—2010年，对城乡学校的围墙、厕所、操场、房盖、门窗等进行了维修改造和新建，彻底消灭农村中小学D级危房，学校面貌焕然一新。为各校购置电脑、图书，装备音体美舞蹈室，配置理化生实验室、多媒体教室、微机室、高中通用教室、电子备课室、语音室、及数码摄像机、照相机、打印复印一体机等，多媒体教室实现小高年组全覆盖。

2009—2011年，先后新建职业技术学校教学楼、一中宿舍楼、韩家园镇中心校食宿楼，维修改造三卡乡、呼玛镇中心校的平房教室。启动白银纳乡中心校食宿楼、特殊教育学校教学楼。维修改造兴华乡、鸥浦乡中心校校舍，彻底消灭C、D级危房。启动县第一幼儿园的新建和改扩建兴华乡、北疆乡、鸥浦乡幼儿园等四项工程。为职业技术学校配备了微机室、语音室、图书室、多媒体教室等教学设备。筹建兴华乡、北疆乡、金山乡、鸥浦乡各140平方米教师周转房。

2010—2011年，为一、二、三小，三卡、白银纳、韩家园镇中心校新上6套语音室，为一、二、三小新上微机室。为一、二、三小、一中、三卡乡中心校新上音体美舞蹈室、多媒体教室，为白银纳乡、韩家园镇中心校新上理化生科学实验室、农远工程班班通、学生床、餐桌椅和厨房设备，新建具有10间活动室的县综合实践活动中心。为县乡幼儿园采购设施设备、为各校连通10兆光纤。

2011年，先后新建职业技术学校教学楼、一中宿舍楼、韩家园镇中心校食宿楼，维修改造三卡乡、呼玛镇中心校的平房教室，彻底消灭了C、D级危房，圆满完成校安工程三年规划确定的项目建设。启动县第一幼儿园的新建和利用中小学闲置校舍，改扩建兴华乡、北疆乡、鸥浦乡幼儿园工程。

2012年，在县第一中学新建大兴安岭地区第一条300米环形塑胶跑道。续建特殊教育学校教学楼、新建三卡乡中心校食宿楼、幼儿园、白银纳乡幼儿园；新建4个乡镇教师周转房和7个学校警务室、职校围墙和三小厕所，维修改造一中南北教学楼、高中教学楼和球场、地面，利用中小学闲置校舍改建呼玛镇、金山乡幼儿园。为全县所有学校采购安装监控设施，为高中采购电教室、微机，为一中采购电教室，为县内三所小学采购多媒体、图书，为韩家园镇中心校和白银纳乡中心校采购音体美设施，为三卡乡、白银纳乡、金山乡、鸥浦乡、呼玛镇幼儿园采购全套设备，为全县各校保安配置警用工具等，资金额度达到200万元以上。

2013年，新建一中食堂综合楼，改造一中操场、球场，维修一小、三小、一中、高中教学楼，改扩建韩家园、煤矿幼儿园等，为县、乡学校采购增添电教室、多媒体、图书，充实音乐、舞蹈、版画活动等艺术教育设备。投资560万元新建2所农村幼儿园，利用农村学校闲置校舍改扩建2所农村幼儿园，投资90万元购买玩教具等幼儿教育设备，建有多功能活动室、舞蹈室、音乐室。

2014年，完成第一中学食堂综合楼建设和塑胶跑道配套工程，新建呼玛一小水冲式厕所，完成三卡中心校附属工程，为镇内五所学校建室外消防水鹤，在警务室完成配备标准基础上，将为各校配备专职保安，全县中小学校及幼儿园更换灭火器和监控设备。推进数字化高效课堂应用，为学校配备"班班通"设施设备，为骨干教师配备笔记本电脑，为专任教师备齐台式电脑。

2015年，改造升级高中操场，维修三卡校园、一小教学楼和操场，启动一中食堂综合楼附属工程，新建幼儿园500平方米食堂，进行第三小学教学楼东侧700平方米音体美教室扩建工程，新建3所乡镇中心校消防泵房建设。

2016年，升级改造县内3所小学和3所九年一贯制学校的校园，新建二小食宿综合楼，启动初高中及镇内两所小学旱厕改造，改造察哈彦村幼儿园。对7所义务教育学校进行维修改造、校园文化建设和各类教学功能室建设，补齐更新教育教学设备。完工县幼儿园500平方米标准化食堂和三小700平方米教学楼扩建工程投入使用。

2017年，成4所学校旱厕改造工程和5所学校的操场建设、第一幼儿园场地排水管网建设。三小和一中北侧水冲厕所、二小食宿楼投入使用；建设"高中数字化教育教学管理平台"，为各学校配备饮水温热机和图书。

2018年，为第一小学等6所义务教育学校建设塑胶跑道和人工草坪，完成薄弱学校改造和设备采购，县内各类学校全部实现楼房化，标准田径场、篮排球场，各类实验室、功能室配套齐全。

2019年，完成三卡艺体楼、第一幼儿园、二小幼儿园、二小弱电改造、职高维修改造、三小衣帽间改造及三小人工草坪建设，为各校（园）采购体育器材、消防器材和校车。

2020年，建设高中塑胶跑道和人工草坪，维修7所义务教育学校及高中校舍、功能室，建设高中职业生涯规划教室、设法制教室；建设金山研学旅行营地，改造幼儿园场地。县域内各级各类学校（幼儿园）功能室配套齐全，完成标准化建设。

5.教育信息化建设

2003年，信息化设施设备进入校园，一中新上京鸿疆远程教育网。2004年，新上理化生实验室各两套。

2006年，一中新上语音室，一、二、三小新上多媒体教室，一小开通育龙网"校校通"教学管理平台和资源库，10所乡镇中心校和36所村屯教学点开通农远工程设施。2007年，开通韩家园镇中心校、白银纳中心校等四所乡镇中心校农远工程模式三。

"十一五"期间，中小学开通育龙网教学管理平台和资源库，信息化设施设备进入校园，为县直5所学校接通光纤。三卡乡、白银纳乡开通农远工程班班通，10所乡镇中心校和36所村屯教学点新上农远工程设施。韩家园镇中心校、白银纳中心校等四所乡镇中心校上农远工程模式三设备。

2011年，深入实施"全省农村义务教育薄弱学校改造"计划项目，实现10兆光纤进校园。

2013年，30套"全省农村义务教育薄弱学校改造计划"多媒体远程教学设备正式落户乡村校园，远程教育网络城乡全覆盖。

2014—2015年，建设104套多媒体教室，全县多媒体班级普及率的100%，及时更新换代老旧设备，所有班级都建成多媒体教室，构建了网络条件下基本的教学环境，"优质资源班班通"基本实现。

2014—2016年，在"改薄"项目建设中，宽带网络接入率达到100%，实现"宽带网络校校通"，呼玛镇内各学校及三卡乡、白银纳乡、韩家园镇三所中心校及包含的教学点校均实现网络百兆光纤接入。

2016—2017年，全面贯彻落实国家"三通两平台"建设要求，各校均安装电子白板、录播室、同步课堂设备。

2018年，建设全县互动同步课堂，包括同步课堂互动平台、同步课堂主讲教室及6间同步课堂听课录课教室，推进信息技术与学科课程深度融合。大力推进"网络学习空间人人通"，全县中小学开通空间1 237个，探索全县"同步课堂"发挥优秀教师资源的示范引领作用。为呼玛高中购买数字化教育教学管理平台、外语听读软件、试卷高速扫描仪、试卷条码打印机。其中，数字化教育教学管理平台包括信息化教育平台、生涯发展指导平台、考试成绩管理与分析系统、教育办公管理系统、教学辅助工具模块，为高考改革奠定软件基础。

6.扶困助学。

2008—2010年，接收返乡的上海知青，和兴安矿业公司、荟华公司、虹京矿业公司等单位和社会各界爱心人士助学赞助款420万元。呼玛高中建立"奖优济困励勇"基金会，鑫玛热电厂和社会爱心人士沙萍女士一次性注资7.5万元，救助品学兼优的贫困家庭高中生。曾经在呼玛插队的上海知青中，张惠中捐资50余万元帮助贫困学生，王之岳建立金蕾基金会，每年都拿出3万元资助贫困大学生。鑫玛热电厂已连续两年拿出10万元，资助高考前10名的学生和贫困学生。

全面落实农村学生"两免一补"（免教科书费和学杂费，困难家庭寄宿生补助），免费教科书12 936人次，补助寄宿生2 016人次。2007—2009年，共为208人次高中贫困生发放每人每年1 000元的助学金，为291人次职高学生发放每人每年1 500元的助学金，对考入重点院校低保家庭学生，给予5 000元一次性补助。发放中职学生助学金、高中贫困生助学金。按照小学生每年1 000元、初中生每年1 250元标准，为农村义务教育阶段家庭经济困难寄宿生发放生活补助。在实现县内幼儿学前教育免除"保教费"基础上，免除贫困家庭入园子女就餐费用。从2013年开始，为撤并到二小集中上学的7个乡镇4至6年级学生，年度内每人每月补助300元，并报销两次探亲往返路费。

2018年出台相关文件，对贫困学生进行精准资助，及时足额拨付国家、省、地各级各类资助项目和本县分担资金，结余资金上缴财政。

三、科技事业

（一）领导机构

1959年7月，呼玛县成立科学技术委员会，1970年，改称科技科。1973年7月，恢复科学技术委员会（以下简称"科委"），负责科技情报交流。

1987年12月14日，县科委列入政府序列。1990年7月，"科技兴县"领导小组办公室挂靠县科委。1995年9月，科协依托科委开展工作。

2001年10月22日，县科委改称为呼玛县科学技术与信息产业局（以下简称"科技信息局"），为县政府组成部门，直至2005年。

（二）科研机构

农业科学研究所。1959年，成立呼玛县第一个农业科学试验机构——呼玛县农业试验站，业务受黑河地区农科所领导。1960年秋，改名"呼玛县农业科学研究所"。1962年改称"呼玛县良种场"，为繁育作物新品种的基地，直到2005年。

农具研究所。1960年春，成立县农具研究所，"文化大革命"开始后解散，1972年春重新组建，1984年撤销。

农业科学试验所。1973年，筹建县农业科学试验所，1974年春，边生产边建设，当年建成。1984年撤销。

农业技术推广中心。1984年县农业科学试验所与县农业技术推广站及呼玛镇、荣边乡的2个农业技术推广站合并为县农业技术推广中心。1990年，下设推广示范站、植保站、土肥站和科研所等4个单位。2000年，下设推广示范站、植保站、土肥站、科研所、植物医院、办公室等6个单位。2002年县种子公司划归农业技术推广中心管理，直至2005年。

农业机械技术推广中心。1984年，县农具研究所与县农机技术服务中心合并为农业机械技术推广中心。1987年，与县农机管理局和经营站、修造站合并成为"呼玛县农业机械技术推广服务中心"。1987年，编制27人，2005年，编制4人，领导指数1人。

北药山野产品综合开发办公室。1994年3月成立，1997年撤销。2003年9月，"绿野山产品开发有限责任公司"民营科技企业正式挂牌成立。

（三）科研队伍

"民国"时期，呼玛县知事孙线绳武联络上海商贾资本家李云书、周子澄、沈子阳等三家为大股东，在呼玛投资兴办呼玛三大垦牧股份有限公司，并从美国万国农具公司订购火犁、拖拉机及五铧犁、轮切耙、播种机等配套农机具，由上海派来机师10余人，为呼玛最早的科技人员，公司一直维系到呼玛解放。

新中国成立后，每年都分配来一些大中专毕业生。科技队伍不断发展壮大，至1977年，全县有科技人员228名，其中本科31名、大专25名、中专172名，以后逐年增加。

（四）科学研究

1.科研项目。

1953年，县正棋发电厂制粉车间厂长郝晏贤成功试制空气吸麦机，每日1班可节省2名工人的劳动，每年可节约人民币1 782元，大大减轻工人劳动强度。此后该厂陆续研制成功无齿锯等10多种先进工具。1956年7月，呼玛食品加工厂用燕麦做原料成功试制味精。1959年1月，县工业局局长郝晏贤设计并同几名工人试制组装水管式锅炉取得成功。同年，县农业技术员在漠河北纬53度高寒地区试验种植水稻成功。

到1978年，全县开展上级下达的和自选的科技研究推广项目100多项。召开全县科学大会奖励91项科技成果。其中，种植业8项，为大豆优良品种自优2号、塑料薄膜大棚生产蔬菜、水稻无土育秧、日光温室生产蔬菜、化肥推广使用、2.4D酊酯药剂灭草、推广使用颗粒肥、高温选肥；养殖业1项为应用亚硒酸钠防治仔猪白痢病；气象行业1项为低温冷害预报方法；农业机械行业35项，为改革机械五铧犁、红星2.4活结耙、25毫米钻床和压力机、机引3.D收割机、谷物联合收割机、播种机、试制成功机械水平圆盘苗间除草机、C422型磁电机改装离合器、制造成功机械土铣床、包纱绕线机、修理生产线专用设备、百吨液压机、五吨吊车、零配件生产专用设备、拖拉机前梁大小轴套拉油线工具、修旧生产线专用设备、车床镗缸专用工具、60吨冲床、液压剪床、铣床大导程高分座改革、化学粘接、电解磨削、热处理、铸铁冷焊、振动推焊、发动机冷磨工具、车架铆接工具、龙门吊车、气门磨床、打砂机、活动桥式小吊车、装配成功机械机引喷雾器、大豆多刀低割装置、大豆苗间除草机、五铧犁自动起落深松铲；工业系统13项，为改革机械木片风力输送旋风分离器、东宁式冲天化铁炉、电焊点焊两用机、封底机、手携式电焊机、制作机械装岩机、电缆内伤探测仪、固定水泵自动控制装置、木线槽机、吸尘器、镐把机、刷色机、冲眼机、挂蜡机；交通运输系统11项，为试制成功的汽车2级保养机械化、无声铆、缸体焊接、制作成功的压氧气泵、半车新制、差建器搪具、变速箱拆装吊车、土法制氧机、单臂吊车、电热气压补胎机、割弓子砂轮机；粮食系统6项，为制作成功的电子自动付油器、电子自动付粮器、粮食输送、刷桶机、抖袋机、电机自动保护；电业系统5项，为试制成功主油泵传动齿轮、制作成功自动水位调节器、电震荡给煤机、煤系统改造、扒斗出灰机（后改制成斜轮除灰机）；林业系统3项，为天然母树林管理、物候观测与种子预测预报、种子产量与气象因子的关系研究；商业系统4项，为制作成功擦馅机、饼干生产联动线、磨缸机、新型冰糕机；卫生系统2项，为试用导血疗法、生产中西药制剂；广播系统1项是仿制成功分离式电子数据控制钟。

土地电预测地震研究工作也积累了一定数据，人工培育黑木耳得到推广，县农业技术推广中心研究项目"大豆自优2号选育应用及推广"获地区科技大会奖。

1980年，开展农业科技示范推广项目。

1989年，编制了1990—1996年行业星火项目、行业科技推广项目及1992—1996年行业重点科技项目规划表，共编制17个项目，行业星火项目有：北疆肉用牛基地综合开发与研究、测土配方施肥技术应用与开发、利用发电厂余热温排水养鱼技术引进与应用、冻窖密封蔬菜保鲜技术应用与试验、发电厂余热万米温室开发与利用研究、加格达河垦区十万亩易涝低产田综合治理与改造、新型建筑人工合成大理石生产板型材、北京五星啤酒生产工艺引进与应用、皮革工艺改造与总体开发研究、笃斯系列产品开发与利用、高岭土开发与利用研究、细木工板生产工艺引进与应用、地板块生产技术引进与应用、木珠座靠垫生产技术引进与应用、挤压菜板生产技术引进与应用、组合式衣挂（日本式）工艺引进与应用；行业科技推广项目有：草场改良、制鞋工艺改造；重点科技项目是裸燕麦治疗脑血脂临床应用与研究。

是年，县科委和省电工学院参加中国人民解放军国防科委在呼玛县北疆乡北疆村进行的为南极考察队研制的风力发电机耐候试验项目。

1991年9月，组织果酒厂、白酒厂、酱菜厂参加"郑州全国技术成果交流交易会"展出6项成果，其中呼玛老醋、呼玛豆瓣酱、龙江白酒、笃斯果酒等4项新产品被评为优秀产品奖。

1992年7月，参加"92黑龙江省全国科技成果交流交易会"，展出乡镇企业中型水泥厂、沸石矿招标、黄金公司的砂石矿长年冻土大砾石开采招标、二轻的六面画、学生尺、象棋、林产的牙签、地板块、农机的石墨轴承、商业的呼玛老醋、呼玛豆瓣酱、笃斯果酒13项新产品。

到1994年，共开展7项农业科技示范推广项目，分别是小麦氮肥试验、大豆钼酸铵拌种试验、科学管理大棚柿子创高产、大棚柿子丰产栽培技术、小麦氮磷混施比单施氮肥增产试验、大豆施肥创高产、高寒地区果树春接方法试验等。

1997年，三卡乡试验高寒地区种植水稻，亩产达430千克，创高纬度种植水稻产量全国纪录。

1978—2000年，开展自选或上级下达的科学技术研究、推广、调研项目110项，获奖26项，其中，县级奖3项，地级奖16项，省级奖4项，国家级奖3项。

2001年，加大北药开发的研究力度，北药种植面积2 305亩，主要品种是乌拉尔甘草和高山红景天；对野生五味子资源情况进行实地考察，申请专项资金50万元，与哈慈集团总裁郭立文达成协议，共同开发呼玛县野生五味子资源。

2002年，中草药种植面积137公顷，主要品种为乌拉尔草、高山红景天、黄芪等。申报五味子省级保护项目，保护面积333公顷。在距县城45千米的9号沟建野生五味子保护站1处，安装太阳能发电设施，野生五味子育苗成功，人工抚育面积0.7公顷。开始实施"优良品种马铃薯兴佳一号的推广"科技项目。购进兴佳一号马铃薯10吨，选择农户和地块推广繁育，每亩产量2 000千克；淀粉含量20%，抗晚病能力强，经济效益明显。2003年，重点抓人工栽培及人工抚育扦插工作，栽种五味子苗5 000株，人工抚育及扦插0.7公顷。北药人工种植示范基地种植中草药8种。申报新选科研项目野生毛尖蘑原生地人工栽培试验示范基地、优质牧草的引进与推广、马铃薯最佳施肥效果试验、冷水养鱼、牧草机械引进与推广、饲草青贮的调研6项课题。2004年，申报7项科研项目，北药种植试验示范园区、野生黑木耳粉胶囊、食用菌科技示范、绒山羊越冬饲料青贮调研4项被批准。全县栽种五味子苗6万株，种植甘草100公顷，保苗率达80%以上。2005年，从北京引进乌拉尔甘草种子2 000千克试种。

2010年，全县建设中药材示范基地4个，实施"百芍种苗繁育及人工种植技术研究与示范""金莲花新品种选育及示范"2个地级科技计划项目，顺利通过验收。科技面向县域经济发展，组织实施"白芍种苗繁育规模化养殖技术与示范""黄芪栽培技术研究及示范""寒葱人工栽培技术研究与示范"等县本级科技计划项目并通过验收。

2016年，中药材种植面积557.03公顷，其中水飞蓟223.69公顷，其他药材333.34公顷负责重点繁育赤芍、金莲花、白鲜皮、返魂草、水飞蓟5个品种种苗。呼玛县被国家中医药管理局命名为"国家级稀缺中药材种苗繁育基地"，与省农大、省农科院园艺分院、省林科院、大兴安岭农业林业科学研究院对接，成为产学研共建单位，为县域农林产业发展提供科技支撑。

当年，完成全县范围"三网一员"（地震宏观测报网、地震灾情网、地震知识宣传网、防震减灾助理员）建设，修改《呼玛县破坏性地震应急预案》，开展了建筑物性能普查工作，发放防震知识常识挂图1 000份。

1978—2004年呼玛县主要科技成果表

成果名称	研究人员姓名	任务来源	起止年份	鉴定日期	成果水平	受奖等级	简要技术内容	应用推广情况与经济效益
低温冷害预报方法与研究	气象站 杨克发	自选课题	1974—1978		省内先进			
应用碘酊治疗牛羊碘缺乏症	县畜牧科 汤建国	自选课题	1980—1982	《中国兽医杂志》发表	国内先进	1982年地级优秀科技三等奖	临床治200例观察治愈率89.6%	12个乡镇96个村屯特别是兴华、北疆重病区已普遍使用
保护地栽培技术引进与推广	县科委、县农业技术推广站、呼玛煤矿、五七农场	地区科委下达	1974—1978	1981年5月26日	省内先进	县科学大会奖	农膜扣大棚栽培黄瓜、西红柿、青椒等蔬菜,地膜覆盖栽培茄子、西红柿等果菜类	全县已推广7万平方米,黄瓜、西红柿单株产量2.5~3千克,平方米经济效益8—10元,复种率60%以上
小麦化肥深施应用与推广	县农业技术推广站	自选课题	1970—1983	1985年8月15日	省内先进	1984年省农业厅三等奖	先施肥后播种肥深8~10厘米,种深3厘米	年推广面积9333.33公顷以上,占小麦播种面积53.6%,增收270万元
大豆缩垄增行密植增产的探讨	县农业技术推广中心 周重芳 武长赋	自选课题	1978—1984	1985年8月15日	地区先进	1985年地级三等奖	行距45厘米垄作同60厘米垄作一样管理65万~80万株/公顷	45厘米比60厘米每亩增产10.5千克同时有利于灭草
卫片解译在农业生产上应用	县水利局 李云鹏	地区科委下达	1982—1985		省内先进		放大合成,分类解译,判断按照预定的解译标志,勾绘图班,形成初判,解译成果图、实地外业抽核	对呼玛农业区划编制扶贫规划与资源开发、利用等起到一定作用

续表

成果名称	研究人员姓名	任务来源	起止年份	鉴定日期	成果水平	受奖等级	简要技术内容	应用推广情况与经济效益
小麦万亩丰产综合栽培技术的研究	县科委张绍卿王世春	地区科委下达	1982—1984	1985年8月10日	地区先进	1985年全区科技进步二等奖	采用441品种，亩施肥20千克氢磷比1：1.5公顷，保苗株数650万~700万三叶期2.4滴田间灭草和压青苗	3年来，试验总面积1700.53公顷，总共获得纯经济效益31.3万元。创造亩均产158.9千克比前3年全县小麦平均每公顷增产71.64千克
麦豆双万亩丰产综合栽培技术	县科委王世春		1982—1984			地区科技成果二等奖		
大豆施肥试验与示范	县农业技术推广中心陈惠民	自选课题	1981—1984	1986年3月15日	地区先进	行署农业局好评	化肥与底肥氮磷比1：2.5深施12厘米，种肥分下，35万~40万株/公顷	5年来，试验证明，可运用于大田生产中去
小麦秋施肥试验及研究	县农业技术推广中心周重芳		1983—1984			省科技成果四等奖		
应用2.4D丁酯麦田除草	县农业技术推广中心吴树山等	自选项目	1971—1983	1985年8月10日	地区先进	1985年冬获地区农牧局优秀科技成果奖	由试验示范到推广，选择无风晴天小麦三叶期采用机引喷雾器喷撒，药量1.5~2千克/亩	推广应用2533.33公顷/年，占全县小麦播种面积48.5%灭草效果80%~90%，亩成本1.4元，增产15%~20%折合人民币82.8万元
寒地盆栽葡萄试验及推广	县农业技术推广中心姜诚	县科委下达	1983—1986	1986年3月15日	地区先进	1988年地级四等科技成果奖	配制营养土整枝修剪，施肥灌水与越冬管理等4个环节	现已发展为800株并有80株结果。单株产最高7~8千克，一般4~5千克，最少3~4千克

续表

成果名称	研究人员姓名	任务来源	起止年份	鉴定日期	成果水平	受奖等级	简要技术内容	应用推广情况与经济效益
寒地大豆综合丰产栽培模式	县农业技术推广中心 彭泽润 周重芳 杨贵	自选课题	1985—1986	1986年3月15日	一般		垄作,采取盖、耪、喷、松、趟中耕管理办法同时亩施肥量10—15千克	推广面积700公顷增收率在10万—15万元
大棚西红柿延后试验	县农业技术推广中心 穆鸿启	县科委下达	1985—1986	1986年3月15日	地区先进	获得县级领导及业务主管部门好评	农家肥万斤/亩,全生育期灌水10次采取药剂防治病害,后期加强防寒措施	2年来试验过程中均达到推迟10月上旬枯秧单株产量2.5~3千克,已被农户移植运用
加格达河垦区四区轮作研究	县农业技术推广中心 彭泽润	地科委下达	1983—1986		一般		采取麦—麦休—豆进行轮作制研究	通过4年来试验,麦豆单产比原来采用麦—麦—休产量明显提高
野燕麦的生活习性与综合防治措施的研究	县农业技术推广中心 杨贵	地科委下达	1983—1985	1985年8月20日	一般	1984年评为地县两优论文	轮作、药物、机械和种子处理等综合防除措施	在解决全县万亩燕麦造成草荒地而减产,或无法种植问题上,起到了应有的作用
大豆氟乐灵灭草试验	县农业技术推广中心 王敏 毛运儒 杜福安	自选项目	1982—1984	1985年8月20日	一般		主要是采取土壤处理,随喷随耙,耙深5~7厘米,亩用量0.2千克,药液浓度以400~600倍为最佳	推广面积333.33公顷,杀草效果85%~90%
马外伤性皮下水肿治疗的体会	县兽医院 尚国义	自选课题	1983—1986	地畜牧兽医学会84年会认定	国内先进	发表于《中国兽医杂志》1986年第2期	诊断、限制运动、住院施治静息,控制皮下全肿蔓延。同时注意恶性水肿鉴别	据20多年临床经验,治愈率100%

续表

成果名称	研究人员姓名	任务来源	起止年份	鉴定日期	成果水平	受奖等级	简要技术内容	应用推广情况与经济效益
288鸡新品种引进与推广	县畜牧局周合义 李树胜 刘德荣	自选课题	1982—1983	1985年10月	一般	1985年地区科技进步四等奖	属鸡蛋，产蛋量比当地鸡明显提高	目前已成为呼玛县当家品种。存栏量在2.8万只左右。解决鲜蛋自给有余
苏白、哈白、长白猪引种及推广	县畜牧局、畜牧站、畜禽良种繁育指导站	省畜牧厅下达	1978—1979	1985年10月	一般	省地先进	采取成批引进，建立集体养猪场以纯繁形式达到良种优化要求	全县三白猪饲养量占95%以上
呼玛县30年旱涝变化及其与农业关系的分析	县气象站姚永勤 邢振友	自选课题	1983—1984	1985年8月20日	一般	1985年地级科技进步三等奖	对30年旱涝率、降水量与旱涝关系、蒸发量与旱涝关系、旱季和涝季相互关系进行科学分析	揭示旱涝及气候特点，为指导农业生产，安排种植计划提出科学依据
牛冻配	县畜牧局良种繁育指导站 杨胜利 张建忠	自选课题	1985—1986	地区业务部门予以肯定	一般		采用西门达尔牛冻精进行人工配种办法，控制冷冻程度，掌握好牛的发情期限	55头母牛，受胎34头。受胎率61.8%
黄牛改良	县畜牧局畜牧站	省畜牧厅下达	1978—1979			省地先进	受地业务部门好评	中国黑白花当地黄牛育成改良黄牛（黑白花）	改良率达75%以上
汽轮机2号机组发电机空气冷却	县椅子圈发电厂梁化民 傅民等	省电业局科委下达	1983—1984		一般		在汽轮机下部设置冷却设备，对转子、正子线圈防除灰尘，通风良好，达到冷却的作用	安装4年多，反映一直很好，达到了原设计要求

续表

成果名称	研究人员姓名	任务来源	起止年份	鉴定日期	成果水平	受奖等级	简要技术内容	应用推广情况与经济效益
造纸厂纸装板工艺引进及应用	省造纸厂与呼玛造纸厂合作完成	省造纸公司项目	1986年5—10月		一般		在原造纸工艺不改变的情况下，改制纸板为装板粗加工生产工艺中不加松香、硫酚和纯碱	提高生产能力。变多年亏损为纯盈5万多元资金
制酒新工艺引进	县酒厂	省工业厅项目	1986年1—10月		一般		采取糖化酶菌种直接投入，加人工培制酵母进入酿造。控制温水湿度即可发酵酿酒	提高出品率13.5%，同时又节省人力、厂房，降低成本
汽轮机运行胶球清洗	县椅子圈发电厂傅民梁化民	省电业局项目	1983—1985		一般		对凝结系统内部冷却钢管，由于长期使用结垢，通过采用胶球运行达到除垢作用	运行效果良好。增加了汽轮机使用寿命和简便了清洗的环节
椅子圈煤矿再生泥岩顶板下作业试验	县椅子圈煤矿刘照昌伊文录	自选项目	1985—1986		一般		湿度在20%~30%，地压12-25T/㎡	推广采煤6 000平方米，掘进90米
大兴安岭落叶松用于屋面承重结构的研究	哈尔滨建工学院范教授同呼玛建委孔令琦合作	国家建委课题	1974—1977		国内首创	突破国家建筑使用大兴安岭落叶松不能超过9米规范	材质以白质落叶松，加覆盖物，进行自然干燥处理，施工使用时切掉头尾，串孔固定	呼玛已于1976年和1980年先后竣工2栋均为200平方米，其跨度都超过9米规范要求。观察均效果很好
龙江-1型机械采金溜槽改造	县黄金公司白福林陈玉森等	地科委下达	1986年4—7月	1986年9月23日	地区先进	1988年地级成果三等奖	供水喷头两侧溜板，溜格付溜体内。以及原溜格两侧等6个部位进行改造	改造后提高黄金回收率9.1%，计划1988年推广8台

续表

成果名称	研究人员姓名	任务来源	起止年份	鉴定日期	成果水平	受奖等级	简要技术内容	应用推广情况与经济效益
冰坝预报	县水文勘测队高秀生高世元	自选项目	1985—1986		省内先进	省水利厅授予预报战胜冰凌奖	气候、水位以及冰厚、春季降雪等情况。会同有关部门进行综合分析	统报率100%
洪水预报	县水文勘测队张国辉张万才等	自选课题	1984—1985		省内先进	受县政府防洪预报集体记功1次	采取资料分析规律推算，降雨、天气形势、气候变化等综合分析	准确率100%
农机田间作业标准化	县农业局农机局高德林王铁汉等	省农机厅推广项目	1982—1983	1983年11月			《黑龙江省农机田间作业技术标准》	荣边乡小麦320标垧亩，175千克/亩，净增效益2.97万元
采金船筛板热处理研究	县筛板厂苏再新苏再民邵文娣	自选项目	1984—1985	1985年8月10日	省内先进	1985年全部科研成果获奖大会表扬	硬度在HRU≤15°,耐磨性高，由原设计<10万平方米，提55万平方米。型变在弦高±20	销售4省14个金矿
呼玛老醋工艺改造	县科委张绍卿王世春农机学校徐滨江县商业局孙永富等	地科委下达	1984—1987年6月	1987年11月14日	省内首创	1988年3月地级科研成果一等奖	多菌种，液固结合，机械制醋生产线	产品质量、出品率、经济效益均超过原传统老法制醋水平。改革后的呼玛老醋达到或某些方面超过部颁标准
呼玛县重点产粮乡村土壤养分普查与应用	县农业技术推广中心邢振友范传仁等	县科委下达	1984—1989		地级先进	地区科技进步四等奖	对土壤中有机质、全氮、全钾、碱解氮、速效磷、速效钾,pH每百亩采点进行测定	为测土地施肥，实行科学种田提供科学依据

续表

成果名称	研究人员姓名	任务来源	起止年份	鉴定日期	成果水平	受奖等级	简要技术内容	应用推广情况与经济效益
大豆74-129新品种引进	县农业技术推广中心 杨贵	自选课题	1985—1987	1987年11月10日	地区先进	1988年3月地级科技进步三等奖	适应性强，产量比当地品种高，生育期与北交豆等品种稍长	已在呼玛镇、三卡、荣边和江湾大面积种植，并收到显著效益，深受欢迎
沙金的金银分离试验	县黄金公司 王仁栋 宋玉林 白福林		1988—1989			地区科技进步三等奖		
高寒地区温排水养鱼	县电业局 徐永庆		1990—1991			地区科技进步二等奖		
推土机行走部件改造	县科委 王仁栋 徐永庆		1994—1995			地区科技进步二等奖		
野木耳粉胶囊的研发和利用	王雷 庄雳	自选	2003—2004	2004年12月			清选、灭菌、制粉、成品包装	已在部分大中城市完成销售终端工作
大豆行间覆膜栽培技术的引进与推广	齐连军 刘继德	地区下达	2004	2004年12月				干旱年份采用大豆行间覆膜效果好，是一项抗旱、保产增产、增收的好项目
食用菌示范基地项目	赵天柱 王照春	地区下达	2004	2004年12月			对食用菌分品种进行产量、质量适应性试验，多种栽培方法多种培养基配方栽培试验，推广最佳品种、最佳栽培模式	在完成实验项目，达到实验效果的同时，创直接产值21万元，利润11.4万元

续表

成果名称	研究人员姓名	任务来源	起止年份	鉴定日期	成果水平	受奖等级	简要技术内容	应用推广情况与经济效益
绒山羊越冬饲料青贮的调研	康学忠 刘继德	自选	2004年3月	2004年6月				利用青贮饲料喂羊,长势快。节省饲草、饲料降低成本,也是解决我地区冬季饲料不足、质量差的好途径,应大力推广

2.科普活动。

编印科学技术周刊《科技汇编》在全县发行,总结群众科学研究成果,推广各种典型经验。1978年前,改革传统的种植形式实行秋翻耙,合理增施化肥,培养当家品种,实行倒茬耕作,小麦分段收割等新的耕作方法。

1978年,请专家、教授来呼玛讲学,举办各种类型学习班。

1986年,编印《呼玛科技参考》4期,发布有关种植业、养殖业、经济、商品等1 000多条科技信息。1987年,为农业"星火计划"培训人1 034人,其中畜牧饲养技术60人,玉米栽培技术243人,大豆栽技术88人,蔬菜大棚技术73人,厂长经理45人,农机技术461人,地质技术64人。

到1987年,聘请请专家、教授培训各行业技术人才2 000多人次。

1988年,开始实施农业"丰收计划",当年有43人获地级"丰收计划"奖。1989年11月,县科委获地区先进科委称号,是年起,呼玛县农业技术人员每年都有10—30人次获省、地级"丰收计划"奖。1990年2月,《呼玛县农业科技成果推广手册》正式出版发行。

1993年—1996年，开展"科普之冬"活动，重点培训蔬菜、药材和瓜果种植、食用菌栽培、农机驾驶和维修、病虫草害防治技术及小儿脊髓灰质炎预防等技能和专业知识，以及新型耕作技术和农机具应用等农业技术，实施"丰收计划"下乡培训人员20 118人次，获得大兴安岭地区"科普之冬"授予的"第八届科普之冬活动金桥奖"。

1997年开展"绿色证书"工程培训，培训植物保护技术、大豆垄三栽培技术、测土配方施肥技术、种子包衣技术、优良品种介绍、农户经营管理知识、农机驾驶员须知及畜牧业知识、优生优育和防疫知识、快速养猪与猪尸剖检技术等。获得大兴安岭地区"第九届科普之冬活动金桥奖"，省科学技术委员会、省教育委员会授予呼玛县科协"1997年黑龙江日食和彗星观测科普活动"优秀组织奖。

1998年，培训种子包衣技术、大豆垄三栽培技术、大豆封闭灭草技术、土壤深松技术、化肥合理配方施肥技术、小麦大豆新品种介绍、科学养牛、养猪、养鸡、驾驶员、康拜因操作、农机修理、饮食业卫生等技术和知识。

1999年，重点培训食用菌栽培技术、蔬菜保护地栽培技术、大豆垄三栽培技术、玉米大双覆技术、种子包衣技术、养殖技术、生猪直线育肥技术、新式农具应用技术等。2000年，培训食用菌栽培技术、地栽木耳栽培技术、马铃薯高产栽培技术、西瓜高产栽培技术、马拉尔甘草栽培技术、农机标准化作业、油菜高产栽培、畜牧业养殖、疾病防治技术、加入世贸组织后我省农业发展形势、合理保护耕地和种植市场化的重要意义、结合我县实际和地域优势开发北药的重要意义、发展生态农业、调整种植业结构、生产绿色食品、实现优质高效农业的途径、作物品种的选用及化肥农药的合理使用等。

从2001年开始，每月刊发《科技信息》1份。是年，举办马铃薯高产栽培技术、甘草栽培技术、绿色食品生产技术、北药开发、畜牧业养殖技术培训班。2002年，重点进行马铃薯、食用菌、养殖业、种植业、北药等科学适用技术培训。2003年进行马铃薯、大豆、棚室蔬菜、食用菌、畜牧业、北药、农机具与耕作方法等内容适用技术培训。2004年重点进行袋栽黑木耳技术、大豆行间腹膜技术、中药材种植技术、畜牧业饲养与防病技术、农机标准化作业技术、獭兔饲养及防病技术等适用技术的培训。省促农工作队的农大老师在我县进行了养牛业、养羊业、棚室蔬菜、牧草业等知识的培训。

1990—2004年，每年都有1—4个单位获地区"科普之冬"先进集体奖。

2001—2004年，"三下乡"和"科普之冬"活动中，共举办培训班199班次，接受培训人数16 300人次。

2005年，"科普之冬"活动以"科学普及与龙江人民奔小康同行"，举办农村实用技术培训班72次，培训人数9 500人次。开展"科普大集"和"科技周"活动。"科普大集"分别在三卡乡、北疆乡、白银纳乡、鸥浦乡、金山乡、兴华乡召开科技座谈会，在6个乡分别进行1次北药种植讲座和现场咨询，发放科技资料。"科技周"活动"科技以人为本，全面建设小康"为主题，到基层进行现场咨询指导，开展科技宣传，及时准确地完成了"全国公众科学素养调查"任务。

四、医疗卫生

从1946年建政起，经过50多年的发展和改革，形成健全的医疗体系就，依国家管理体系要求，设置行政管理机构、疫病防治管理机构、卫生健康管理机构、医疗监督管理机构。

（一）医疗保障

1948年，全县没有一个成形的医疗机构，缺医少药现象极为普遍。1949年，启用原伪军医院医生，在县城组建呼玛县第一家公营诊疗所，9月，从黑河调6名西医并购进大批医药用品，全县医疗工作开始起步。

1950年，县城成立呼玛职工福利医院，各乡村相继设立卫生所，至1952年，全县21个行政村、86个自然屯设有卫生委员。80%以上的屯设卫生小组。1972年，各公社均成立卫生院，20世纪70年代中期培养大批赤脚医生，1979年，赤脚医生总数111名，部分生产小队也配备了赤脚医生。95个生产大队中，有90个实行合作医疗，覆盖率94.74%。

20世纪80年代初中期，农村合作医疗和赤脚医生工作受到家庭联产承包制冲击，至1986年，有乡村医生26名，卫生员17名和接生员38名，村级卫生室减少至41个。1988年4月，成立呼玛县农村卫生协会，强化农村卫生工作，全县90%以上村屯实现有医有药。"八五"期间，村级合格卫生所达66%以上。1997年6月，成立呼玛县初级卫生保健委员会，推进城乡医疗保健和农村卫生"三项建设"（建设和改造乡镇卫生院、县防疫站、县妇幼保健站）工作。1999年，继续推进农村合作医疗制度，全县村卫生室覆盖率95%，基本达到村村有医有药。

2000年，有县、乡、村卫生医疗机构74个。2001年，筹建县城正棋、长虹、园西3处社区卫生服务站，负费为辖区居民体检并建立健康档案。

医疗设备不断更新。1949年，县公营诊疗所成立之初，从黑河购进一批简易常用医疗器械和设备。1958年，投资3万元，为县医院（公营诊所更名为县医院）购进X光机1台，院内各科均配备常用的基本医疗器械和设备，各公社卫生院普遍备有X光机。

20世纪60和70年代，随着医疗科技发展，医疗设备也不断更新换代。2000年，县医院原有医疗设备逐渐更新。2013年，县医院通过二级乙等医院评审，成为医院发展的新起点。维修改造白银纳等3个乡镇卫生院，新建县急救中心，为6个乡镇卫生院购置急救车辆和车载设备，为县医院购置医疗设备。至2018年，全县城乡医疗服务体系建设不断推进，新建和改扩建15个村卫生室，为乡镇卫生院（室）购X光、B超机等医疗设备，基本满足全县人民的看病需求。2014年，全省34个县级公立医院综合改革试点考核评估中，呼玛县人民医院排名第七，实现基本药物制度全覆盖，减少群众药费支出40余万元。

医疗制度不断完善。新中国成立初期，县内供给制人员享受公费医疗，折款计算标准每人每月4千克小米。1952年以后，依据国家调整实行公费医疗制度。1996年，县公费医疗办公室更名为呼玛县医疗保险局，公费医疗制度改为医疗保险制度，全县参加医疗保险的机关39个，事业单位57个，参保人数3 024人，其中个人交保险金13.50万元，单位交9.40万元，县财政拨入80万元。为职工个人建立账户，实行统筹医疗基金与职工个人医疗账户相结合的管理制度。2005年，扩大医疗范围动员职工参加医疗、工伤和生育保险，新增保险人员1 000余人，参保人数5 694人，参保单位125个。机关事业单位参保率100%，中省直行业参保率97%，企业参保率70%，收缴率92%，发放率95%。基本医疗保险制度在全县范围内建立，制度运行平稳，基金收支平衡，参保人员医疗需求得到保障。

农村合作医疗成果斐然。20世纪60年代后期，建立农村合作医疗制度。按年度社员人数筹集，平均每人4～5元，由集体公益金中支付2～3元，社员自付2元。至1979年，有90个生产大队实行合作医疗，占比94.74%。1983年，实行家庭联产承包责任制后，农村集体公共积累下降，多数村屯合作医疗制度名存实亡。20世纪90年代后期起，恢复发展农村合作医疗制度，至2000年，农村合作医疗覆盖面85.70%。

2004年8月1日，正式启动新型农村合作医疗，至11月30日，参合人员达8 573人，参合率为43%。2005年参合农民1 910人，参合率58%。2013年，新农合覆盖率达到100%，参合率99.80%，达到历史新高。筹资标准由2012年的290元提高到350元，最高支付限额提高到 8万元。自开展新农合工作以来，筹资总额达到2 358.03万元，累计为60 055名参合农民患者核销医药费4 690.30万元，支付新农合补偿资金1 975.66万元。2013年，新农合患者在县医院住院费用的核销比例从75%提高到95%。

（二）卫生保健

解放后，开展爱国卫生运动，积极预防传染病，根治地方病，疫病防治工作取得突破性成果。

1950年，全县城乡有负责环境卫生的卫生员46人。1951年，成立呼玛县防疫委员会，加强宣传，轮训干部，对爱国卫生工作提出要求和部署。1955年，农村各地制订爱国卫生公约，各地进行3次大清扫并坚持常清，推进爱国卫生运动。1958年，开展以除四害为中心内容的爱国卫生运动。80年代后，爱国卫生运动更有针对性，有效预防传染病发生。1986年，全县进行6次卫生大检查，开展2次大面积灭鼠防病工作，全县总投药率93.20%，有效控制流行性出血热病的发生。1989年，呼玛县爱卫办被评为省地行业先进单位，呼玛镇进入省级文明镇先进行列。2003年，结合防治"非典"工作，大力开展爱国卫生运动，城乡卫生环境改观。截至2005年，城乡创建省级卫生先进单位和卫生村27个、地级44个，县级50个；50%以上的机关事业单位被评为甲级卫生单位，90%以上住户获得卫生合格标牌。新时期爱国卫生工作更趋于完善，对人民健康发挥着巨大保障作用。

传染病防治。1953年，白银纳鄂伦春民族定居之初，经普查有15%患有结核病。1954年，对鄂伦春肺结核病人进行强化治疗。1956年，地委制定《防治结核病五年规划》。至1959年，结核病发病率下降，死亡率减少。1961年，开展全县疫病普查普治工作，7 817名病人中有结核病患者398人，占病人总数5.10%。1986年，查出结核病人数23人，患病率10万分之60。1987年，开展卡介苗接种工作，预防结核病。至1988年，鄂伦春族人结核病发病率降至4.20%以下，基本得以控制。2013年以来，全面实行传染病法定报告制度和24小时实时监测，积极开展麻疹、流感、流行性出血热等重点传染病防控工作，传染病及时审核率和及时处置率均达100%。

克山病、甲状腺肿、大骨节三大地方病防治。1947—1948年，兴安屯全屯400余人，因地方病和传染病死亡高达25%。1950—1954年间，建立基层卫生医疗机构和地方病病情监测报告等制度，克山病发病率、死亡率开始下降。1955年，没有发现克山病。1976年，三卡乡居民食用碘盐后，再没发生地方性克山病。1990年起，继续在病区推行以服硒为主防治克山病和大骨节病的综合防治措施，全县无克山病新患发生，至1992年，三大地方病得到有效控制，至2018年，克山病、大骨节病无新发病例。

社区卫生服务体系建立。2012年，呼玛县长虹社区卫生服务中心正式通过省卫生厅的评估验收，实现社区卫生服务机构设置、法人、账号和运营四独立。按照国家对基层医疗机构的要求，严格建立和实施国家基本药物制度，实行免费建立居民健康档案等基本公共卫生服务和基本医疗服务。为减少脑卒中发病率，与医大四院协作开展"H型高血压预防脑卒中比较效果研究项目"。2017年长虹社区卫生服务中心省级示范创建完成省级验收。

　　紧密型医共体建设。2019年11月末，被确定为紧密型县域医疗卫生共同体建设试点县。组建以县人民医院为龙头，10家乡镇卫生院（社区卫生服务中心）、37家村卫生室成员的县域医共体，建立双向转诊绿色通道，为基层转诊患者提供优先就诊、优先检查、优先住院等便利。发挥远程医疗会诊系统作用，开通与哈尔滨医大一院、北京301医院远程会诊。完成县医院与长虹社区服务中心和9个乡镇卫生院的信息系统对接，提升基层服务能力和服务水平，满足广大群众日益增长的健康需求。

　　推进医药卫生体制改革。自2009年开始，建立和实施国家基本药物制度。2010年12月至2011年9月，9个乡镇卫生院和35个村卫生所全部建立实施国家基本药物制度，所有药物全部实行零差率销售，覆盖率达到了100%。2011年，在全县范围内公开竞聘乡镇卫生院（社区卫生服务中心）院长（主任），完成职工竞聘上岗、人员安置分流等综合改革工作。2013年，基层医改通过省厅医改办评估检查。2014年，呼玛县被确定为第二批国家县级公立医院综合改革试点县，县医院以取消药品加成、破除"以药养医"为突破口，正式启动县级公立医院综合改革，先后出台县级公立医院综合改革实施方案和医药价格改革方案、改革试点补偿办法等配套文件，形成了较为完备的公立医院综合改革县级政策体系，建立健全现代医院管理制度。呼玛县人民医院2015年在全省89个县级公立医院综合改革试点考核评估中排名第36名，在2016年荣获省级公立医院改革评比第三名，在2020年深化公立医院综合改革完善现代医院管理制度督察中评价为"A"档次。

五、气象观测

（一）机构建设

　　1939年，日本侵略者在呼玛、鸥浦、漠河三县建立观象台。

1944年冬，呼玛、漠河县观象台先后被大火烧掉。

1953年8月，呼玛县筹建气象站，1954年1月，正式开始工作，隶属呼玛县气象科，受省军区气象科领导，属于国家基本站，是国家重点气象站之一，有4名工作人员。

1956年7月，业务人员秦维善从呼玛县气象站赴漠河，与从成都气象学校毕业、由省气象局直接分配到漠河的技术员刘灿雄，一起筹建漠河气象站，12月建成并开始测报记录。

1959年，气象站和县水文站合并，成立呼玛县气象水文中心站，下辖漠河气象站、二十五站、二道盘查、塔河、固其固水文站，同时建立了漠河、开库康、鸥浦、三合站、呼玛、三卡雨量点。职工人数51人。

1962年，气象站与水文站分别建制，呼玛气象站隶属省气象局。

1977年，成立县气象科，下设呼玛、漠河2个气象站，职工29人。

1981年，漠河、塔河分别建县，漠河气象站划归漠河县所属。

1987年，呼玛县气象科改称呼玛县气象局。局、站的人、财、物三权直属于省、地两级气象局管辖。

（二）设施完善

1978年，建成EL型电控形式的标准"电接风力风速测定仪"，配有交直流两用电源装置，监测风向、风力的工序，达到自动化程度。

1982年，安装设置1部757型无线收发通讯电台及其附属设备，7月1日，开始日间8次收发天气预报业务，比通过邮电部门传递每次提高时效20～30分钟，减少天气预报错情的概率，保证了时间的准确无误。

1984年，先后配置PC-1500型、PC-1501型2台袖珍式和苹果-Ⅱ型微机式计算机。气象资料编汇中，比过去手工操作提高工效8倍，而且资料准确可靠。

1985年，增置TC—80型传真机1台，直接接收北京、东部沿海、西伯利亚、日本及整个亚洲各地的天气形势图，一次最多收成图15张，信息量丰富，含有天气变化及趋势的多因子迹象图斑，可分析判断预测气候变化与发展趋势，给未来24小时天气预报提供了极大便利和最可靠依据。

1997年，增置E-601B大型蒸发器，9月1日开始正式观测。

1998年3月，配置1台计算机，7月1日正式启用分组网，传输气象资料数据，实现观测数据、信息传送、报表制作等气象资料的网上传输，保证时效避免数据传输中的人为错误，终止757电台和PC-1500、PC-1501等设备使用。同地方电信局共同开发建立"121"天气预报电话自动查询系统，为群众及时了解天气变化安排生活提供科学依据。

1999年，建成9210工程之一的卫星单收站系统，应用计算机及时接收气象卫星传送的各类天气形势图，提高了预报科技含量和准确率。

2002年，配备2门增雨防雹车载火箭，更新人工影响天气设备。

2003年9月，大气监测自动站建成。自动站系统运行设备包括微机、打印机、UPS电源、气象要素传感器、数据采集器等，使用长春气象仪器厂DYYZⅡ型地面气象综合有线遥测仪。

2004年1月1日，正式进入人工站和自动站业务双轨运行阶段。年内更新土壤测墒仪器，使用土壤快速测墒仪对比观测测定土地湿度。

2004—2005年，相继完成韩家园自动站及呼玛闪电定位子站的建设任务，配置便携式土壤快速测墒仪。人工增雨防雹规模扩大，三门"三七"高炮，两辆车载火箭共同作业，具备了火箭增雨机动作业能力。建成气象信息网络2兆带宽带通信系统，地面测报通讯实现光纤、宽带、拨号上网三级备份，保障了气象信息的传输。

2005年，建成天气预报制作系统，实现播报图像化、可视化。

（三）气象测报业务

伪满洲国时期观象台，每天测量气温、风向、阴晴、雨量、霜雪等，为其军事活动服务，不向中国居民公布天气预报。

1954年，建立呼玛气象站，主要从事地面气象观测，每天2时、8时、14时、20时进行绘图天气观测。1955年，每天增加了5时、11时、17时、23时补助绘图天气观测。9月，每天11时、23时增设高空测风观测。1956年，由每日11时、23时改为7时、19时放高空测风气球。1958年，增加不定期的航空电报、危险天气电报和单站补充天气预报。

1978年开始，通过旬、季、年及农事季节，定期或不定期地编制中、长期天气预报，每天广播、电视播放发布的短期限天气预报与补充天气预报。以"迅速准确"和"优质服务"原则为前提，每昼夜进行8次实时观测，记录各项数据，每间隔3小时即通过齐齐哈尔气象台向沈阳气象台拍发1次天气实况，遇到灾害性天气每天测报24次航空天气实况，即每小时观测1次，上报1次，为控制大型天气形势和航空飞行安全提供依据。

1984年的预报准确率达82.8%，在全省各县（市）居第二名，受到集体记功及表彰。

1986年始，针对观测项目开展"全能地面气象观测员"活动，气象测报工作全面发展。

1978—1987年，编制中、长期天气预报约350余次，每天广播、电视播放发布的短期限天气预报与补充天气预报近3 700次。10年内预报资料的平均值——晴雨预报准确率91.2%、降水预报准确率61%，两项平均为76.1%，达到省规定的优秀程度。

1988年起，每天早晨5时、下午4时增加城镇天气预报，遇灾害性天气，每天加发半小时预约航空报。

1998年，地面测报业务实现观测数据、各类气象电报、报表制作传输网络化。

是年起，增加"积温预报"服务，每年4月初和8月初发布，指导农业部门和农户根据有效积温，合理选择作物品种，促进农业丰收。

是年，大气监测自动化系统9月投入运行。12月31日20时，正式进入平行观测双轨运行第一阶段——人工观测为主、自动站为辅的地面气象自动站正式建成。

2004年，启用2003年版《地面气象观测规范》，预报7月22日的短时暴雨天气和8月29日的中到大雨过程。

2005年，重大灾害性、转折性天气时，及时与地台会商形成重要气象情报，及时呈送属地领导并以滚动字幕的形式在县电视台地方频道播出。在持续干旱的形势下，准确预报8月14日较大降水过程。10月森林防火期间，每天早、午、晚三次做出未来三天天气预报，呈报20余份气象林火服务信息。

从1954年1月1日凌晨2时至2005年12月31日午夜24时，积52周年观测积累气象资料，全面如实地记录呼玛县四季循环往复天气条件变化的真情实貌与演变规律。

（四）农业气象观测服务

1959年，呼玛县气象站定为国家重点农业气象观测站之一。

从1959年开始，农业气象观测站开展农作物观测，根据全县农作物品种，以荣边乡为观测点，对小麦、大豆的全部生长过程进行常年分段定期观测。开展土壤水分状况观测，运用固定地段和非固定地段（作物地段）两种观测方式，测定完成土钻法土壤湿度、田间持水量、干土层、地下水位、降水渗透深度、土壤冻结和解冰期间各有关相关值。开展物候观测，包括木本植物（中东杨和旱柳）、草本植物（车前）、动物观测（蛙）以及气象水文现象观测。开展农作物自然灾害调查与观测，整理旱、涝、雹、低温、霜冻、洪水和各种病虫害的发生、发展及危害程度，形成完整资料存入农业气象档案，及为上级气象部门和科研、生产单位及时提供农业气象情报和预报。

1978年开始，编写"呼玛县农业区划""分析地理概况""气候概况""四季气候特点"等资料，记录正常年气候与作物的关系和实际发生的各种灾害性天气对作物的影响而产生的实情和数值。至1987年，为生产单位、科研部门和地方领导机关提供气象预报、防灾与受灾补救措施建议120余件（次），对农业生产起到了指导作用。10年间按上级要求的质量标准，1988年后，观测光、热、水、气等自然因素对农作物生长发育过程影响，得到实际数据探索规律，帮助农业生产趋利避害，观测资料达到了省级优秀标准。

（五）人工增雨防雹

1989年，开始人工增雨防雹工作。

1990—2000年，人工增雨创造经济效益达9 957万元，防雹创造经济效益达10 089万元。

2001年7月2日，分别在荣边乡西山口村和三卡乡开展人工增雨防雹作业。此后连续开展3次作业。8月份开展多次防雹作业，影响面积70万亩，大部分农田旱情得到缓解，避免了极端天气灾害。

2002年10月1—2日，对二号房子火场实施三次人工降雨作业成功。

2003年6—9月，在易形成危害时间段集中开展防雹作业消除雹灾。

2004年6月10日下午14~16时，准确预报强对流冰雹天气。

2005年夏季，全区出现历史少见高温少雨天气，7月中旬至8月上旬高温日数达19天，开展14次增雨作业。

2001—2005年，人工增雨创造经济效益达8 520万元，防雹创造经济效益达6 575万元。

1978—2005年呼玛县气象资料积累数量表

年　份	资料名称	份　数	记述单位	数　量	备　注
1978至1987年	气　温	10	字	94 900	包括最高最低气温两项指标
	气　压	10	字	87 600	
	相对湿度	10	字	87 600	
	降　水	10	字	1 200	
	日照时数	10	字	36 500	
	风向风速	10	字	175 200	
	地　温	10	字	25 900	地面最高与最低温度两项指标
	浅层地温	10	字	24 000	分深度5、10、15、20厘米四项指标
	结　冰	10	天	18 000	
	冰　土	10	天	21 000	
1978至1987年	气象表格		份	640	
	发出气象		份	40 000	
	电　报				包括水气压、露点温度、蒸发量、云层能见度、天气现象等
	其　他		字	1 505 000	
1988至2000年	气　温	13	字	85 514	气温：包括8次定时观测值、日合计、日平均和最高气温、最低气温、年、月、旬计、平均、年、月极值
	气　压	13	字	160 524	
	相对湿度	13	字	58 314	
	降　水	13	字	6 474	
	日照时数	13	字	6 045	
	风向风速	13	字	189 137	
	地　温	13	字	55 666	
	浅层地温	13	字	117 364	
	结　冰	13	天	2 656	
	冻　土	13	天	2 869	
	气象电报		份	38 584	
	其　他		字	91 013	

续表

年　份	资料名称	份　数	记述单位	数　量	备　注
2001至2005年	气　温	5	字	32 890	气温：包括8次定时观测值、日合计、日平均和最高气温、最低气温、年、月、旬计、平均、年、月极值
	气　压	5	字	61 740	
	相对湿度	5	字	22 430	
	降　水	5	字	2 473	
	日照时间	5	字	2 325	
	风向风速	5	字	72 745	
	地　温	5	字	21 410	
	浅层地温	5	字	45 140	
	结　冰	5	天	1 016	
	冻　土	4	天	1 097	
	气象电报		份	33 715	包括航危报
	其　他		字	34 947	

第三节　城乡建设

一、城市建设

1.房屋建设。

1946年前，县城内房屋建筑面积7 780平方米，除1座1915年建筑的砖木结构县公署楼外，均为土木结构房屋。解放后，县城内住宅、办公室、厂房、仓库、商店、旅社、饭店、医院等建筑面积逐年增加。从20世纪70年代后期开始，砖木结构房屋逐渐取代土木结构房屋。

1999年至2005年，建设经济适用住房，建成住宅小区19个：二轻小区6 400平方米、五金小区5 508平方米、印刷厂小区9 479平方米、工商银行小区5 454平方米、物资小区10 870平方米、光明小区ABC三栋9 833平方米、长宁小区8 600平方米、长征小区7 650平方米、银行小区2 700平方米、交通小区10 686平方米、北极星小区4 405.63平方米、武装部小区7 700平方米、气象小区9 000平方米、检察院小区3 477平方米、成云小区2 100平方米、团结小区 17 278 平方米、建行小区 6 000 平方米、佳兴小区 11 509 平方米、财政小区 7 751 平方米。

2005—2018 年，建成住宅小区 18 个：福临佳苑小区 6 栋楼、丰德苑 1 栋楼、安悦小区 5 栋楼、安居 6 栋楼、祥和家园 4 栋楼、怡家园 2 栋楼、和顺家园 4 栋楼、龙腾花园 6 栋楼、江景佳苑 2 栋楼、学苑小区 5 栋楼、成云小区 3 栋楼、安康小区 6 栋楼、龙舟花园 2 栋楼、安运小区 1 栋楼、吉象小区 2 栋楼、天和人家 3 栋楼、碧水花园 3 栋楼、康乐小区 1 栋楼。

1999—2005 年，建砖木公用房：第一小学教学楼 3 300 平方米、第三小学教学楼 2 110 平方米、第二小学教学楼 2 640 平方米、青少年宫 3 989 平方米、一中教学楼 5 640 平方米、县医院住院部 3 900 平方米、国税局办公楼 2 292 平方米、边防大队办公楼 1 290 平方米、治安拘留所 600 平方米、移动公司办公楼 953 平方米、呼玛县客运站 1 490 平方米、白银纳乡办公楼 1 337 平方米、知青宾馆 7 308 平方米、长虹社区服务中心 3 256 平方米、园西社区 550 平方米、口岸办公联检楼 2 109 平方米。

2005—2018 年，建砖木公用房：看守所 4 386.28 平方米、博物馆 4 423.5 平方米、第一幼儿园 553.9 平方米、党校综合教室 1 878.33 平方米、综合档案馆 2 698.33 平方米、园西社区改扩建 1 196.52 平方米、第二小学食宿楼 2 402 平方米、县福利院 3 898.71 平方米、县殡仪馆 999.28 平方米。

2.街道建设。

解放前，县城主要街道只有 4 条，总长度 2.06 公里。1965—1979 年间，修筑主干道 9 条 14.76 公里，居民区道路 26 条 14.41 公里。1982—1984 年，修镇内水泥路 10 公里，其中正棋路 2.10 公里、长虹路 1.80 公里、中华路 1.60 公里、其他街道 4.50 公里。1998～2000 年，修长征街泡子桥至荣边南道口水泥路 4 公里、南出口路2公里、北出口路0.60公里、正棋路铺油渣路面2.10公里、长虹路重修水泥路1.80公里。

2001年，改造新华路1.80公里、修筑南出口路2.70公里。2002—2003年，对长征街、为民路、景山路、龙江街、迎宾街部分路段实施改造工程2.90公里，对迎宾街、景山路、和平路实施改造工程2.86公里。2004—2005年，对光明路、建设北路、长宁街路段进行改造，修边沟1 220米、水泥路0.78公里、修中华路、迎宾街、江边路、龙江街、长宁街水泥路1.54公里。

3.环卫整治。

坚持宣传教育。与限期整改相结合，提升居民环境保护意识。市政每年入户发放环境卫生宣传单，并与商服单位签订《环境卫生责任书》，实行垃圾定时定点投放制度，确定整治范围，逐条街道、逐户、逐商铺店面开展拉网式巡查，对破坏环境卫生治理的居民和商服单位、个人下发整改通知书，多措并举引导居民树立"环境治理靠大家"的共创意识。实行16小时2个保洁员轮岗工作制，做到清扫、保洁、维护全部定点、定人、定段，坚持保洁标准高、时间长、区域明确、责任清。成立巡查组不定点进行巡查，发现及时整改。垃圾清理明确责任人，保证居民生活垃圾日产日清，平留死角面。主街、主路垃圾及建筑垃圾进行集中清理，对餐饮业泔水进行定点收集、定点排放。

4.设施建设。

2012年，改造、维修、新建部分垃圾箱，对供暖、通讯、供水、网络等施工造成镇内水泥路面下沉地段进行修复。清掏修复镇内排水沟，更换排水沟盖板3 000余米、道牙子700块。2013年，维修长征街、新华路、景山路、香和路更换节能路灯，新华路、中华路新安装路灯50盏。2014年，完成主街、主路78个路牌、路标安装，建立公共环保自行车点6处。2015年，全面维修镇内公园、广场、公厕，完成丰泽园、融媒园、儿童园、环卫园、四季园、产业园、吉象园、江边公园维修维护。2016年，修补主要街路彩砖、沥青路面及龙江街、景山路、迎宾街、长明街部分损毁路面，长虹路、正棋路、新华路、龙江街、迎兵街、长明街裸土全部铺设彩砖，安装江畔公园堤坝踏步扶梯3处，新建污水窖11处，垃圾池5个。2017年，新增公共自行车运行点2个。2018年，完成镇内24个公厕清掏及标识牌的制作和GPS定位，实现电子地图找公厕。

5.供水排水。

1978年5月，建设大口井一座，配水管网13公里，呼玛镇设集中供水点10个。1998年后，取水水源由大口井转为深井，日供水量达到1 500立方米，供水普及率60%。2003年，投资2 488.38万元，建设呼玛镇供水一期工程，建新水源井4座，净水处理车间1 548.1平方米，送水泵房340平方米，铺设输水管线3公里，配水管网14.8公里。2012年8月，投资2 622万元开工呼玛镇供水二期工程，建设输水管线，配水管网改造14.5公里，水源井2座，消防水鹤4座，增加清水池容积1 500立方米。2014年末，二期工程竣工投入使用，保证了镇内24小时供水。

2015年，投资1 713万元，新建备用水源大口井一座及一套水源配套净水处理系统。2016年，投资180万元，维修净水厂厂区道路和路灯，安装厂区监控。2018年，投资110元，将原有的二氧化氯消毒系统更新为全自动一体化次氯酸钠消毒系统。2019年，投资895.87万元完成污水处理厂改造工程。

6.供电。

呼玛供电公司坚持建设坚强电网，提升供电能力和服务质量，为县域经济发展和社会进步提供安全、优质、经济、绿色、高效电力供应，满足人民群众的用电需求。营销各项办电业务更加方便快捷，可在办理线上缴费、查询电费和申请新装、报修、更名、过户等用电需求，实现"足不出户、轻松办电"。2019年开通"掌上供电服务APP"，为用户提供24小时电力故障报修服务，并确保快速抢修的时限：供电抢修人员到达现场城区45分钟，农村90分钟，特殊边远地区2小时。

二、乡村建设

1.房屋建设。

新中国成立前，乡村房屋以实用御寒为主，就地取材，多以木刻楞、桦子垛形式建房，伴有戳木、戳杆及板条夹泥建筑。屋内用砖或土坯砌成炕、火墙用以取暖。新中国成立后，乡村居民住房多数以10×6、10×9米长宽为标准建房，独门独院。20世纪60年代后期，乡村居民住房进一步改善，墙壁粉刷白灰，地板刷油漆，天棚钉灰条子抹麻道灰。1978年起，农村经济快速发展，乡村居民住房向砖木结构平房及楼房发展。

乡村公用建筑从20世纪50年代始建。1953—1957年，建漠河乡邮电支局、鸥浦乡粮库和装机容量20千瓦的漠河发电厂厂房。1958—1962年，建砖木结构、拥有10张床位的鸥浦乡医院用房。1966—1970年，建十八站中学和荣边、鸥浦、兴隆、东方红、兴华、开库康6个农村医院用房。1971年，在十八站乡建800平方米、30张床位的结核病防治院用房。1978—1987年，全县乡村房屋总建筑面积680 675平方米。其中住宅412 417平方米、公共建筑93 073平方米、生产建筑175 545平方米。1988—2000年，除呼玛镇外，乡村房屋总建筑面积139 911平方米，其中住宅118 020平方米，公共建筑14 184平方米，生产建筑7 707平方米。2001—2005年，乡村房屋总建筑面积48 640平方米，其中住宅40 650平方米，公共建筑5 680平方米，生产建筑2 310平方米。

从2009年开始，对乡村危房（泥草房）开始进行改造。至2014年，全县乡村共改造危房8 284户，其中呼玛镇1 262户、韩家园镇1 234户、三卡乡1 454户、北疆乡952户、鸥浦乡934户、金山乡427户、兴华乡544户、白银纳乡938户、兴隆办事处539户。

2013年，三卡乡兴建农民住宅楼4栋，白银纳乡鄂族新村兴建楼房6栋72户、平房10栋20户，鸥浦乡怀柔村兴建集资楼1栋2 700平方米。2014年，三卡乡兴建农民住宅楼6栋。

2.饮水安全工程。

2006年，投资532万元，开展农村居民饮水工程，受益村为河南村、红卫村、沿江村、江湾村、韩家园村、东风村、新民村、新街基村、鸥浦村、白银纳村、红光村。2007年，投资299万元，受益村为西山口村、红边村、红星村、繁荣村、宽河村、三卡村、金山村、三合村、老卡村、更新村。2008年，投资189万元，主要用于荣边村、星山头村、察哈彦村的饮水工程。2009年，投资375万元，用于湖通镇村、星山村、铁帽山村、呼玛镇三村、大碴子村、老道店村的饮水工程。2010—2015年，投资831万元，用于16个林场、村屯的改水工程，共打井8眼，井房6座，配套自来水管网8 713米，工程建设6处，购置水质检测相关配套设备31台（套）。2016—2020年，投资914万元，解决11个村屯饮水问题，打井4眼、井房4座。

三、交通运输

2005年前，呼玛县有省路6条、县路7条、乡路7条。

1.省路：嫩漠公路（嫩江至漠河），1968年9月施工，至翌年9月竣工，将嫩江至漠河公路下段357.76公里和6条支线236.40公里及大桥5座950.45延长米、中桥8座338.10延长米、小桥71座

805延长米、涵洞725道全部修筑完工交付使用。黑洛公路（黑河至洛克河），其中黑河至呼玛段249.60公里，有桥梁46座、涵洞285道。三塔公路（呼玛县鸥浦乡三合村至新林区塔源镇），建于1959年，长120公里。呼白公路（呼玛镇至白银纳乡）全长117公里。此路连接黑呼公路、三塔公路，在十八站与嫩漠公路连接形成网络。2006年10月，开始建设总投资3.9亿元的山岭重丘二级呼玛至黑河公路，于2008年10月通过验收交付使用，结束了呼玛县没有高等级公路的历史，实现县域南部大通道的快捷畅通。2018年，与丹阿公路（丹东至阿勒泰）贯通。老北公路（呼玛县三卡乡老道店村至北疆乡），全程92公里，有木桥10座250米、永久性涵洞40道。嫩呼公路（嫩江县与呼玛县交界228.39公里至呼玛县三卡乡老道店314.98公里），全长86.60公里，途经北疆、铁帽山、二十二号桥。

2017年，呼十公路（国道丹阿公路呼玛至十八站段）改建开工。全长155.096公里，路面宽 8.5米，路基宽10米，工程为二级黑色路面，沥青混凝土路面厚11厘米，设计速度60公里／小时，投资143，300万元，其中呼玛段122.486公里，塔河段32.61公里。2019年9月30日完成主体工程。

2.县路：白河公路（白银纳乡至大渔翁河口），全长68公里，建于1969年，路面宽4米。白河支线公路（白河公路相交道口至白河公路相交道口），为环形路，全长21.04公里，路面宽3.5米。白三公路（白银纳乡至鸥浦乡三合村），路面宽6米，全长20.60公里。三河公路（白三公路相交道口至白河公路相交道口），路面宽 3.50米，全长9.10公里，路面宽 4米，有涵洞17道，全长22.06公里。鸥白公路（白河公路二段至鸥浦乡鸥浦村），鉴于1979年，路面宽4米，有涵洞17道，全场22.60公里。湖通公路（嫩呼公路相交道口至湖通镇），有永久性桥梁2座

20.40延长米，永久性涵洞40道，路面宽4.50，全长19.40公里。三新公路（三间房村至新街基村），建于1977年，路面宽6米，全长25.40公里。

3.乡路：嫩荣公路（嫩呼公路393+52至荣边村呼玛河堤），全长4.5公里，路面宽3.5米。兴韩公路（兴华乡兴华村至韩家园镇），全长25.5公里，路面宽3.5米。白胜公路（白银纳乡至胜利村）全长18.04公里，

路面宽3.5米。金兴公路（金山林场兴隆村），全长48.20公里，路面宽3.5米。黑东公路（黑络线兴华交叉口至兴华乡东山村），全长1.20公里，路面宽4.5米。嫩红公路（嫩呼公路线至呼玛镇红星村）全长19.80公里，路面宽3米。二曙公路（鸥白公路二段至鸥浦乡曙光村），全长11.90公里，路面宽3米。

4.通乡通村公路。

2010年，荣边通村公路改建开工，当年完成投资160万元。

2011年11月6日，乡级公路七棵树至十二站公路改建工程开工，全长89.9公里，路基7.5米，路面宽度6米，双基层稳定沙砾18公里，单基层稳定沙砾71.9公里，新建中小桥13座，盖板涵9座，涵洞92座，3级白色路面，项目总投资13，804万元，2013年10月20日建成通车。这条公路的建成，使呼玛县直达大兴安岭地区的加格达奇更加方便快捷。

2011年11月28日，3条村级公路（三卡乡至江湾、呼玛镇至红星、白银纳至胜利）改建项目同时开工建设。三卡乡至江湾公路改建项目全长21.1公里，总投资1 793万元；呼玛镇至红星公路改建项目全长23.3公里，总投资1 980万元；白银纳至胜利公路改建项目全长20.6公里，总投资1 751万元。三条线路路基宽6米，路面宽4.5米，4级白色路面，于2012年9月20日主体工程完工，结束县内乡村公路没有硬化路面的历史。

2013年5月15日，三间房至新街基通乡公路（Y506）、十二站至北疆乡公路（Y503）、白银纳至三合通县公路（X198）和呼玛县绕城公路4条线路改建项目同进开工建设。三间房至新街基通乡公路改建项目全长25公里，路面宽6米，路基6.5米三级白色路面，总投资3 250万元，10月20日完成主体工程，目前为呼玛县最高等级的通乡公路；十二站至北疆公路全长28.4公里，路面宽3.5米，路基6米，四级白色路面，总投资2 414万元，2014年9月20日完工；白银纳至三合改建项目全长20.6公里，路面宽4.5米，路基6米，四级白色路面，县自筹投资1 889万元，于9月14日完成主体工程；绕城公路全长4.081公里，路面宽6米，路基宽12米，总投资1 450万元，主体工程于2013年10月20日完工。

2014年5月15日，开工兴隆至金山道口通乡公路和新街基至友谊村通村公路。兴隆至金山道口全长14.7公里，路面宽4.5米，路基6米，4级白色路面，投资1 396万元；新街基至友谊村6公里，路面宽4.5米，路基6米，4级白色路面，投资492万元。这2条乡村公路于9月20日主体工程完工。

2015年，全县农村公路开工建设7条，总里程116公里，投资10 176万元。白银纳至三合公路改建项目，全长20.6公里，路基宽6米，路面宽4.5米，四级白色路面，投资1 648万元，6月15日开工建设，9月20日主体工程完工；一村至红卫村公路改造项目，全长5.7公里，路基宽6米，路面宽4.5米，四级白色路面，投资456万元，6月15日开工，9月5日主体工程完工；呼塔公路至东山村公路改建项目，全长1.4公里，路基宽6米，路面宽4.5米，四级白色路面，投资200万元（含小桥1座60万元），6月15日开工，9月20日主体工程完工；三合至二段公路改建项目，全长14.4公里，路基宽6米，路面宽4.5米，四级白色路面，投资1 440万元，10月10日开工建设，2016年9月25日完工；二段至鸥浦公路改建项目，全长26公里，路基宽6米，路面宽 4.5 米，四级白色路面，投资2 600万元，10月10日开工建设，2016 年9月20日完工；白三线至正棋公路，路线起点位于白银纳至三合公路K11+000公里处，终点位于正棋村，全长15.6公里，四级白色路面，路基宽6米，路面宽 3.5米，投资1 248万元，10月10日开工建设，2016年10月10日完工；正棋至李花站公路改建项目，路线起点位于正棋村，斜经怀柔村，全长32.3公里，路基宽6米，路面宽 3.5米，四级白色路面，投资2 584万元，10月10日开工建设，2016年10月10日完工；李花站至新街基公路改建项目，路线起点李花站村，途经察哈彦，全长48.8公里，路基宽6米，路面宽3.5米，四级白色路面，投资4 924万元，7月10日开工建设，2017年9月30日完工。

2016年6月5日，开工建设7条乡村路。嫩呼线至象山村公路全长7公里，路基宽6米，路面4.5米，四级白色路面，投资700万元，9月20日主体工程完工；河口至湖通镇公路（二号房子至湖通镇）全长13.3公里，路基宽6米，路面4.5米，投资1 332万元，10月10日主体工程完工；嫩呼线至星山村公路全长11.8公里，路基宽6米，路面4.5米，投资1 180万元，10月10日完工；嫩呼线至临江村公路全长3.5公里，路基宽6米，路面4.5米，10月10日主体工程完工；黑洛公路至金山村公路全长6.5公里，路基宽6米，路面4.5米，投资650万元，9月20日主体工程完工；七棵树至韩家园公路全长84.5公里（2014年已完成改建14.7公里），续建项目全长为69.8公里，路基宽6米，路面4.5米，投资7 898万元，于2016年8月30日开工，2017年9月30日完工；9月30日开工建设二鸥线至曙光公路，全长12公里，路基宽6米，路面4.5米，投资960万元，2017年9月30日完工。

2017年5月20日，开工十韩公路至十七站村公路改建项目，全长6.3公里，路面宽4.5米，路基6米，四级白色路面，投资567万元，主体工程于9月30日完工。

5.旅游公路建设。2013年5月15日，开工画山旅游公路改建和画山至旺哈达旅游公路修建项目。画山旅游公路全长10公里，路面宽4.5米，路基6米，四级白色路面，总投资750万元，9月20日完成主体工程；画山至旺哈达旅游公路由呼玛县自筹资金，投资468万元，全长4.9公里，路面宽4.5米，路基6米，四级白色路面，10月20日完工。

6.道路桥梁建设。2009年9月28日，白银纳呼玛河大桥开工建设。桥长309米（10孔，每孔30米），箱式T型桥梁，总投资850万元，2011年8月14日建成通车，结束了当地群众出行需要摆渡的历史。

2012年7月26日，呼玛河大桥原址重建，2013年11月，呼玛河新建大桥主体工程全部完工。

2013年，对境内6座危桥进行改造，分别是：13号桥（502桥），位于七棵树至十二站公路K64+618公里处，大桥结构为空心桥板T型桥梁，4孔，每孔间距20米，投资400万元；巨水河桥（三分处桥），位于七棵树至十二站公路K42+767公里处，大桥结构为空心板T型梁桥，3孔，每孔间距13米，投资195万元；古龙干大桥，大桥结构为空心桥台T型梁桥，4孔，每孔间距20米，投资400万元；嘎拉河中桥，该桥位于十二站至北疆公路K16+685公里处，大桥结构为空心板T型梁桥，4孔，每孔间距13米，投资260万元；白银纳后道沟桥，大桥结构为空心板T形梁桥，2孔，每孔间距13米，项目投资130万元；翻身屯东大坝桥，大桥结构为空心板T型梁桥，8孔，每孔间距10米，投资400万元。上述桥梁于2014年10月全部完工。

2015年，完成危桥改造项目2个，塔三线2号桥、3号桥97延长米，投资432万元，9月20日完工。

2016年5月1日，开工建设什布全克桥，位于正棋至新街基公路K64+673处，全长34.2米，3孔10米空心板梁，投资170万元，10月10日完成主体工程。

2018年6月5日，改建白银纳后道沟桥，位于白银纳至胜利公路K2+264处，桥梁全长30.54米，2孔13米，预应力混凝土空心板梁桥，投资164万元，10月10日完工。

2019年5月20日，开工改造农村公路危桥进行，共改造危桥20座481.76米，投资4 903万元，项目2年全部完工。是：金龙沟大桥、韩家园桥、草甸桥、五隆屯桥、反修桥、新民林支桥、后道沟桥、乌苏蒙桥、怀柔桥、一号桥、东沟二桥、二队桥、三十六公里桥、三十公里桥、兴隆桥、十五里桥、中兴桥、小黄桥、望江桥、西山桥。

四、邮电通讯

1.邮政。1945—1949年，邮电处于空白时期，民间通信靠商民自办的邮政代办所经营。1951年，设立漠河、额木尔邮电局。1952年，鸥浦建邮电所，12月，成立呼玛县邮电局。1997年，全县邮电局、所13处。1999年，按照省局要求实行邮、电分营，县邮政局、县电信正式挂牌。2005年，呼玛邮政局辖支局、所14个，主要业务为邮运、投递、储蓄、汇兑、包裹、函件、报刊发行、机要通信。2008年，县邮政局与中国邮政储蓄银行呼玛县分行分立运营，结合客户需求推动各项业务均衡发展。集邮文化传媒业务将传统的集邮、函件整合为一提供优质服务。报刊发行工作由传统的报刊书籍阅读方式演变为电子报刊，通过扫描二维码进入读书页面，上千种书籍可供不同年龄段读者阅读。2014年，围绕"转型发展"提升服务支撑能力，包裹由原来每段区仅10余包裹，发展到每天每个段区200余件包裹，满足县内居民用邮需求。按照省分公司要求，在县内54个行政村设立村邮站。县分公司与8家民营快递达成"邮快合作"，代投民营快递县以下邮件。截至2020年12月，投递民营快递公司邮件1.5万件。

2.中国移动分公司。1999年6月，呼玛县移动通信分公司独立运营。2005年，共建基站19个，安装直放站10个，建铁塔4座，是县内网络规模、用户数量最大的移动通信运营商，主要经营基础电信业务、增值电信业务。经营与通信及信息服务相关的系统集成、结算清算、技术开发、技术服务、设备销售，通信设备终端及配件出售、出租、维修、业务培训、会议服务等。2016年，有移动基础站110个，直放站17个。长途光缆总长1 240.91皮长米。县内行政村屯GSM网络信号覆盖率100%，有移动代理点18个，客户总数3.31万户，全年收入1 370万元。

3.中国联通分公司。2005年，全县新建4G基站12个，开通U900基站18个，分光器扩容45处。2010—2013年，建设3G基站69个，实现全球范围内无缝漫游和"任何人、在任何地点、任何时间、与任何人"便利通信的目标。2015年，建设混合组网双4G网络基站52个。2010—2019年，建设升级至省级万兆带宽电路4条。2016年，加快推进光纤到户，实现光纤接入网络。由ADSL升级为FTTH接入网络，2M速率提升到100M带宽，满足了社会日益发展的需要。2018年，开通智慧呼玛数字化中心，成为省内首个县级智慧城市运营平台。

4.中国电信分公司。2005年，程控交换容量15 002门，实装容量1.30万门，实装率86.70%。住宅用户电话11 345部，固定电话入户普及率92%以上。出局电缆13 600对，地下管道总长15.62千米，网络覆盖全县乡镇、林场及大部分行政村。公司支柱产业为固定电话业务、小灵通业务、宽带业务及电报等。2016年，业务种类包括固定电话、移动网络、互联网接入以及数据通信、数字电路及国际、港澳、台通讯和各类行业应用综合信息业务，并提供增值业务。拥有"天翼宽带、天翼高清电视""天翼4G智能手机"等著名服务品牌。建成农村800M网络基站21个，城镇800M网络基站3个，其中呼玛粮库、呼玛3号站、韩家园镇、北疆乡、金山乡、三卡乡等均已实现4G网络全覆盖。

第七章　改革前行

第一节　生态环境

2010年，编制《呼玛县县饮用水源地技术报告》，严禁水源地保护区内乱倒垃圾种植、养殖、放牧和私接乱建。关停生产能力落后的呼玛县韩家园华洋木材加工厂，扩大鑫玛热电厂集中供热面积，改善冬季取暖期煤烟污染问题。完成国家水质自动监测托管站黑龙江呼玛站站房主体工程和自动取水系统建设，为国家开展黑龙江流域水环境保护提供最基础的监测数据。集中整治黑龙江作业船只非法排放垃圾、污水、油污行为。清理兴隆、三卡、韩家园等地的非法选场，改善县域水环境质量。

2011年，监测水源地水质，取缔水源地保护区内排污口和污染源，饮用水达标率达到100%，清理非法选场2家。完成新建黑龙江断面监测站自动取水设施项目，配备自动监测设备正式运行。相继完成白银纳乡白银纳村生活垃圾处理项目和韩家园镇韩家园村生活垃圾处理项目。加大对鑫玛热电厂、欧浦煤矿、韩家园物业等重点企业排污监管，实施企业环境监督员制度，对国控重点污染源鑫玛热电厂排放的废气开展人工监测，规范县医院等医疗机构危废处理处置的管理。

自2009—2013年，累计完成1个国家级生态乡镇、6个省级生态乡镇和49个省级生态村创建。呼玛县环境监测站取得黑龙江省质量技术监督局颁发的实验室资质认定证书，成为全区第一个获得资质的县级环境监测实验室。

2014年，省级生态县创建工作通过黑龙江省考核验收组的考核验收，呼玛县被正式命名为省级生态县。呼玛镇污水处理厂通过省环保厅专家组现场验收。完成2014年上半年污水处理厂申报3个月的减排量认定。完成鑫玛热电厂两台130t/h循环流化床锅炉炉内喷钙尾部增湿脱硫和脱硝改造工程。

2015年，完成白银纳乡鄂族新村污水处理项目、呼玛镇八个村生活垃圾转运项目、三卡乡生活垃圾处理项目、呼玛镇河南村畜禽养殖污染治理项目和鸥浦乡生活垃圾处理项目。全面开展大气污染防治工作，完成淘汰6个燃煤小锅炉。共处理环境信访案件19个，结案率100%。

2017年，对污染治理设施进行小规模改造，使污水处理量与处理能力相匹配，实现污水处理厂污染治理设施稳定运行。完成全县畜禽禁养区划定，搬迁禁养区11个养殖户，完成县内6个加油站油气回收治理和3处加油罐污染防治设施改造，全年共计淘汰黄标车51台。划定454公顷的呼玛镇建成区高污染燃料禁燃区，确定禁燃区内禁用的燃料类别。完成县域生态环境质量考核监测分析和土壤调查采样，地表水断面和饮用水源地水质全部达到三类标准，达标率100%。共受理环境信访案件7起，结案率100%。

2018年，完成韩家园林业局物资能源科加油站、呼玛县城北加油站和白银纳乡加油站的3处地下油罐改造。新建呼玛河口水质自动监测站。开展生态保护红线划定和第二次全国污染源普查。建立秸秆禁烧网格化管理体系，与韩家园林业局、十八站林业局共同建立禁止农作物秸秆露天焚烧工作联席会议制度，建立县、乡、村三级禁止秸秆露天焚烧网格体系。

2019年，加强农村水污染防治，推进农村、林场（管护区）生活污水治理，下达县域内3个地表水断面上下游5公里范围河岸垃圾和畜禽养殖粪便清理任务，相关乡镇、林场按照河长制管理要求定期清理。新建5个粪污收集发酵池，收集污水统一发酵还田。开展砖瓦行业、加油站、畜禽养殖场、尾矿库、"散乱污"等执法检查专项行动，开展破坏生态资源"百日行动"违建别墅清查、机动车检测机构资质认定和数据质量专项检查，共立案处罚2起，罚款2.3万元。

第二节　旅游开发

呼玛县共有景区21个，A级以上景区5个，其中3A级景区1个、2A级景区2个、A级景区2个。衍生出旅游公司1家、旅行社1家、旅游宾馆68家、百人以上接待能力酒店5家、玛瑙产品加工27家、山特产品店9家。先后获得"全国人文生态旅游基地""全国特色旅游名县""中国避暑养生休闲度假旅游最佳目的地""首批国民休闲旅游胜地""最美生态休闲旅游名县""中国最具文化魅力旅游名县"等称号。

2018—2020年，累计投入5 832万元，推进鹿鼎山景区、金山森林公园、画山景区、八十里大湾、三合村等景区景点设施建设，实现旅游服务基础设施在旅游沿线和景区景点等重点部位有效覆盖。借助醉美龙江G331风景大道建设契机，推进"醉美龙江331边防路"项目合作，设计规划风景廊道，初步确定鹿鼎山景区、画山界江旅游度假区、吴八老岛、三合村景区、呼玛尔自驾游营地、白银纳鄂伦春民族特色村寨和八十里大湾风景旅游区等6个交旅融合意向合作项目，构建五大核心景区、两馆、一营地，形成"七星拱月、三珠连线"之势。

采取"旅游+"模式，按照"一季两赛三节"打造重点节庆品牌，举办以"药卉遍呼玛 边城寻芳华"为主题的首个药卉观赏季、中俄界江国际冰雪汽车挑战赛、中俄马拉松挑战赛、开江主题文化活动周、首届鹿鼎山武侠文化活动周、冰雪文化活动周等。将省级现代农业科技园区中建设的蓝靛果忍冬繁育、野生蓝莓种植、北药种植、花卉繁育等基地，打造成集采摘体验、农业观光、绿色有机于一体的综合性现代农业产业园。与乐途网签订营销协议，在央视九套投放呼玛广告宣传纪录片。2019年，举办"致敬金庸鹿鼎山武侠文化活动周"荣获文旅IP类/品牌形象银奖，叫响呼玛旅游品牌。加强文化遗产保护传承，新建鄂伦春族非物质文化传统工艺作坊，将原有700平方米的房屋改建为萨满服饰（非遗萨满舞）、小型民族特色白酒传统酿造等6个工艺作坊。开展刺绣、剪纸、民歌、撮罗子搭建、桦树皮手工艺制作等鄂伦春非物质文化遗产传承培训。

旅游景点

1.鹿鼎山。

鹿鼎山原名"呼玛尔窝集山"，于2019年被评定为国家旅游AAA级景区，位于呼玛县城西南12公里处，原名"呼玛尔窝集山"。以"奇松、怪石、神泉、云雾"四绝而著称，呼玛尔河从它脚下蜿蜒流过，鹿鼎山也是远眺呼玛全城的最佳观测点。

鹿鼎山山势险峻，因地处位置和周边环境与武侠文学大师金庸先生的封笔之作《鹿鼎记》第21回描述高度契合而得名，书中传说是大清龙脉所在地，藏有八旗重宝。由于《鹿鼎记》的广泛影响，2012年呼玛县政府正式将窝集山改名为鹿鼎山。2018年9月19日，病榻之上的金庸先生亲笔题写"鹿鼎山"三个大字，生前留下墨宝认同。

2019年7月29日，举办本届"鹿鼎山武侠文化周"活动暨3A级景区揭牌，纪念金庸先生诞辰95周年、《鹿鼎记》创作50周年，依托金庸武侠文化，打造《鹿鼎山》景区品牌。

至2020年，建成金侠文化园、鹿鼎记文化园等文化景观，修设上下山石栈道、溪边栈道、观景平台等基础设施，旅游景区体系逐步完善。

2.呼玛尔自驾游营地。

位于县城西5公里，331国道北侧。以上世纪一处废弃砖窑为主建筑，将24个烧砖窑洞改建成24节气的主题宾馆，体现呼玛民俗文化与农业大县的特点；砖窑四个角楼分别用春、夏、秋、冬四季命名，角楼上下方分别改造成棋牌室和茶吧。砖窑顶部设空中观光台和演艺广场，可欣赏周围30多公顷道地药材和种植花卉。将47.6米高的烟囱改造成为16 700多个点光源的"呼玛小蛮腰"炫酷灯光秀塔，成为331国道一道亮丽的风景。

营地建设充分接纳社会各界和当地村民"保留老砖窑乡愁记忆"的建议，融合本土的采金文化、玛瑙文化、红砖文化、渔猎文化，尽可能多方位展示呼玛本土历史文化元素。

3.永度寺。

永度寺位于呼玛河口西南、水文站南100米处，在小黑砬子山顶，距呼玛尔战斗纪念碑700米处。始建于2005年7月30日，在2008年2月25日，经黑龙江省宗教事务局批复大觉寺更名，由男众寺院变更的女众寺院。

永度寺建筑面积1 336.47平方米，有大雄宝殿、居士房、藏经楼、方丈楼、斋房等12个单体建筑物及围墙山门。寺外建有精心布局的绿化带，整个寺院处于绿树丛中，给人以深山古刹、宁静幽远的感觉。

4.画山界江。

画山景区位于呼玛县金山乡黑龙江畔，原名"旺哈达大碴子"，地势险要，易守难攻，后金年间达斡尔博木博果尔在此聚众抗清，清光绪年间设旺哈达卡伦实施有效管辖。这里是东北抗日联军第三路军第三支队三次赴苏联整训过江地，抗联老战士、黑龙江原省长陈雷同志一次视察边境船经此地取名"画山"。

画山高307米，临江的山体呈半圆形，岩石裸露，山势陡峭挺拔，似刀切斧劈般迎江而立，与俄罗斯对岸一山隔江相望，有3处沟谷可供游人攀登。

至2019年，完成景点混凝土登山路、观光亭、游步道、木栈道、别墅木屋、水景木屋等设施建设。

5.桃源峰水电站。

桃源峰水电站是中国最北的水电站，位于呼玛县三卡乡境内，黑龙江上游右岸一级支流宽河下游，2006年4月由原呼玛县团结水电站转制而成的民营企业。桃源峰水电站也是中国最北的大型水利枢纽工程，由拦河坝、溢洪道、输水洞、发电厂房、水轮发电机组、升压站、尾水渠等组成，是集发电、防洪及养鱼综合利用型水库。

水电站总装机10.5兆瓦，有3 500千瓦水轮发电机组3台，设计年平均发电能力为7 500万千瓦时。总库容1.423亿立方，校核洪水位229.20米，属大Ⅱ型水利枢纽工程，控制流域面积1 062平方公里。坝顶高程229.20米，防浪墙高1.2米，防浪墙高程230.40米，最大设计坝高42.3米。坝顶长647.92米，坝顶宽5米，电站水库有养鱼水面1万亩。

水电站库区风景秀美，山岭起伏蜿蜒，突兀奇伟，配以三十里长湖，四时之景迥异。

6.八十里大湾。

江湾位于呼玛县三卡乡境内，因黑龙江的江道在此绕了一个巨大的"S"形弯子（由中国的江湾半岛与俄罗斯的沙漠墩半岛所组成），致使直线距离只有几百米路程，乘船则需要绕行80华里，故得此名。

江湾为半岛，得名于1965年搬迁至黑龙江边我方一侧半岛的江湾农场，面积近100平方公里，四周都被黑龙江水环绕，近乎圆形的半岛恰如

一个精巧的金葫芦，和大陆的相连接处只有几百米宽的距离（由黑龙江水势决定，500至300米不等），唯一的连接处还是一座山（因此山迫使黑龙江绕行了八十里形成"S"形景观），山本无路无正式名字，高度在100米上下，是人力开凿一条长约6华里，宽不足6米险路，路的下方便是黑龙江，此路名为"堵里口"，又名"独路口""一线天"。

2016年，在江湾半岛的堵里口山顶建成30米高观光塔，登塔俯瞰左侧是黑龙江的上游，右侧是黑龙江的下游，上游与下游之间落差高达7米多。左岸是邻邦俄罗斯，右岸是江湾半岛，一江两岸秀美风光尽收眼底。

7.三合战斗村。

位于呼玛县鸥浦乡，隔黑龙江与俄罗斯相望，得名于民国初年在此设有字号为"三合客栈"的店铺。

20世纪六七十年代大兴安岭开发，三合是建设大军的登陆地。各路队伍从黑龙江水路上岸，负重步行进入茫茫林海开拓建点。

自20个世纪的60年代中期起，为保卫祖国的神圣领土，三合军民同苏联入侵者进行针锋相对的斗争，终于取得了最后胜利。1969年中央军委和国务院授予三合"战斗村"的光荣称号。

1971年，英国《泰晤士报》高级记者、著名国际问题评论家

内维尔·马克斯韦尔亲自到吴八老岛地区实地采访，随后向国际社会客观公正地报道了该地区中苏边境冲突的真相。后来，在我边防哨所的山上修建了马克斯韦尔亭，表示纪念。

亭中碑文如下："马克斯韦尔是一名英国记者，一九六九年我方与苏联发生吴八老岛争端，他作为一名和平爱好者亲自到我哨所进行现场考证，之后在国际舆论中公开公正报道吴八老岛属中方领土，为我方主持正义，为了纪念他，故建此亭。"

8.金山林场樟子松母树林森林公园。

金山林场樟子松母树林基地位于呼玛县城西北，是我省最早确定为天然樟子松母树林种子基地之一。基地占地20多万亩，现有天然优质樟子松母树1 862公顷，后备天然樟子松母树林资源3 200公顷。平均树龄41年，最大树龄150多岁，百岁以上100余株，平均郁闭度0.6，平均地位级Ⅱ级。1957年开始采种，1989年被列为部省联营天然樟子松母树林种子基地，1990年被林业部和黑龙江省林业厅确定为国家级樟子松种子园。基地年采种500余公斤。到目前为止，提供优良种子超过7.5万公斤。

基地四周开设防火隔离带41公里、母树林门路兼花粉断尽带5公里；建成总面积500多平方米母树林管护房10处、母树林永久纪念碑1座、白钢展台1座，实木小桥1座，重点公益林碑牌2座，种子晾晒场200平方米。

樟子松属常绿树种，四季常青，树干通直，冠形优美。林下资源丰富，生长有越橘（北国红豆）、都柿、榛子、稠李子、山丁子以和各种名贵的中草药材等野生经济植物100余种，栖息着飞龙、犴、熊、雪兔等国家一、二级保护动物54种。

第三节　社会保障

一、劳动关系调整

自1986年以后，改革劳动用工制度，实行全员劳动合同制。1997年，实行集体合同。2008年，《中华人民共和国劳动合同法》出台，劳动合同制度不断完善。劳动合同制度、集体协商机制逐步推行，劳动关系三方协商机制基本形成。创建和谐劳动关系活动深入开展，国有企业改组改制劳动关系逐步规范，下岗职工劳动关系基本理顺。企业工资分配宏观调控制度逐步完善，最低工资标准稳步提高，大力提倡"工匠"精神。和谐劳动关系为企业发展注入活力，劳动关系步入良性循环轨道。

二、妥善解决历史遗留问题

从2009年7月起，至2010年12月，经黑龙江省人力资源和社会保障厅审批，共有1 093名"五七工""家属工"，纳入基本养老保险统筹范围，实行社会化发放。

三、全面落实就业创业政策

每年城镇新就业，城镇新增就业，失业人员再就业，就业困难人员再就业在几百人以上，城镇登记失业率控制在要求的4.3%以内。2010年城镇新增就业2 391人，城镇登记失业率为2.2%；2011年城镇新增就业2 553人，城镇登记失业率为2.4%；2013年城镇新增就业2 321人，城镇登记失业率为2.1%；2014年城镇新增就业2 363人，城镇登记失业率为2.1%；2015年城镇新增就业1 784人，城镇登记失业率为2.24%；2016年城镇新增就业1 065人，城镇登记失业率为2.42%；2017年城镇新增就业1 075人，城镇登记失业率为3.63%；2018年城镇新增就业885人，城镇登记失业率为2.82%；2019年城镇新增就业971人，城镇登记失业率为2.55%。2008年，失业保险、城乡居民养老保险、机关事业养老保险等"三险"纳入人力资源社会保障局。

截止到2020年末，失业保险参保人数4 015人，城乡居民养老保险参保人数10 980人，机关事业养老保险参保单位199个，在职参保2 474人。形成保障制度规范化，管理服务化的保障体系。

以就业困难群体和未就业的高校毕业生为重点，累计开发2 000余个基层社会管理和公共服务岗位。努力提高高校毕业生就业率，每年至少举办一期就业培训，累计培训2 000余人，75%以上实现就业。

四、健全完善社会保险体系

1987年，实施企业养老保险、失业保险制度。1995年，推行工伤保险、生育保险、农村养老保险，稳妥有序地推进社会保险领域改革，努力实现城乡居民应保尽保，按时足额发放国有企业下岗职工基本生活费和企业离退休人员基本养老金。2001年，实现下岗职工基本生活保障与失业保险并轨。至2019年末，企业职工养老保险参保16 032人、个体工商户参保29 309人、收缴养老金137 313万元。离退休人员49 028人，发放养老金100 642万元。为32家企业减免养老保险税额228万元，通过龙江人社APP人脸识别认证系统认证人员5 723人。

第四节　惠农政策

一、农业支持保护补贴

2013—2019年补贴资金共计：24 730.15万元，其中：2013年农资综合补贴和粮食直补资金3 555.62万元（补贴标准55.679元/亩、13.851元/亩），补贴面积511 379亩，补贴4 844户；2014年农资综合补贴和粮食直补资金3 555.62万元（补贴标准55.685元/亩、13.845元/亩），补贴面积511 379亩，补贴4 920户；2015年农资综合补贴和粮食直补资金2 944.74万元（补贴标准56.05元/亩、1.53元/亩），补贴面积511 379亩，补贴4 931户；2016年农业支持保护补贴资金3 654.01万元（补贴标准71.454元/亩），补贴面积511 379亩，补贴4 937户；2017年农业支持保护补贴资金3 658.76万元（补贴标准71.5 469元/亩），补贴面积511 379亩，补贴4 937户；2018年耕地地力保护补贴资金3 675.35万元（补贴标准71.8 712元/亩），补贴面积511 379亩，补贴4 865户；2019年耕地地力保护补贴资金3 686.05万元（补贴标准72.4 081元/亩），补贴面积509 065.72亩，补贴4 868户。

二、良种补贴

对玉米、大豆、小麦实施全面积良种补贴政策，按照"有种有补、不种不补、谁种补谁"的原则，对使用优良品种的种粮农民（种植者）进行补贴，补贴标准为：玉米、大豆、小麦每亩10元。2010年至2015年良种补贴面积共计6 217 154.58亩，补贴资金62 170 190.67元（其中：2010年良种补贴面积1 019 053.95亩，补贴资金10 190 539.5元；2011年良种补贴面积1 019 053.95亩，补贴资金10 190 539.5元；2012年良种补贴面积1 049 041.57亩，补贴资金10 490 410.57元；2013年良种补贴面积1 055 927.77亩，补贴资金10 559 277.7元；2014年良种补贴面积1 002 879.07亩，补贴资金10 028 040.7元；2015年良种补贴面积1 071 198.27亩，补贴资金10 711 382.7元）。

三、农机购置补贴

2010—2019年，落实农机购置补贴资金3 788万元，补贴机具1 528台套，1 326户农户受益，农民投入自筹农机具更新改造资金9 405万元。

四、农机深松作业补助

2010—2019年，共落实深松补助资金1 671万元，深松整地139万亩，受益户数1 701户。深松补助项目的实施，改变了原来农户的传统耕作方式。深松整地能够打破犁底层，加深耕层，提高耕地质量、提高土壤的蓄水能力、改善土壤结构、减少降雨径流，减少土壤水蚀。农民秋季深松整地，保证大部分耕地黑土越冬，提高耕地的质量和产出量。

五、作物生产者补贴

2014—2019年大豆生产者补贴资金共计101 191.17万元。其中：2014年大豆目标价格补贴资金5 768.68万元，补贴标准60.5元/亩，补贴面积953 497亩，补贴5 522户；2015年大豆目标价格补贴资金11 675.60万元，补贴标准130.878元/亩，补贴面积892 095亩，补贴4 574户；2016年大豆目标价格补贴资金10 957.30万元，补贴标准118.58元/亩，补贴面积924 039.9亩，补贴4 702户；2017年大豆生产者补贴资金15 718.88万元，补贴标准173.46元/亩，补贴面积906 195亩，补贴4 517户；2018年大豆生产者补贴资金30 273.56万元，补贴标准320元/亩，补贴面积946 048.73亩，补贴4 774户；2019年大豆生产者补贴资金26 797.15万元，补贴标准255元/亩，补贴面积1 048 058.47亩，补贴4 902户。

2016—2019年，玉米生产者补贴资金共计2 171.17万元。其中：2016年玉米生产者补贴资金1 412.15万元，补贴标准153.929元/亩，补贴面积91 740亩，补贴857户；2017年玉米生产者补贴资金437.82万元，补贴标准133.46元/亩，补贴面积32 805亩，补贴455户；2018年玉米生产者补贴资金249.54万元，补贴标准25元/亩，补贴面积99 816.06亩，补贴882户；2019年玉米生产者补贴资金71.66万元，补贴标准30元/亩，补贴面积23 885.88亩，补贴337户。

2018—2019年，稻谷生产者补贴资金共计1.59万元。其中：2018年稻谷生产者补贴资金0.79万元，补贴标准131.67元/亩，补贴面积60亩，补贴1户；2019年稻谷生产者补贴资金0.80万元，补贴标准133元/亩，补贴面积60亩，补贴1户。

六、绿色高产高效创建支持

2016年，绿色高产高效创建示范县资金400万元。2018年，大豆绿色高产高效创建示范县资金380万元。2020年，呼玛县大豆绿色高质高效生产基地项目资金70万元。

七、新型职业农民培育

2016年，培训扶贫攻坚经济合作组织带头人40人，村级农民技术员40人。2018—2019年，培训新型职业农民227人。

八、耕地保护与质量提升支持

测土配方施肥项目资金128万元，累计实施面积412万亩（其中：2010年测土配方施肥资金40万元，实施面积90万亩；2011年测土配方施肥资金28万元，实施面积100万亩；2012年测土配方施肥资金30万元，实施面积110万亩；2015年测土配方施肥资金30万元，实施面积112万亩）。2013年培肥地力补贴资金31万元，实施面积110万亩。2016年有机肥提质增效资金10万元，实施面积200万亩。2017—2019年，耕地保护与质量提升项目资金95万元，实施面积337.5万亩（其中：2017年40万元，实施面积112.5万亩；2018年资金25万元，实施面积112.5万亩；2019年资金30万元，实施面积112.5万亩）。

九、扶持家庭农场发展

2017年，呼玛县海增家庭农场被评为省级示范家庭农场，获得奖补资金5.6万元；2018年，呼玛县探江龙洪奎家庭农场被评为省级示范家庭农场，获得奖补资金6万元；2019年，呼玛县庆利家庭农场、呼玛县宝库顺发家庭农场被评为省级示范家庭农场，分别获得奖补资金8万元；呼玛县忠强淡水鱼养殖家庭农场、呼玛县明金家庭农场被评为地级示范家庭农场，分别获得奖补资金2万元。

十、扶持农民合作社发展

2015年，呼玛县象山种植农民专业合作社被评为省级规范社，获得奖补资金20万元；同年通过省级评审，升级为800万元现代农机合作社，其中投资金480万元，正式更名为呼玛县象山现代农机合作社。2016年，呼玛县黑云食用菌农民专业合作社被评为省级规范社，获得奖补资金25万元。2018年，呼玛县瑞和种植专业合作社被评为省级示范社，获得奖补资金20万元。

十一、基层农技推广体系与建设支持

2010年至2019年，基层农技推广体系与建设资金共计805万元，累计补贴面积88.8万亩（其中：2010年补贴资金100万元，补贴面积22万亩，受益农户5 800户；2011年补贴资金132万元，补贴面积22万亩，受益农户5 000户；2012年补贴资金153万元，补贴面积10万亩，受益农户1 700户；2013年补贴资金100万元，补贴面积10万亩，受益农户1 700户；2015年补贴资金130万元，补贴面积10万亩，受益农户1 700户；2016年补贴资金110万元，补贴面积5万亩，受益农户1 000户；2018年补贴资金50万元，补贴面积5万亩，受益农户500户；2019年补贴资金30万元，补贴面积4.8万亩，受益农户580户）。

十二、农业保险补贴政策

自2013年开始，农业保险保费补贴政策，范围为大豆、小麦种植。保费为15元/亩，补贴比例为：中央、省、县财政分别按应缴保费的40%、25%、15%比例进行补贴，其余20%的保费由农户自己缴纳。2013—2019年，共承保6 540 203.1亩，中央、省、县财政补贴68 132 283.81元，累计承保21 349户数（其中：2013年承保491 518.5亩，中央、省、县财政补贴5 898 222.00元，承保1 720户数；2014年承保732 587.68亩，中央、省、县财政补贴8 791 052.16元，承保2 272户数；2015年承保1 064 986.2亩，中央、省、县财政补贴12 779 834.4元，承保2 927户数；2016年承保724 111.47亩，中央、省、县财政补贴8 689 337.64元，承保3 194户数；2017年承保831 042亩，中央、省、县财政补贴9 972 504元，承保2 654户数；2018年承保1 025 173亩，中央、省、县财政补贴12 302 082.00元，承保4 246户数；2019年承保672 005.6亩，中央、省、县财政补贴8 423 794.88元，承保1 665户数）。

十三、渔业油价补助

2010—2019年，渔业油价补助资金总额6 826 047.69元（其中：2010年补助669 917.54元，补助标准为每条渔船4 436.54元，补助渔船151条；2011年补助1 016 100.14元，补助标准为每条渔船6 729.14元，补助渔船151条；2012年补助1 061 499.8元，补助标准为每条渔船7 029.8元，补助渔船151条；2013年补助1 009 354.97元，补助标准为每条渔船6 684.47元，补助渔船151条；2014年补助919 475.24元，补助标准为每条渔船6 089.24元，补助渔船151条；2015年补助528 500元，补助标准为每条渔船3 500元，补助渔船151条；2016年补助528 500元，补助标准为每条渔船3 500元，补助渔船151条；2017年补助367 500元，补助标准为每条渔船2 500元，补助渔船147条；2018年补助370 000元，补助标准为每条渔船2 500元，补助渔船148条；2019年补助355 200元，补助标准为每条渔船2 400元，补助渔船148条）。

十四、食用菌生产补贴

2014年，地区全民创业食用菌专项补贴资金336 100.00元。其中：按每袋食用菌补贴0.5元，补贴食用菌32.7万袋，共补助食用菌生产者40户，补贴资金163 500元；按木架大棚每栋3 000元，钢架大棚每栋5 000元的标准，补贴食用菌大棚建设，共补贴食用菌生产者11户，大棚41栋，补贴资金172 600.00元。

十五、中药材示范县建设支持

2019年中药材示范县规模化基地项目：按多年生中药材每亩

补贴350~400元，一年生中药材每亩150元的标准，补贴中药材种植面积15 769.98亩（19户），补贴资金4 730 183.50元。2019年，呼玛县中药材示范县初加工项目：补贴中药材初加工企业4家，补贴资金2 899 938.70元。2019年呼玛县中药材示范县展示园项目：补贴中药材展示园2家，补贴资金997 682元。

十六、畜牧业发展支持

2010—2019年，畜牧业发展支持资金430.77万元，受益养殖场（基地）28个（处）。其中：2010年生猪规模场扶持2个，支持资金20万元；2011年生猪规模场扶持1个，扶持资金10万元；2012年生猪规模场扶持1个，扶持资金10万元；2013年"菜篮子"产品生产支持养殖场1个，支持资金49.24万元；2014年扶持肉羊标准化规模养殖场1个，扶持畜禽标准化规模养殖场2个，扶持资金分别为25万元和65万元；2016年"两牛一猪"标准化规模养殖基地建设扶持养殖基地1个，粮改饲青贮1处，大牲畜定点屠宰场建设1个，支持资金分别为100万元、9.38万元和40万元；2017年粮改饲青贮4处，支持资金28.21万元；2018年粮改饲青贮5处，支持资金22.28万元；2019年粮改饲青贮6处，粪污资源化利用2处，支持资金分别为30万元、21.66万元。

第五节　农村扶贫

2010年至2019年，共投入财政专项扶贫资金6 922.36万元（其中中央、省财政专项扶贫资金6 443.1万元，县财政专项扶贫资金479.345万元），共实施扶贫项目255个。通过扶贫开发全县面貌发生了较大的变化，经济得到了进一步发展，贫困村经济实力普遍加强，生产生活条件得到了改善，挖掘了生产潜力，增强了发展后劲；农村基础设施条件极大改善，防御自然灾害和综合生产能力逐步增强，村集体和贫困农户的积累和收入得到了提高；文化、教育、卫生等社会事业条件得到改善；群众的思想觉悟素质得到了提高，精神文明建设得到加强；贫困村群众的思想觉悟逐步提高，视野不断开阔，改革开放意识、市场经济意识、科技意识都普遍增强。全面实现了"两不愁、三保障"（即不愁吃、不愁穿，义务教育、基本医疗和安全住房得到保障）目标，圆满完成了脱贫攻坚任务。

呼玛县扶贫开发工作分为三个阶段：

第一个阶段是实施《黑龙江省农村扶贫开发纲要（2001—2010年）》的十年。10年中共有五批贫困村扶贫开发整村推进，贫困村10个。通过《纲要》实施，使10个贫困村的贫困户有发展生产项目，贫困户有劳动力培训实现转移，村有大中型农业机械，村有卫生室和计划生育服务室，通硬化道路，通自来水，通有线或无线数字电视，提高了群众生产生活水平、村风文明水平、民主管理水平。实现贫困实施村"四有三通三提高"。

第二个阶段是实施扶贫开发"十二五"规划的5年（2011年至2015年）。有贫困村7个（三卡乡宽河村、兴华乡日升利村、白银纳更新村、呼玛镇西山口村、兴华乡兴华村、鸥浦乡鸥浦村、三卡乡老道店村）。

第三个阶段是精准扶贫的脱贫攻坚阶段（2016年至2020年）。有贫困村4个（北疆乡嘎鲁河村、韩家园镇达拉罕村、金山乡三间房村和兴隆办事处大碴子村）。这一阶段是深入贯彻落实《中共黑龙江省委黑龙江省人民政府关于打赢脱贫攻坚战的实施意见》和省、地扶贫开发工作会议精神，确保全县2018年如期完成脱贫攻坚任务的关键时期。通过三个阶段的工作努力，实现全县贫困村退出，贫困户全部脱贫的工作目标，圆满完成了脱贫攻坚战的艰巨任务。

一、2010—2019年贫困人口变化

2010年底，按农村贫困线标准人均收入1 570元，确定贫困户534户，贫困人口1 708人。

2011年底，贫困户457户，贫困人口1 421人。

2012年，黑龙江省提高了贫困线标准，调整到人均收入2 800元。重新识别后2012年底贫困人口1 900人。

2013年底，贫困人口1 800人。

2014年，黑龙江省制定《扶贫开发建档立卡工作方案》，对贫困人口进行了重新识别，年初识别贫困人口3 784户8 561人，当年脱贫1 210人，年底贫困人口为7 351人。

2015年底，贫困人口4 905人。

2016年，针对不同类型的贫困人口分类制定脱贫措施。通过筛选"十一种人""回头看"动态调整工作，选出贫困户1 412户、贫困人口2 597人。其中因病致贫819人，占贫困人口的31.5%；因残致贫676人，占26%；其他原因致贫占42.5%。贫困人口中低保户738户1 333人，占全县总贫困人口的51.3%；五保户76户86人，占3.7%；残疾人349户465人，占17.9%。贫困村中的贫困人口208人，占全县贫困人口的8%，非贫困村中贫困人口2 389人，占全县贫困人口的92%。

2017年，识别标准调整为农民人均纯收入3 146元，并综合考虑不愁吃、不愁穿，基本医疗、义务教育、住房安全保障"两不愁、三保障"因素，据实识别为建档立卡贫困户。通过识别确定建档立卡贫困户787户1 398人，其中脱贫户607户1 049人，未脱贫户180户349人。2017年底动态调整后，剩余未脱贫户为119户

237人。

2018年，贫困户119户237人全部脱贫，贫困村全部出列，完成县政府确定的2018年全部脱贫的预定目标。

2019—2020年，对所有建档立卡贫困户进行巩固提高，保障能够达到稳定脱贫不反弹，防止非建档立卡贫困户因灾、因病致贫。

二、突出抓好产业开发扶贫

2010—2019年，用于产业发展的中央、省财政专项扶贫资金5 257.4万元，县财政专项扶贫资金271.557万元，共实施产业发展项目176个。建设实施榨油坊建设项目1个，酒坊建设项目1个，大豆良种繁育项目1个、马铃薯良种繁育项目1个、大豆储备中转及深加工库房、加工设备项目1个，果蔬保鲜冷冻加工项目1个，有机蔬菜大棚2个，新建温室大棚800平，大豆储备中转及深加工厂255平方米，大豆收贮项目1个、创业园区项目1个、沙漏工艺品厂生产线1套，投资合作社享受收益项目98个，中草药种植15亩，为贫困村转让土地3 535.9亩，商服用房维修220平方；畜牧小区3处，购羊531只，购牛219头，购猪25头，购蜂65箱，购鸡1 300只，水产养殖4.8亩；购买植保机械1套，打捆机1套、收割机3台，拖拉机10台，配套机具6套，深松设备1套，粉碎机3套，地衡建

设项目1个。同时拓宽产业扶贫投融资渠道，县财政投入200万元作为风险补偿金，放大10倍用于贫困户的小额信贷，对有需求、有发展能力的71户贫困户提供贷款329.5万元，鼓励其通过自身发展脱贫致富。通过产业发展实现贫困群众户均有一项稳定增收的产业经营项目。

三、推进基础设施建设和社会事业发展促进脱贫

改善交通条件。完成全县通乡通村公路建设，解决"最后一公里"问题，所有建制村实现公路硬化。对所管养的911.153公里农村公路，对社会进行发包，同时对有劳动能力的9个贫困户安排从事公路养护，通过公路养护实现人均增收10 000多元，使其有固定收入实现脱贫。解决安全饮水问题。加大贫困村农村饮水安全建设力度，投入资金70万元，按丰枯水期，每年分两次对全县所有贫困户进行水质检测，使贫困村饮水安全比例达100%。完成危房改造。2017年后，针对贫困户危房问题多措并举，采用维修、置换、村闲置房安置、幸福大院免费安置等一系列措施，解决贫困户刚性住房问题。全县鉴定贫困人口房屋793户，2017年投入资金解决59户C级和D级危房，其中置换、购买房屋20户，安置幸福大院6户，维修改造33户。2018年投入资金解决了20户危房，维修改造10户，购买、自建房屋5户每户补贴5 000元，置换安置5户。2019年在以前鉴定过的基础上，又聘请第三方专业机构对全县贫困户房屋进行了安全鉴定，并针对发现的不同问题，分别采取维修、改造、置换、幸福大院入住等方式保障住房安全，年底贫困房危房问题已经全部解决。实施教育扶贫。2017—2019年，投入280万元，改造 4所学校旱厕；拨付 1 960万元，完成了5所学校的操场建设任务；下摆 30万元，改造第一幼儿园场地排水管网实施；投入21万元，为各学校采购饮水温热机和图书。拨付96.5万元，推进"高中数字化教育教学管理平台"投入使用。实施雨露计划对36名建档立卡贫困家庭学生每年给予3 000元补助。在学前教育中，免除贫困幼儿学费、伙食费，落实贫困学生免费入园、免费就餐，义务教育阶段全部实现了"两免一补"（免杂费、免教科书费、寄宿制低保家庭学生发放就餐补

贴）。抓好就业扶贫。在推进扶贫开发工作中，把促进就业摆上突出位置，切实解决贫困人口缺乏就业能力、岗位等问题，通过道路养护、环卫保洁、经营主体安置贫困户658人，努力让有就业能力的贫困群众有业可就、收入稳定。实施科技扶贫。通过安排科技扶贫示范项目，建立示范基地，推广适用技术和成果，不断强化农业技术推广普及和应用，抓好乡村干部和贫困群众的培训。每户培养一个科技明白人，90%以上的贫困户熟练掌握1到2项实用技术，提高生产技能和管理水平，增强自我发展能力。加强公共文化服务。完成7个贫困村文化广场建设，并配备体育健身器材，对贫困村网络基础设施进行完善，已实现所有贫困村架设网络宽带，丰富了农民业余文化生活。依靠保险政策扶贫。为了防止贫困户因病、因灾返贫，为所有建档立卡贫困人口办理小额意外保险，涵盖参保人员意外身故、意外伤害残疾、意外医疗费用、疾病死亡、20种重大疾病。按每人每年30元缴纳保费，共交保费15.825万元，覆盖全部建档立卡贫困人口2 678人；投入0.476万元对全县建档立卡476户贫困户进行住房保险。由此提高了贫困户的抗风险能力。2010—2019年共投入基础设施和社会事业发展的财政专项扶贫资金1 663.91 万元，其中中央、省财政专项扶贫资金1 304.565万元，县财政专项扶贫资金359.345万元。建设项目79个，完成房屋维修37户，新建晾晒场7个，水泥路4.4公里，休闲广场2个，晾晒场7个，农田路109.474公里，巷道维修3 510米，修路边沟10 210米，栅栏12 400米，畜用水井1眼，围栏1 500米，安装路灯30盏，维修库房190平方米，新建库房3 500平方米，漫水桥建设1座，健身器材1套，绿化1 200棵，购卫生清理设备2台。

四、实施社会保障兜底脱贫

实行医疗保障和医疗救助脱贫。实施健康扶贫工程，防止因病致贫、因病返贫。投入131.9万元新建村卫生室7所、维修改造8所。2017年后建档立卡贫困人口全部参加基本医疗保险。贫困人口参加医疗保险个人缴费部分由民政医疗救助资金予以资助，其中特困供养人员给予全额资助，其他人员给予60%的定额资助。建档立卡贫困参合人员门诊统筹补偿不设起付线，补偿封顶线由地区政策规定门诊统筹封顶线每人每年200元基础上县政府再给予100元的补贴。提高疾病医疗救助水平，农村建档立卡有疾病发生的在定点医疗机构医疗费用，经基本医疗保险、大病保险、各类补充保险等报销后个人负担的住院合规医疗费用，县民政局还分几种情况要给予救助。制定了《呼玛县城乡贫困群众医疗救助暂行办法》《呼玛县农村贫困人口大病专项救治诊疗方案》《呼玛县"先诊疗，后付费"诊疗服务模式实施方案》《呼玛县健康扶贫冬季暖心行动工作方案》等制度措施，积极探索医疗服务收费管理与结算管理新模式，对医院就医服务流程进行了优化。开展家庭医生签约服务，优先为贫困人口建立电子健康档案，建档率达100%；将贫困人口纳入签约管理重点人群，签约服务率达100%。全县54个行政村全部成立健康扶贫工作队，开展了健康扶贫冬季暖心服务系列活动，实施"一人一策"精细化服务，实现分类救治。积极做好患有大病贫困人口的联系对接、救治后康复、健康管理等工作，对患有慢性病贫困人口提供个性的签约服务和慢病管理，打通了落靠健康扶贫政策的"最后一公里"。加强社会救助体系建设。提高农村最低生活保障和五保供养水平，保障没有劳动能力和生活常年困难农村人口的基本生活，对无法依靠产业扶持和就业帮助脱贫的家庭，实行政策性保障兜底。

第六节　乡村振兴

一、完善公路交通，实施路桥项目建设

投资2 755万元（国投1 150万元，自筹1 605万元），用于改造16座桥，分别为1号桥、草甸桥、东沟二桥、二队桥、韩家园桥、怀柔桥、金龙沟大桥、三十公里桥、三十六公里桥、十五公里桥、乌苏蒙河桥、五隆屯桥、新民林支桥、兴隆桥、中兴桥，桥长计463.84米。

二、改善农业生产条件，完善水利灌溉等设施

实施三卡乡江湾村高标准农田建设项目。推进水利设施建设项目：推进呼玛县老道店汗达河防洪工程建设复工；投资7 834万元（其中中央投资4 701万元）完成呼玛县城欣湖（水系）连通工程，建设的主要内容包括呼玛河泵站、截流沟、水库、湖泊、泄洪沟和黑龙江干流的连通工程及必要的配套建筑物工程等，在满足区内防洪排涝要求的基础上，引外江水注入沟道与泡沼，满足呼玛镇河湖连通的水生态和环境用水需求；建设黑龙江省中俄JH治理三期工程（呼玛段）三处护岸，从鸥浦乡曙光村至呼玛镇共规划8处防护工程，建设李花站段、察哈彦段和尹家大岛段护岸，整治长度4.91公里。

三、改善乡村人居环境，提升生活幸福指数

投入140万元，采购垃圾运输、收集、处理设施设备。全县配备垃圾清运车320辆，建成垃圾填埋场3处（呼玛镇、三卡乡、

鸥浦乡），辐射带动19个村，占年度计划比重的35%，其他35个村均完成了临时堆放点建设。投入72.75万元（其中省专项20万元），实施农业农药瓶等废弃物回收，回收率达到90%。突出重点，落实"厕所革命"。"厕所革命"重点以农村改厕为主，室内水冲式厕所建设标准7 000元/户、旱厕补贴1 800元/户。2019—2020年，两年建成农村卫生厕所1 812个（2019年1 022个、2020年790个），其中水冲式厕所1 092个、室外旱厕620个，生态厕所100户。建设农村公厕11座。农村卫生厕所覆盖率达85%以上。同时，投入资金162万元，为各乡镇统一配置吸污车13辆，定期开展收运服务。扎实推进农村污水处理。全县有15个村的生活污水和粪污得到有效治理，占年度计划比重的27.8%。2019年，投资70.9万元，在三卡乡、白银纳乡、北疆乡、鸥浦乡、金山乡建成生物菌剂化粪池5处并投入使用。完成鸥浦乡三合村地下管网建设。2020年，投资455.96万元，建设黑龙江流域沿线三卡乡污水处理项目，建设日处理150吨的粪污处理设施一座，1 340平方米的污水处理站一处及污水处理站污水处理设备、配套设施。大力实施"能源革命"。投入80万元，推进2.3万亩（集中在三卡乡）玉米秸秆综合利用，建成秸秆压块站一处，秸秆压缩后用于三卡乡农民楼房集体供暖。呼玛镇7户农户安装光伏发电设备，在解决自家用电需求的同时年均带动增收0.5万元左右。全力推进"菜园革命"。农村有丰富的菜园资源，大多数农户庭院面积大、土壤肥沃，有发展"菜园经济"的先天优势。韩家园镇达拉罕村耕地少，规模化种植大宗粮食作物增收困难，部分农户变"劣势"为"优势"，充分发挥自家菜园种植秋白菜等特色蔬菜的优势，由村内的"汇宝"酱菜加工厂统一收购，年可收购白菜15万斤，户均增收0.3万元余元。"四清一绿"，提升村容村貌。全县6乡2镇4个林场54个行政村对多年积存的垃圾和卫生死角进行集中清理整治，并有效开展绿化植树活动。累计投入6 907.62万元用于整村推进改善村容村貌和基础设施改善。完成清理积存垃圾和废弃杂物219处、10.2万立方米；清理侵占公共卫生空间、庭院私接滥建、乱堆乱放113处、6 189平方米；清理破旧房屋、残垣断壁2 103处、11.2万平方米；清除破旧板杖子7 414延长米。高标准实施"一绿化"。按照"规划先行、农民为主、技术指导、三年保活"的"四步工作法"，推进村屯绿化，栽植绿化苗木25.2万株，绿化面积896.58亩。推进村庄规划试点。

四、加强农村公共服务设施，巩固义务教育均衡发展成果

2020年，投入资金为三卡中心校、韩家园镇励志学校建立数字化校园，提升信息化水平。实施国培项目，培训乡村教师，提升教育教学能力。开展送教课下乡活动，组织县内的优秀教师到乡村学校授课，召开教研会，提高乡村教师执教水平。完善农村基本医疗保险制度、大病医疗制度、基本养老保险制度，加强农村社会保障、救助体系，改善农村残疾人服务水平。2020年，金山乡农村幸福大院建设2 000平方米，可入住50户。

五、培育新型经营主体，增强乡村发展活力

注册登记的合作社有245家，家庭农场总量达到157家。新增地级合作社示范社2家、县级合作社示范社5家。新增地级家庭农场示范场2家，新增地级龙头企业一家。如期完成农村产权制度改革。清产核资认定村集体经济组织成员14 977人。各乡镇、村屯劳龄统计、股权设置、折股量化工作已全部完成，全县54个行政村已完成组建股份经济合作社工作。给予村集体经济组织赋码登记，颁发组织登记证书，确立其法人地位。通过改革，建立

起"归属清晰、权能完整、流转顺畅、保护严格"的现代农村产权制度，发展多种形式农村集体经济，不断增加农民的财产性收入。村集体经济发展不断壮大。建立符合市场经济要求的农村集体经济运营新机制，完善村集体经济发展规划，用好以奖代投、项目资助、土地承包费返还、农业保险等政策资金，深度谋划产业项目。全县村集体经济收入417.6万元，其中5万元以下25个村、5万~10万元13个村、10万元以上16个村。

六、推动乡村文化繁荣，巩固农村思想文化阵地

加强投入保障、政策保障和机制保障，坚持一院多能、一室多用，整合基层宣传文化、党员教育、科学普及、体育健身等设施，统筹建设北疆乡、金山乡综合文化广场和塑胶篮球场，充实娱乐设备及健身器材，2020年末实现基层综合性文化服务中心全覆盖。发展乡村特色文化产业。2020年，继续推进鄂伦春原始部落基础设施建设三期项目，以鄂伦春族历史文化为切入点，打造充满神秘感的"原始部落"主题旅游乐园，吸引客流对"原始部落"的向往，为城区市民提供休闲度假的休憩之地，进而带动全乡、全县的旅游业增长。建设白银纳乡白银纳村鄂伦春族非遗文化旅游产业园（白银纳特色村寨）项目（在鄂伦春族非遗文化旅游产业园的基础上，进一步提升配套设施）。

七、健全乡村治理体系，加快乡镇服务能力

做好"多村一社区"建设经验推广。三卡乡多村一社区项目主体建设已完成，通过验收投入使用。完成韩家园镇、三卡乡、北疆乡、金山乡、兴华乡、白银纳乡、鸥浦乡7个乡镇政府所在地村的街路牌设置工作，并通过验收。开展平安乡村建设，着力化解农村各类矛盾纠纷，减少不和谐、不稳定因素，完善农村治

安防控体系，预防和减少违法犯罪，保护农民合法权益，为乡村振兴创造和谐稳定的社会环境。进一步完善县乡村三级综治中心建设，现已建成县级综治中心一个，乡镇级综治中心8个，村级综治中心54个。实现综治中心覆盖全县城乡，管理服务无死角。

第八章 红色印记

第一节 革命老区乡村

呼玛镇，是呼玛县政府所在地。清康熙年间筑呼玛尔木城，后称古站，亦称孤站。1916年，县署迁驻。1946年，设呼玛乡为县政府驻地。辖10个村、4个居民委员会，辖区总面积2 443平方千米，耕地面积193.91万亩。其中红边村、荣边村、一村、二村、三村、红卫村、西山口村、河南村、湖通镇村、红星村是革命老区村。

韩家园镇，得名于清末韩姓俩兄弟闯关东来此种菜谋生称韩家菜园子，后称韩家园子、韩家园至今。辖韩家园、达拉罕、十七站、大砬子、兴隆5个村，辖区总面积5 041平方千米，是塔河—韩家园铁路终点站。其中韩家园村、达拉罕村是革命老区村。

三卡乡，原名三道卡，得名于清光绪在瑷珲与呼玛之间设立5个卡伦排序第三，故称三道卡。1976年改称三卡沿用至今。辖8个村，辖区总面积1 790平方千米。其中三卡村、繁荣村、黑山头村、沿江村、宽河村、老道店村、星山村、江湾村是革命老区村。

金山乡，原名库玛尔江口，后因采金业兴旺改称金山口，

1915年简称金山沿用至今。辖6个村，辖区总面积806平方千米。其中新街基村、日升利村是革命老区村。

兴华乡，原名布斯力罕，鄂伦春语意牧马之地。1956年建乡时称兴华沿用至今。辖6个村，辖区总面积761平方千米。其中日升利村是革命老区村。

鸥浦乡，原名倭西门，因地处江边水浦且有大批鸥鸟栖息，1929年4月称鸥浦至今。辖鸥浦、老卡、曙光、三合、正棋、怀柔、李花站7个村民委员会。辖区总面积1 408平方千米。其中鸥浦村、曙光村、老卡村、三合村、正棋村、怀柔村、李花站村是革命老区村。

北疆乡，20世纪60年代建农牧场北疆沿用至今，辖北疆、临江、长山、象山、铁山、嘎鲁河6个村民委员会，辖区总面积1 652平方千米。其中嘎鲁河村是革命老区村。

第二节　凭吊纪念设施

呼玛尔战斗遗址，位于呼玛县河口村距黑呼公路南150米山坡山，距河口村西南1千米。该遗址发现于1989年第二次全省文物普查。地处北纬51° 39′ 08.10″，东经126° 36′ 11.13″。位于呼玛县河口村西南1千米的山坡上，距丹阿公路南150米处上坡，遗址周围为林地。为日军侵华期间由日军修筑的攻势碉堡。1934年日军侵入大兴安岭地区，当时指挥官铃木喜一带人在此山上修筑工事碉堡准备对抗抗联三支队，后废弃。

呼玛县知事公署楼，为县级文物保护单位，位于呼玛镇新华路东侧。公署楼始建于1915年，翌年完工。用于呼玛县知事公署办公楼，为县域内保存较好的欧式建筑，有百年的历史。现为呼玛县地情馆。

呼玛烈士纪念塔，为县级文物保护单位，位于呼玛镇一村正棋路西，是为纪念解放呼玛地区牺牲的烈士而修建的。始建于1949年，于1972年9月15日复建。塔基占地11.49平方米，塔高11.5米，宽50厘米。正面碑文镌刻："为呼玛地区人民解放事业光荣牺牲的烈士永垂不朽"。烈士塔门前两侧的水磨廊柱上刻着"捐躯黑水畔，英明万古传"十个大字。

呼玛县烈士陵园。1972年，为纪念在清剿土匪、解放呼玛战斗中牺牲的烈士们以及解放后为抢救群众牺牲的烈士们，在县城东南部建烈士陵园1处，占地1 000平方米。烈士陵园内安葬着25名为解放呼玛和呼玛建政后光荣牺牲的革命烈士遗骸。1984年，县政府拨款1万元维修烈士陵园。1990年，拨款1.20万元维修25个烈士墓和陵区围墙。1995年，拨款0.50万元维修陵区。1997年6月，某部三连战士游德生为抢救落水群众不幸牺牲。其遗骨安葬于烈士陵园内。2005年，拨款1万元维修烈士陵园。2013年10月，县委县政府拨款70余万元，对烈士陵园进行了改造和扩建，并拆除了围墙改为开放式，供人们随时瞻仰和纪念。现烈士陵园共安葬烈士28名，占地1 500平方米。

呼玛尔战斗纪念碑，为县级文物保护单位，位于呼玛县呼玛镇河口村。为纪念1655年清政府抗击沙俄侵略者的战斗而于1986年修建，碑长1.6米，宽1.56米，高4.10米，大底座占地24.48平方米，小底座周围为0.4米高的水泥护栏，纪念碑大平台设四级台阶，碑身为四面体。1655年，因清政府出兵讨伐俄国入侵者强建的"呼玛而斯克"堡垒而得名。该遗址发现于1989年第二次全省文物普查。地处北纬51°40′59.40″，东经126°41′00.93″。呼玛尔斯抗俄战斗遗址位于呼玛镇荣边村境内，距黑龙江与呼玛河交汇处西北1千米，面积2 000平方米。1654年，俄国入侵者斯捷潘诺夫率领一批人在呼玛尔强建堡垒，取名"呼玛尔斯克"。1655年，清政府派出以明安达礼为首的讨伐军进抵呼玛尔，炮击城堡、捣毁敌船，但最终未能攻下，后因粮饷不续，下令撤围。该遗址地表被灌木丛及荒草覆盖，地势低洼，处于黑龙江与呼玛河汇合处，长形，属于古战场，是中国人民抗击沙俄侵略者的见证。

东北抗联三路军三支队战地。1989年，第二次全省文物普查发现该遗址。地处北纬52°08′09.40″，东经125°57′03.73″。位于韩家园镇境内，离韩家园镇20千米。1941年，东北抗日联军三路军三支队，在王明贵、王钧、陈雷率领下，进军大兴安岭，开展游击战争。1943年1月，在闹达罕南山与日军遭遇，击毙一日军指挥官后胜利进军。

马克思维尔亭。1969年，中国与苏联发生吴八老岛争端。马克思维尔是一名英国战地记者，他作为一名和平爱好者亲自到中方哨所进行现场考证，之后在国际舆论中公开公正报道吴八老岛属于中方领土，为中方主持正义，中国为纪念他，故建此亭。1989年，第二次全省文物普查发现该遗址。地处北纬52°34′29.77″，东经125°59′07.70″。位于鸥浦乡三合村，距黑龙江边西北200米处山坡上。四周为林地，西边为解放军连队。

阿木卡其河侵华日军罪证遗址，位于阿木卡其河附近而得名。1989年，第二次全省文物普查发现该遗址。地处北纬52°07′01.93″，东经125°28′16.33″。位于韩家园林业作业区内，距韩家园林业局11千米，距宏韩公路10千米的外倭勒根支流阿木卡其河畔西侧山上，林外倭勒根支流阿木卡其西侧山上河畔，地表植被茂盛，气候四季分明，属寒温带大陆季风性气候，遗址建筑残留部分分部密集，表面清晰可见，保存现状较好。1934年1月，日本侵略者进入大兴安岭林区，当时日军的指挥官铃木喜一在这座山上建立战壕、修筑攻势、建立学堂、奴役中国人，日军投降前夕苏联红军进入呼玛地区，日军放火烧毁了山上所有的建筑，准备做最后顽抗，最后被全部消灭在此山上。

第三节　优待抚恤工作

一、优抚政策落实情况

呼玛县目前共有各类优抚对象112人，其中在乡老复员军人13人，烈属3人。在乡老复员军人定期定量补助每人每年15 900元，烈属每人每年23 130元。严格执行国家关于优抚对象的抚恤补助标准。在及时发放抚恤补助的同时，对生活仍存在困难的重点优抚对象，及时纳入本地城乡低保。目前纳入城乡低保的重点优抚对象共有13人。

二、开展多种形式的走访慰问活动

每年的新年、春节、八一建军节期间，县四大班子的领导都把各部队的代表请到县政府，与县直各单位的领导一起联欢、座谈，畅谈一年来军爱民、民拥军的军民鱼水之情。节日期间党委、政府及群众自发性组织对县内驻军和优抚对象进行走访慰问。

三、开展军民共建、军地双方互办实事活动

全县军警民共建活动取得丰硕成果，共建领域不断拓宽，县内机关、企事业单位、学校普遍与当地驻军结成共建共育对子达30个。呼玛县驻军各部队以实际行动支援地方建设，武警边防检查站为客运部门维护秩序，为县内两个中学、三个小学师生开展

军事训练，受训师生达1 000千余人次。驻县各军警部队为地方清扫街道、清除垃圾，种植绿化树苗、栽种花草，出动官兵300余人次，车辆30台次。

四、优抚安置工作

从2006年12月开始，县安置办共接受退役士兵19名，其中城镇13名，农村6名，安置去向：地区2名，韩家园林业局1名，县公路管理站2名，县林业 局1名，县林业局扑火队7名，农村退伍回乡6名。2007年12月开始，县安置办共接受退役士兵20名，其中城镇10名，农村9名，转业士官1名。认真贯彻执行国家和省的有关政策、规定，实行指令性分配。待安置城镇士兵共11名，其中地区安置办安置2名（铁路）；韩家园林业局安置4名（韩局），其余5名经县政府研究决定后下达安置方案。2008年12月开始，县安置办共接受退役士兵20名，其中城镇12名，农村8名，安置去向：县林业局扑火队12名，农村退伍回乡8名。2011年12月开始，县安置办共接受退役士兵21名，其中城镇8名、韩家园林业局1名、自主就业9名、未报到3名。待安置城镇士兵共8名，经县政府研究决定后下达安置方案，韩局退伍兵1名安置到韩家园林业局。未报到3名，视为放弃安置资格。2012年冬季退役士兵22人，其中城镇10人，农村12人，全部妥善安置。

五、义务兵家属优待金及时足额发放

享受优抚定补及伤残抚恤金共有98人，全年发放资金40万余元，无单位重点优抚对象门诊补助费2.48万元，优抚对象医疗补助费1.69万元。发放新中国成立前老党员生活补贴1.9万元，军队复员干部生活补助费3.3万元。发放2009年入伍义务兵家属优待金27.7万元。

第九章　老促会工作

第一节　机构和队伍建设

一、成立机构

1998年4月，呼玛县老区建设促进会（呼玛县老促会）正式成立，县长徐守乐任老促会会长，县委副书记侯建国分管老促会工作，没有专设常务副会长，县档案局局长张连孝兼任秘书长。老促会办公室设在县民政局。要求各乡镇成立相应机构，会长由乡镇长担任，常务副会长由乡党委副书记担任。

2000年9月，县老促会领导班子进行调整。县长王开明担任会长，退休的县委原副书记勾忠良（正处级）担任常务副会长，民政局副局长董亚琴担任办公室主任。

2005年2月，经县委常委会议讨论，任命董亚琴为县老促会副会长兼办公室主任。2006年12月，老促会办公室改设在县老干部局。时任老干部局党委书记的董亚琴，继续担任老促会副会长兼办公室主任，直至2009年2月。

2012年4月，县老促会领导班子进行第三次调整。会长由县长吴福林担任，常务副会长由勾忠良担任，办公室主任由老干部局局长苏桂书担任。2015年4月，常务副会长由退休的县政府原副县长周重芳担任。

2019年11月，老促会会长由县长蒋明明担任，常务副会长由退休的县人大常委会原主任赵春担任，办公室主任由苏桂书担任。各乡镇老促会班子，随着人员变动及时进行调整，保持了班子稳定。

二、队伍建设

老促会的宗旨，主要是为党委、政府当好参谋和助手，促进老区工作全面发展。具体工作任务是：全心全意为老区人民服务，为他们做好事、办实事；大力宣传和弘扬老区的革命精神，多举措牵线搭桥上项目，多渠道筹措和引进资金，开展捐资助学扶困，精心组织调研活动，积极建言献策；配合有关部门进行种植养殖实用技术培训，加快老区人民依靠科技摆脱贫困的步伐，全面推动农村经济和社会各项事业快速发展。基于老促会工作重点是面向农村、面向基层这一特点，加强老促会队伍建设尤为重要。县老促会成立后，注重队伍建设，组织关心呼玛老区建设的离退休老干部、老党员、老模范、老教师、老科技工作者和社会各界有识之士投身到老区建设促进工作中来，发挥才华、贡献力量。通过理论学习、政策引领、办班培训、实践示范等措施，凝聚力，让"五老"和社会贤达、有识之士热心于老区建设促进工作。截至2019年末，全县老区建设队伍中，"五老"人员达200余人，农村中土专家、老技师、老把式达80余人，他们在老区建设工作中发挥着重要作用。

第二节　工作纪实

一、宣传弘扬老区革命精神

呼玛县是省政府认定的二类革命老区。1941年，东北抗日联军第三路军三支队100余名将士，在王明贵、王钧、陈雷同志率领下，曾在大兴安岭呼玛县境内开展游击战争，发动群众打击日本侵略者。他们顶风雪、战严寒、穿林海、爬雪山，三越大兴安岭伊勒呼里山主峰，行程2 000余公里，历经大小战斗30余次，攻克日伪采金株式会社、伐木公司等22处，打死、打伤日军百余名，俘虏伪军300余人，缴获敌人大批枪支、弹药及物资，取得了一个又一个重大胜利，创造了一个又一个可歌可泣的事迹，值得后人纪念、学习和歌颂。县老促会成立后，始终把宣传和弘扬老区精神作为重要工作常抓不懈。配合地区老促会查阅资料，并将地区老促会整理出版的《东北抗日联军第三路军三支队在大兴安岭》一书发至各有关单位和中小学校，组织学习和宣传。组织"五老"为中、小学生讲呼玛县抗联战事及解放建政故事20余场。结合建政60周年、建县100周年和其他重大节日活动，和社区联合举办文艺活动，通过自编自演的节目，追思抗联斗争历史，缅怀先烈的英雄业绩，鼓励老区广大群众发扬爱祖国、爱人民、艰苦奋斗、不怕牺牲的精神，改天换地，建设美好家园。成立老区宣传工作领导小组，由县委宣传部长任组长，老促会、民政局及各乡镇党委书记为成员。学习贯彻中国老促会"弘扬延安精神，宣传践行党的群众路线座谈会"精神，贯彻落实习近平总书记关于加强革命老区建设的一系列重要论述及纪念省老促会成立二十周年和地区老促会成员会议精神。在一年一度的开江文化活动周期间，加大对呼玛老区的宣传力度，通过在新华社、中央电视台、中新社、新华网、人民网、东北网、中国报道网、黑龙江电视台、《黑龙江日报》等国家及省内外各类主流媒体发稿40余篇，在《大兴安岭日报》、地区电视台发稿190余篇，扩大老区认知度，促进全社会重视老区、关爱老区、建设好老区。

二、为老区人民做好事、办实事

1999—2006年，县老促会在地区老促会的指导、支持下，帮助老区乡镇村开发立项，共争取资金410万元。主要项目：兴华乡改水工程33万元，兴华乡购买深耕机械26万元，修筑韩家园镇战地路50万元，鸥浦乡发电设备40万元，韩家园镇、北疆乡、金山乡发展地栽木耳20万元，呼玛镇北山截流工程50万元，兴华乡新立村农田防汛堤坝10万元，兴华乡绒山羊养殖5万元，北疆乡东沟小学校舍改造16万元，县农委测土配方施肥100万元，动员社会各界筹措60万元，用于改善办学条件、医疗扶贫救助，协调兴安矿业集团捐资20万元帮助金山乡建一处砖厂。地、县两级老促会成员单位向老区倾斜项目投资1 800余万元。

2008年，地区财政局为韩家园镇十七站村建造1 300平方米的晒麦场。2009年，又自筹支农资金10万元，为十七站村再建一处1 000平方米的晒麦场。兴隆办事处有线电视设备损坏，无能力恢复，经老促会多方协调，省广电局免费解决了价值21万元的600套卫星接收机，老百姓很快就看上了电视。是年，地区计生委为呼玛县4个乡争取技术服务项目建设资金160万元，地区水务局为呼玛村屯9处安全饮水工程争取配套资金375万元，地区教育局支持呼玛县创办职业技术学校争取资金35万元。地区老促会从省扶贫办争取资金20万元，用于鸥浦乡马铃薯繁育基地项目建设。

2013年，老促会各成员单位上项目、要政策，争取老区建设资金2 841.8万元。其中，行署农委为白银纳乡更新村争取贫困开发资金57万元，用于购买大型农业机械设备；行署水务局为落实水毁工程修复，为呼玛县争取资金170万元；行署教育局为呼玛县争取教育受灾专项资金100余万元；大兴安岭供电公司投入900万元，推进正棋路、长虹路高低压电网电缆入地工程；行署工信委为县酱品公司技改项目争取国家投资107万元,为工业园区创业基地基础建设项目争取资金90万元。

2014年,行署水务局为呼玛县争取农村饮水项目231万元,落实三卡堤防项目7 176万元,落实呼玛河治理工程投资3 000万元。完成金山林场、宋家店村、铁帽山村、象山村各1眼水井及宋家店村自来水管线铺设1 500米。行署卫生计生委争取资金276万元(含地方匹配99万元)新建金山乡卫生院、北疆乡卫生院、兴华乡卫生院。行署交通运输局为促进老区交通条件改善,开通呼玛至荣边等4条公交线路,并新投入公交车9台。行署科技局为支持马铃薯标准化生产及产业化示范推广项目,争取经费270万元。

2015—2016年,共争取资金6 198万元。其中2015年,地区财政局争取省专项资金20万元,用于韩家园镇和兴华乡晾晒场及乡间道路建设;行署农委为鸥浦乡鸥浦村争取整村推进项目资金200万元,用于建畜舍500平方米,购买羊500只、牛50头,新建村内栅栏1 600米,维修农田路3公里;行署水务局为呼玛镇河口村、鸥浦乡鸥浦村等4个村实施节水增粮项目,投入资金2 549万元,打井185眼;行署卫生和计划生育委员会为呼玛县争取资金150余万元,用于新建荣边、三卡卫生院,改建鸥浦卫生院 行署住建局为呼玛县投资1 903万元用于新建水源井、泵房、清水池及配套管线,对老旧管线升级改造。2016年,争取国家和省扶贫资金1 386万元,用于整村推进项目资金1 246万元,建设项目36个。采取发展产业、土地流转、道路养护、环卫保洁、开拓市场、医疗救助、教育补贴、部门帮扶、社会参与、金融贷款、防火管护、政策兜底等12项扶贫措施,使4 143个贫困人口脱贫,4个贫困村和5个老区村的道路、饮水、就业等难题得到解决和改善。

三、捐资助学

经县老促会协调，2004年地区工商局党员、干部捐款3 850元，地区通信分公司捐款2 000元，华阳总公司捐款3 000元，丽雪公司捐款 2 000元，北芪药业捐款2 000元，自彬鹿业公司捐款3 000元，共计15 850元，用于解决边远山区小学桌椅破损问题，县内5个老区乡镇的6所小学得到新桌椅166套。

2013年，地区老促会委派专人送来捐款1万元，分发给县内遭受水灾的25名贫困学生。

2014年，大兴安岭日报社为三卡乡老道店村购买桌椅2套和部分学生用品价值2 000余元。

自2001年开始，行署民政局军休所的离退休老同志、老党员每年捐款5 000元，资助鸥浦乡李花站村5名贫困学生。被资助的学生中，有2名于2012年和2013年分别考入哈尔滨师范学院、青岛黄海学院，结束了李花站村32年没有大学生的历史。

2015年，行署国土资源局为金山乡新街基村2名贫困学生捐款1 000元；行署国土资源局副局长和工会主席为金山乡2名贫困学生各捐款500元。

四、调研工作

县老促会成立后，为了给党委、政府当好参谋和助手，做到建实言、献好策，把调查研究当作重要工作来抓，每年都开展1至2次调研，共撰写调研文章和报告16篇。配合地区老促会就发展食用菌、地栽木耳生产、调整农业产业结构、水灾和冰凌灾害、种植和收购马铃薯、绒山羊养殖、发展特色经济、测土配方施肥、农村泥草房改造、推进新农村建设、水飞蓟生产、精准扶贫等内容进行48次调研。通过调研，促进多个利于老区发展的项目立项，争取了更多的发展资金，使老区面貌得到根本性的改变。

2014年，县老促会会同县扶贫办对老区贫困村土地、住房、基础设施和文化工作情况进行调研，形成报告上报省、地老促会。2015年7—8月，配合省、地老促会完成对县老区文化宣传工作调研。2016年，制定《呼玛县加大贫困攻坚力度，支持革命老区开发建设工作方案》，用8天时间同地区老促会一起深入县7个老区乡镇的30个老区村，对精准扶贫工作进展情况进行调研。确定868个贫困户、1 693名贫困人口，结合各乡镇实际制定脱贫措施和计划。

第三节　帮困扶贫

一、改善贫困群众生产生活条件

县老促会把急老区人民所争、帮老区人民所帮作为己任，充分发挥职能作用和老促会影响力、公信力，组织动员成员单位和社会力量，做好沟通、协调、配合工作，帮助老区群众增加收入，加强老区村的基础设施建设，改善各项公益事业环境，改善了贫困群众的生产生活条件。

2005—2009年，建设老区村内水泥路12公里，农桥6座，解决了部分群众行路难的问题；打饮用水井9眼，村民们喝上了符合饮用标准的自来水，减少了大骨节等地方病的发生率；建设草砖房1 840平方米，28户老区农民喜迁新居；整村搬迁农户62户，使偏完散户共享公益事业和基础设施的便利；维修学校10所2 300平方米，适龄儿童入学率达100%，维修和增设有线电视设施，使有线电视入户率由原来的30%提高到55%；建设村屯休闲广场1 500平方米，丰富农民群众的文化生活。

2010—2015年，改建农村公路7条164.8公里，升级改造镇内主要街巷道路面7.62公里。城市棚户区改造结转工程9 500平方米交付使用。D级危房全部灭迹。主城区净水厂并网运行，实现24小时稳定供水。呼玛镇6个村屯打深水井20眼。完成12个小区配套设施和供热改造项目。三间房村至新街基村27公里农村电网改造完成投入运行。完成三卡乡集中供热项目主体工程和呼玛镇垃圾处理配套设施建设。完成4所乡镇卫生院改扩建项目，新建6个全民健身路径和13个中心村文化项目。

截至2019年，清理残垣断壁2 162处12.17万平方米，栽植绿化苗木25.2万株，实现绿化896亩。新建农村卫生厕所1 022座，城镇公厕11座。县政府投入474万元改善中小学、幼儿园办学条件。投入280万元搭建远程医疗会诊及信息化系，拨付326.8万元为县医院购进先进医疗设备，投资105万元建成全区首家社区卫生服务中心中医馆。

二、加快扶贫开发致富步伐

县老促会自成立后，始终把扶贫工作作为一项政治任务摆上重要日程，采取扶贫与扶志相结合、输血与造血相结合，扶贫解困与组织建设相合的办法，充分发挥成员单位的作用，扶贫工作取得可喜成绩。

1993年，全县有贫困村12个，贫困户1 662户，贫困人口6 015人，至2000年末实现温饱的1 437户5 890人，尚有225户460人处于年人均收入800元的贫困状况。虽然这些贫困户已全部纳入农村最低生活保障，但全县扶贫开发任务仍然十分艰苦。

2001—2003年，在开展帮扶工作中县民政局每年支付贫困救济款30余万元，各帮扶单位和干部为贫困户投入资金200余万元。地区行署组织地直机关各单位和林业局参加呼玛县支农包乡扶贫工作，支援资金及物资设备300余万元。县委、县政府加速调整产业结构，发展绿色、特色产业。依托丽雪公司呼玛分公司马铃薯加工龙头，制定优惠政策引导农民发展马铃薯产业。投入500余万元，用于马铃薯和商品薯基地建设。2003年，县政府垫付400万元，信用社为农户个人贷款410万元，用地农民购买马铃薯。当年落实马铃薯种植面积5.2万亩，丽雪呼玛分公司与农户签订鲜薯收购合同5.1万吨，基本满足加工企业对生产原料的需求，农民则通过种植马铃薯获得可观的经济效益。同时，县委、县政府充分利用县域内丰富草资源优势，大力发展"羊经济"。先后三次组织有关部门到内蒙古、辽宁、河北等地，学习绒山羊养殖管理技术。确定全县73个部门与县辖行政村结成包扶对子，要求每个包扶单位由职工集资1.5万元，购买50只绒山羊，农户匹配50只，逐渐扩大饲养规模，绒山羊饲养量达到万余只。期间，省、地老促会协调到位资金119万元。其中，为兴华乡改水用资金23万元，购买农机具26万元，购买绒山羊5万元；为金山乡开发地栽木耳项目协调资金3万元；为鸥浦乡用于柴油发电资金10万元；为韩家园镇修筑28公里乡村公路协调资金52万元。

2008—2014年，加强重要老区村的基础设施建设，帮助群众增加收入。建设了包括水泥路、自来水、有线电视、多功能活动室、农机服务队、休闲广场、村巷道、输电线路、农田路、食用菌基地、草砖新型住房、幸福大院及养殖、维修等项目，共投入资金1 250万元。其中省扶贫资金178万元，地级新农村建设资金185万元，县财政资金216万元，其他支农资金536万元，自筹资金135万元。通过对老区建设的投入，推进了产业结构的合理调整，改善生产条件，提高综合生产能力，促进农业增效和农民增收。

2015年后，全面吹响扶贫攻坚号角，将扶贫作为重点工作，

通过发展产业扶、土地流转扶、道路养护扶、环卫保洁扶、开拓
市场扶、医疗救助扶、教育补贴扶、百局百村扶、社会力量扶、
金融贷款扶、防火管控扶、政策兜底扶等精准施策帮扶，逐渐实
现全面脱目标，被列为全省扶贫督导典型。

英烈名录

剿匪建政牺牲的烈士

荫正祺	付振林	侯玉贵	马宜海	窦永发	张洪福	周　安
袁宝金	赵森堂	王德和	张　忠	杜锦强	吴振和	王福存
王德名	徐廷武	张云占	褚实一	敖子强	杜景祥	艾凤臣
李玉山	伊志和	徐山林	姚树旺	吴有芳	石有和	刘心正
钱守跃	于修藻	杜书元	王忠委	刘兴杰	蒋绍春	金宝山
戴士前	曹凤山	丁玉华	刘尚高	吴金海	李宝林	姚文亮
李其凯	刘春和	王少学	张寿山	马景生	李兴让	王启凤
刘奎元	朱万海	韩金生	刘玉成	王义福	于英贤	李忠琪
崔振山	朱宝奎	孟庆忠	易传术			

新中国成立后牺牲的烈士

索巴因图	于艳华	李彩凤	孙选梅	任久林	游德生
邰忠利	朱以斌	肖长生	栗景霖	徐万田	蔡博仁

其中，有记载的烈士：

荫正祺（1919—1946年），山西省沁源县人，1937年在山西省洪洞县参加八路军，在一一五师随军校学习，1938年到延安抗日军政大学洛川第二大队学习，同年，加入中国共产党。抗大毕业后，到太行山区根据地担任一一五师某部文化干事、连指导员。1940年部队南下后，先后任师组织干事、营教导员、三师特务团政治部主任。1945年日本侵略者投降后，随三师特一团剿匪建立民主政权呼玛县政府，任中共呼玛县工委书记。1946年9月19日，任鸥浦县政委兼县长，组建地方政府成立建国联合会。1946年7月，在接收鸥浦过程中，遭遇反动势力勾结土匪武装阴谋叛乱壮烈牺牲，时年27岁。

傅振林（1920—1946年），吉林省人，出身贫苦农民家庭，伪满时被抓劳工到黑龙江省瑷珲县西岗子煤矿出苦力。九三光复后，与煤矿工人和部分农民上山投入"压东边"匪帮。1945年12月，弃暗投明参加黑河人民自治军任骑兵连副连长。1946年11月27日，在呼玛县黑龙江边旺哈达江大石砬子附近时，遭到土匪武装伏击中弹牺牲，时年26岁。

窦永发（1923—1946年），辽宁省宽甸县人，1945年10月在黑河参军，曾任黑河自治区司令部警卫二连三排任战士、班长、副排长。1946年8月，到呼玛县参加剿匪后，随新任县委书记荫正棋接收鸥浦县。11月初，前往额木尔村接收伪满采木组财产，开展群众工作宣传中国中共产党革命宗旨。11月10日在返回鸥浦途至龙站附近遭到土匪武装袭击英勇牺牲牺牲，时年24岁。

马宜海（1923—1946年），原籍山东省黄县，1946年2月在黑河镇参军，任黑河自治军司令部文化教员，警卫二连文化教员。1946年11月7日晨，在接收鸥浦组建新政权鸥浦县政府后，遭遇反动势力带领土匪武装叛乱袭击，牺牲在呼玛县三合站南大沟，时年仅24岁。

张洪福，19岁，河北省人，漠河区指导员，1946年参加革命工作，中共党员。1947年去苏联会晤回来时船至江心翻船遇难牺牲在漠河。

周安，30岁，警卫二连二排副排长。1945年参加革命工作，1946年牺牲于呼玛县嘎拉河。

袁宝金，20岁，警卫二连三排排长，1945年参加革命工作。1946年11月牺牲于呼玛镇街里。

赵森堂，工作队员，1946年参加革命工作，1946年11月牺牲于呼玛县白纳附近。

王德和，炊事员，1946年11月牺牲于呼玛县白银纳附近。

张忠，河北省人，班长。1946年11月牺牲于呼玛县依西肯干巴江。

杜锦强，排长。1946年11月牺牲于呼玛县依西肯。

吴振和，战士。1946年11月牺牲于呼玛县依西肯干巴江。

王福存，战士。1946年11月牺牲于呼玛县依西肯干巴江。

徐延武，战士。1946年11月牺牲于呼玛镇。

王德名，1946年11月牺牲于呼玛县鸥浦。

张云占，战士。1946年11月牺牲县依西肯干巴江。

李宝林，战士。1946年11月牺牲于呼玛县十八站。

褚实一，战斗。1946年11月牺牲于呼玛县依西肯干巴江。

敖子强，战士。1946年11月牺牲于呼玛县鸥浦。

杜景祥，男，35岁，辽宁省彰武县人，工作队队员。1945年参加革命工作，中共党员。1946年11月牺牲于呼玛县鸥浦。

艾凤臣，山东省人，机枪手。1946年11月牺牲于呼玛县依西肯干巴江。

李玉山，男，黑河人。工作队队员，1945年参加革命工作。1946年11月牺牲于呼玛县鸥浦。

依志和，男，战士，1945年参加工作工作。1946年11月牺牲于呼玛县鸥浦。

徐山林，男，工作队员。1946年11月牺牲于呼玛县依西肯。

姚树旺，男，战士。1946年11月牺牲于呼玛县三河站。

吴有方，男，副连长。1946年11月牺牲于呼玛县鸥浦。

肖长生（1940—1960年），生于黑龙江省瑷珲县黑河镇。少年时代聪明好学，诚实稳重。1956年10月，在黑河地区专员公署水文分站工作。1960年4月，调至呼玛县塔河水文站，积极学习业务知识，工作踏实，认真踏实，认真负责。5月8日，在塔河水文站洪水测流工作中，因翻船落水不幸以身殉职。1961年，黑龙江省人民委员会追认肖长生为革命烈士。1964年，其遗骨安葬于黑河烈士公墓。

栗景霖（1935—1960年），山东省人。生于黑龙江省嘉荫县乌拉嘎矿区。1954年在瑷珲县西沟水文站工作。1958年，调至呼玛县开展水文工作，所在第二小队成绩显著贡献突出，被评为全区水文工作先进集体，出席全国群英会。1960年，调至呼玛县塔河水文站。5月8日，在塔河水文站洪水测流工作中，因翻船落水不幸以身殉职。1961年，黑龙江省人民委员会追认为革命烈士。1964年，其遗骨称葬于呼玛县革命烈士陵园。

孙选梅（1950—1967年），生于呼玛县金山乡，后举家迁至呼玛镇。不满周岁时被县五金厂工人孙德方抱养。她好学上进，品学兼优多次被评为"三好学生"。1967年8月9日，为抢救落水同学光荣牺牲，时年17岁。1975年11月11日，省革命委员会授予孙选梅革命烈士称号，是呼玛县新中国成立后的第一位烈士。

索巴音图（1941—1968年），达斡尔族，黑龙江省纳河县龙河乡团结屯人。1955年9月，在齐齐哈尔市民族中学读书，1956年3月加入中国共产主义青年团。1960年9月，考入齐齐哈尔师范专科学校，毕业后响应组织号召，主动报名到呼玛工作。1962年，在呼玛县一中任物理教师。1966年3月20日，加入党组织成为一名预备党员。在呼玛工作6年中没有请过一天事假，没因病耽误一天工作。1968年7月16日，为抢救落水学生光荣牺牲，时年27岁。1970年，转为中共正式党员。1975年2月27日，黑龙江省革命委员会授予革命烈士称号。

徐万田（1941—1969年），出生于山东省掖县西由乡后吕村。1949年，在牡丹江市第四完小学读书。1955年，在牡丹江市二中读书。1961年9月，入东北农学院学习。1966年4月8日，加入中国共产党。1967年11月，毕业分配到呼玛县金山公社畜牧兽医站工作。1969年8月初，时任呼玛民兵连二排六班班长的徐万田率六班全体民兵赴怀柔登岛麦收，不幸船翻落水，徐万田为救战士不幸牺牲，时年28岁。

蔡博仁，黑龙江省齐齐哈尔市人，齐齐哈尔第一中学学生，赴呼玛县下乡插队。1969年初，加入三合战斗村呼玛民兵连二排六班任民兵，保卫吴八老岛。8月初，在乘船赴怀柔生产队登岛麦收时，因船翻不幸落水牺牲。后安葬于齐齐哈尔西满革命烈士陵园。

任久林（1951年—1969年），出生于辽宁省锦县贫农家庭，18岁参军到呼玛县湖通镇边防站。中苏关系紧张发生局部冲突后，响应上级决定积极请战到呼玛县三合站加强边境防御。1969年5月15日，在登上吴八老岛执行巡逻任务中光荣牺牲，时年18岁。黑河军分区追认任久林同志为中国共产党党员并追记二等功，黑龙江省革命委员会授予革命烈士称号。

于艳华（1938—1970年），黑龙江省巴彦县人，16岁参加农业生产并被推选为村妇女干部。1956年，到呼玛县到鸥浦学校教学，1957年调入呼玛小学，多次被评为"优秀辅导员""五好教师"光荣称号。1965年，光荣地加入中国共产党。1970年10月20日，为抢救落水学生光荣牺牲。1971年6月25日，黑龙江省革命委员会授予革命烈士称号。

李彩凤（1940—1970年），呼玛县金山镇人，呼玛造纸厂工人。1970年10月20日，为抢救落水师生光荣牺牲，时年30岁，是

4个孩子的母亲。1971年6月25日，黑龙江省革命委员会授予李彩凤同志革命烈士称号。中共呼玛县委追认李彩凤同志为中国共产党正式党员。

游德生（1974—1997年），四川省垫江县人，1994年12月入伍，在黑龙江省军区边防某团一营三连，历任战士、副班长，两年多受到5次嘉奖，1996年被评为优秀士兵。他爱军习武，积极参加政治理论学习，先后通读《毛泽东选集》《邓小平文选》等政治书籍30多本，写下10多万字的政治理论和军事理论笔记。1997年6月23日，为抢救落水群众光荣牺牲，时年23岁。1997年6月30日，中共黑龙江省军区委员会追认为中共正式党员，批准为革命烈士，追记一等功。是年7月，中共黑龙江省军区委员会，中共大兴安岭地委、中共大兴安岭军分区委员会发出向游德生同志学习的决定。

邰忠利（1986—2009年），蒙古族，1986年6月21日出生于内蒙古鄂温克旗，高中文化。2005年12月入伍，生前系边防某部代理排长，一期士官，2006年、2007年两次被团评为优秀士兵。2009年8月9日，为抢救落水群众光荣牺牲，时年23岁。被省军区批准为革命烈士，追认为中共党员，追记一等功，追授"边防奉献荣誉章"，2009年被评为"感动龙江"年度人物。

朱以斌（1970—2004年），男，中共党员，汉族。1970年9月15日出生，中专文化，生前系韩家园林业公安局新兴派出所民警，一级警司。2004年6月25日晚，在执行巡逻任务时与持枪歹徒搏斗中不幸被枪击中光荣牺牲。2004年6月29日，中共韩家园林业局委员会追认为中共党员，2004年7月2日，国家森林公安局追记个人一等功。

大事记

1914年

7月11日，呼玛厅设治局升为呼玛县，县公署设金山口（今呼玛县金山乡金山村），孙绳武任代理县知事。

1916年

5月，呼玛县公署由金山镇迁至古站。

1917年

8月，设私立国民初级小学1处，金山镇设国民学校1处。

1923年

4—7月，县境内十八站及黑龙江上游二十五站一带鄂伦春人不堪汉族奸商勒索盘剥，杀死奸商数十人。另一领头人滚都善后滚都善打死库玛尔路正蓝旗佐领刚刚通，并抛尸于呼玛尔河，史称"刚通事件"。

1929年

1月，东北政务委员会令东北各省裁撤道尹，各县隶属省政府，县公署更名县政府，县知事更名县长。

1934年

1月，日军讨伐队入侵呼玛、鸥浦、漠河3县。

5月，日伪政权于呼玛县设采金株式会社（驻四道沟），将各矿包给达拉罕、福兴公司、格良满河金厂、大昌金厂、裕利金厂等，索取金利、货利和包办费等。

11月，日伪政权重新任命"上江三县"伪官吏：伪呼玛县公署县长崔培基，日本参事官村田精三。

1936年

2月，伪呼玛县公署成立县警局，参事官、警佐村田精三任局长，下设呼玛警署、金山镇警署，各有警察20名。

1938年

伪黑河省在呼玛、鸥浦、漠河各设立国境监视队。呼玛国境监视队30余人。

1940年

10月，日本关东军和黑河省在呼玛、鸥浦、漠河三县修筑民用机场，设立航空株式会社，开通民航。

1941年

7月，日军强化统治实施并村并屯，将呼玛县北山口住户强迁至呼玛街，将小北屯住户强迁至西山口。

11月，日伪黑河省将呼玛、漠河、鸥浦三县境内的鄂伦春族青壮年编为各县森林警察队（亦称山林队）。各县为小队，中队设在倭勒根河（今呼玛县韩家园镇），日本军官铃木喜一为指导官，操纵山林队剿杀抗日联军。

11月，东北抗联第三路军三支队在呼玛县境打下四道沟和余庆沟金矿。驻韩家菜园子（今呼玛县韩家园镇）日军讨伐队与森林警察队"追剿"三支队。三支队与日伪军先后在会宝沟、吉龙小沟、五道沟作战，击毙伪矿警队长并俘虏伪矿警30余人。

11月，日伪黑河省地方警察学校教官半田藤次郎带领在校的日语讲习生30余人到湖通镇一带"围剿"抗联队伍。

12月22日，抗联三支队到达呼玛余庆沟金矿，打死日本矿警4人，并在金矿休整。

1942年

1月24日，抗联三支队撤离余庆沟金矿，到达会宝沟、兴隆沟、元宝沟一带。是月末，抗联三支队在库楚河边同尾随追击的日军讨伐队和森林警察队交战，抗联三支队大队长徐宝和、副官高邦华等66人壮烈牺牲。王明贵、王钧、陈雷带60余人突出重围后，又在头卡与井泽日军讨伐队交战，抗联战士牺牲4人。

2月1日，抗联三支队攻占嘎拉河营林工地，打死5名日本人。随后袭击倭勒根河大北公司采伐场，攻陷闹达罕金矿。在闹达罕东岗与日伪讨伐队遭遇战中，王钧腿负重伤。战斗结束后，王钧同赴苏联学习电讯技术的10名学员从旺哈达安全过江进入苏联。

2月3日，抗联三支队转移至呼玛三间房一带，与日军丸山讨伐队遭遇，激战后甩开追敌进入倭勒根河一带。

2月18日，抗联三支队袭击日军山盛讨伐队，击毙讨伐队队长秋田德次。

2月26日，王明贵、陈雷率抗联三支队40余人，再次与日军铃木讨伐队交战。王明贵、陈雷等幸存12人，突出重围后经旺哈达过江入苏联境内，后到达北野营。

是年，日伪政府任命栾凤仪为伪呼玛县县长，日本人神江武雄为副县长。

1943年

5月，日军将伪牡丹江省宁安县的卧龙屯、宁古塔屯、罗成沟屯、二道沟屯、东三家子屯、孤家子屯、蛤蟆河子屯、洋草沟屯等10余个村屯500余户2 000余人，强行驱逐出乡，迁到呼玛县兴亚屯（今兴华乡兴华村）、兴安屯（今兴华乡新民村）、兴利屯（今兴华乡宋家店村）、日升利等屯，垦荒种地，名曰"开拓"。

1944年

日伪政府任命日本人安藤义一为伪呼玛县副县长，马大明为伪鸥浦县县长。

1945年

8月8日，苏联红军远东地区第二方面军一部，在黑龙江上游渡江，分别攻入漠河县的西口子、斯大辽克、马扎尔、永合站、乌苏里、连鍪，鸥浦县的开库康、双合站、依西肯、桂花站，呼玛县的新街基、旺哈达、湖通镇、三道卡等地。驻扎在漠河、鸥浦、呼玛三县的日伪军警弃城南逃。

8月13日，苏联红军进驻鸥浦县城，成立苏联红军卫戍司令部，委任伪满洲国时期出投苏联的伪警察赵志民为城防司令。是日，苏联红军进驻呼玛县城。至此，呼玛、鸥浦、漠河三县光复。

11月，留守呼玛、鸥浦、漠河三县的苏联军队全部撤回国。

12月，中共黑河中心县委派王鹤全等7人到呼玛做接收工作，由于维持会头目百般刁难、拒绝，接收工作未果。

1946年

2月，中共黑河中心县委和黑河地区行政办事处派谢维阳、王毓洲、韩忠奇、白振国等人组成接收工作组，第二次前往呼玛进行接收。工作组一进县城，就被县自治总会的保安队软禁在北满客栈，直到5月中旬在当地群众帮助下，才摆脱软禁，返回黑河。第二次接收工作依然未果。

8月10日，东北民主联军西满军区三师特一团政委黄励华、副团长毛和发、政治部主任荫正祺，乘船带两个连兵力和黑河军分区警卫二连及随军干部，分两路自黑河出发向黑龙江上游三县挺进，开始收复呼玛、鸥浦、漠河的斗争。

8月13日，东北民主联军西满军区三师特一团部队进驻呼玛县城，解散呼玛县自治总会，接管公安局和保安大队，成立民主政权呼玛县政府，邱北池任县长；成立中共呼玛县工委，荫正祺任工委书记。

8月，东北金矿管理局黑河金矿局在呼玛县兴隆沟设立呼玛金矿分局，下辖宽河、湖通河、余庆上沟3个金矿，有采金工人1 600余人。

9月，特一团主力部队奉命调回黑河，留8连1部和警卫2连约1个加强连的兵力驻守呼玛县。中共黑河中心县委决定，荫正祺任鸥浦县县长兼县委书记，邱北池代理呼玛县委书记。

11月1日，鸥浦县政府成立，荫正祺任县长兼县委书记。在解散鸥浦县维持会的同时，成立鸥浦建联会（工委），邢化杰兼任建联会主任。

11月7日，荫正祺在安干卡村与土匪作战中牺牲。为纪念荫正祺，安干卡村改名为正祺村。

11月24日，匪首张伯钧、赵志民纠集300余名匪徒，兵分三路袭击呼玛县城。赵志民、李长友分别带土匪埋伏在旺哈达和金山镇；张伯钧和赵志民的光复军所属2个队110余名匪徒为主攻，夜间他们潜入县城周围埋伏。张伯钧派4名密探混进城内。翌日6时战斗打响。在县城军政人员不足50人的困难情况下，邱北池县长指挥果断，坚守阵地，打退土匪几次进攻。17时，在增援部队配合下，击溃土匪，匪首张伯钧弃队逃命，匪团副官何文华被擒，击毙匪徒80余人，缴获长短枪140余支、机枪1挺、子弹3 000余发、马42匹。

1947年

3月，中共黑河地委、黑河地区行政督察专员公署正式决定将漠河、鸥浦两县撤销并入呼玛县，县所在地设在呼玛镇。全县总面积64 288平方千米，沿黑龙江中苏边境线长792千米。呼玛县内设立4个区、18个乡。

1948年

呼玛县土地改革运动全面开展。

1949年

8月15日，在呼玛县城中心修建的呼玛烈士纪念塔竣工并举行落成典礼。县长余建文为纪念塔亲笔书写"为呼玛地区人民解放事业光荣牺牲的烈士永垂不朽"题词。

1950年

5月11日，金山村老道庙道士宋贵森沤粪纵火，烧毁房屋455间，有110余户居民倾家荡产，400余人无家可归。

1951年

11月，呼玛至黑河电话线路开通，呼玛邮电所开办电报和长途电话业务。

1952年

成立呼玛县酱醋厂、红砖厂。

1953年

9月10日，白银纳建立鄂伦春族新村，鄂伦春族结束时代漂泊不定的游猎生活下山定居。

11月，进行第一次普选，选举县人民代表大会代表。

1954年

5月16日，呼玛县人民法院在鸥浦区成立临时法庭，公开审理解放初期参与杀害中共接受鸥浦县军政人员的刘德发、刘德财，依法判处死刑。

10月，呼玛县出现大办农业合作社的高潮，建初级社30个。

1955年

5月，呼玛县鸥浦区鄂伦春族猎民吴九九纳，因对政府不满，在封山期间骑马窜入依陵古里河一带山林纵火，酿成特大森林火灾。黑龙江省先后调集9.90万人次参加扑火，同时得到苏联大力援助。火灾持续26天，过火林地面积105 469公顷，烧死幼树约4 600万株，烧死成树453 054立方米。

7月12日，黑龙江省委和黑河地委决定，在黑河建立大兴安岭建设委员会，在呼玛、开库康、兴安、漠河建立4个林管区。自此，呼玛境内的大兴安岭北坡开始开发。

1956年

4月14日，山东青年垦荒队来到呼玛，受到热烈欢迎。

8月，撤销呼玛、金山、兴隆三个区的建制，改为乡建制，保留鸥浦、漠河两个区。

11月2日，《黑河日报》发表位居北纬51°的呼玛县三道卡村试种水稻获得成功的消息。呼玛区三道卡乡宽河屯试种4亩水稻，亩产水稻100千克，开创高寒禁区种植水稻的先例。

1957年

4月，黑龙江上游发生倒开江，呼玛县兴安乡古城岛江段形成冰凌卡塞发生凌汛。

10月20日，成立呼玛县十八站鄂伦春族乡。

1958年

7月8—18日，由于黑龙江源头普降大暴雨，黑龙江形成有水文记录以来最大洪峰，致使呼玛县沿江各村屯遭受特大洪水灾害。苏联派船只和飞机营救漠河乡、依西肯乡灾民2 000余人，并派飞机为中国转移到山里的灾民空投食品、帐篷等物资；中国"东北号""芷江号"客货轮分别到开库康、呼玛镇等地营救灾民、运送物资。

9月，全县农村实现人民公社化。

12月5日，成立呼玛县档案馆。

1959年

1月7日，由呼玛县工业局局长郝晏贤主持设计、试制的水管式锅炉获得成功，这是黑河地区第一台自制水管式锅炉。

1月28日，中共黑龙江省委决定：将黑河林业管理局所属的呼玛、开库康、兴安、漠河和"大兴安岭建设筹备处"所属的6个林业筹备处统归呼玛。

3月22日，国务院授予呼玛县"无森林火灾县"称号。

4月，县委决定成立民族事务委员会，同时撤销协领分署。

6月21—30日，呼玛县境内大兴安岭森林发生7处火灾。苏联派空军85人驾驶6架运输机、10架直升机来呼玛支援扑火。副省长李延禄、省军区副司令员杜国平、省林业部长张世军、黑河专员公署副专员杜殿武专程来呼玛县接洽。在苏联空军的大力支援下，经过10天扑打扑灭。

9月，呼玛县漠河公社水稻小区栽培试验获得成功，生产的水稻在省农业展览会上展出。

9月16日，《黑河日报》报道：呼玛镇先后建起6处蚕场，第一年养蚕获得成功。

是年，由国家投资修建的全长120千米的三（三合）塔（塔河）公路竣工通车；省投资3万元修建呼玛镇呼玛河渡口，并建造两艘载重20吨位的木船用以摆渡。

1960年

3月29日，成立呼玛县工农技术学校。

4月28日，黑龙江上游800千米江段上先后出现14处冰坝，致使江水猛涨，形成黑龙江有水文记载以来罕见的凌汛灾害。呼玛县洛古河、额木尔、新街基等地村屯进水深达1～2米，苏联派飞机及时进行援助。

9月26日，经黑龙江省人委批准，建立呼玛县塔河镇。

1961年

12月20日，成立呼玛县森林警察中队，编制20名。

1962年

6月14日，呼玛县国营兴隆金矿、宽河金矿划归黑龙江省黑河金矿局直属。

1963年

7月，呼玛县中学开设高中班。

1964年

5月，呼玛县在漠河乡、额木尔乡进行社会主义教育试点。

1965年

12月3日，呼玛县运输公司向北极村漠河发出第一趟班车。

1966年

6月，"文化大革命"开始，社教队撤点。

8月6日，成立中共呼玛县委"文化大革命"领导小组。

12月7日，中共呼玛县委办公室主任姜学诚与呼玛县运输公司夏廷有50余人，乘2台汽车由呼玛镇沿历年黑龙江冰道习惯线赴漠河。行至红旗岭岛时，苏方出动2辆装甲车、3台吉普车、1架直升机和70余名军人阻拦通行。经过30余个小时的斗争，苏方武装人员于8日17时撤回。

1967年

4月15日，呼玛县革命委员会取代呼玛县人民委员会，张启云为主任。

4月23日，呼玛县南部铁帽山因烧防火线不慎引起山火，酿成特大森林火灾。山火共烧毁林地面积1 476平方千米，其中森林面积占70%、草原面积占30%。在扑打铁帽山火灾期间，十八站、白银纳一带也发生火灾。

7—8月，苏联多次出动军人侵入吴八老岛，对中国从事正常农业生产的农民进行挑衅。

8月，呼玛县农业中学并入呼玛中学。

9月7日，呼玛县三合生产队社员王震环，在吴八老岛上进行正常生产时，被非法入岛的苏联军打伤。

是年，县农业技术员彭泽润开始选育大豆优良品种"自优2号"。

1968年

1月，中国人民解放军驻呼玛部队派出支工、支农、支左、军管、军训人员，对呼玛县公、检、法三机关进行军事管制。公、检、法三机关干部被审查。

7月，呼玛工人毛泽东思想宣传队进驻呼玛县城各学校。

6月30日，呼玛县椅子圈煤矿建矿。

11月9日，齐齐哈尔市第一批309名下乡知识青年在16名干部带领下到达呼玛县。

是年，全长475千米由呼玛至漠河电话线路竣工通话。

1969年

2月3日，漠河公社出现黑龙江省历史有记载以来-52.3℃最低气温。

3月9日，分配到呼玛县的上海市上山下乡知识青年，经北安火车站转乘汽车到达呼玛县插队落户。

4月，呼玛县五七干校建立，大批干部到干校接受"劳动锻炼和审查"。

5月12日至9月6日，苏联军队在克林诺夫卡村架设大口径机枪，夜以继日、时断时续地隔江向中国吴八老岛和三合生产大队居民点射击。

5月15日14时7分，苏方向中方在岛上执行正常巡逻任务的边防小分队开枪射击，战士任久林不幸中弹牺牲。

12月20日，黑河地区革命委员会和黑河军分区给予呼玛县三合民兵连、呼玛民兵连分别荣记集体二等功、集体三等功。

1970年

4月1日，省革命委员会《关于调整部分行政区划》决定：呼玛县由黑河地区划归大兴安岭特区管辖。

是年，接收、安置上海等地知识青年1 373人。

1971年

4月22日，黑龙江上游呼玛县洛古河江段解冻，形成倒开江，至黑龙江三卡段堆集9处冰坝，造成严重冰凌灾害。呼玛县沿江9个公社62个生产队的3 200公顷土地被淹，部分村屯的房屋、种子、马料被水浸泡或冲走。

6月25日，省革命委员会发出《关于授予李彩凤、于艳华同志为革命烈士称号的批复》。于艳华（女），呼玛县教师，中共党员；李彩凤（女），呼玛县街道生产队政治辅导员。1970年10月20日，两人因抢救落水学生而不幸牺牲。

7月8日，成立北疆人民公社，社址设在北疆村。

1972年

9月3日，呼玛烈士纪念塔整修复建工程竣工。

1973年

7月12日，英国记者马克斯维尔赴呼玛县三合村，对吴八老岛进行实地考察，他对三合的军民说："吴八老岛无疑是属于中国人民的领土，我要把这一点告诉世界人民。"

9月20日至10月16日，呼玛县松山地区因打烧防火线跑火发生特大山火，过火林地面积8.25万公顷，过火草原面积6.75万公顷。

11月，呼玛县农村分期分批开展党的基本路线教育工作。

1974年

由省投资6.60万元，在呼白公路53.20千米处修建长14米、宽6米石拱桥一座，命名"兴胜桥"；在57.86千米处建同规格桥一座，命名为"宋家店桥"。两桥为呼玛县公路管理站自行设计和施工建设的永久性桥梁。

1975年

省投资兴建的三卡宽河水力发电站开始筹备动工。

1976年

7月27日，县委、县革命委员会领导及各界群众数千人，在县城大街夹道欢送奔赴县办5个国营农牧场务农的156名县应届高中毕业生。

7月，被选为国家举重队队员的呼玛县金山林场工人、上海上山下乡知识青年张志芳，参加在泰国举行的亚洲举重锦标赛，夺得轻量级抓举冠军。

是年，冶金部在呼玛县境内兴隆金矿关门嘴子大沟、后沟、二道盘查小支沟建造4条采金船，当年投产3条，年产黄金3 000两。

1977年

5月19日至6月8日，呼玛县五道沟发生特大森林火灾，过火林地面积和草原面积81 250公顷。

7月20日，黑龙江发生洪灾，全县10个公社36个生产队受灾，3 466.70公顷耕地被淹，20户民宅被毁，2 400垛马草被冲走。

1978年

8月15日，成立呼玛县第三小学。

11月25日，呼玛县召开"落实党的政策，平反冤假错案"大会，对在"文化大革命"中受迫害的67名干部进行平反。中共呼玛县委对全县23名（包括外地入住1名）被错划为右派分子的同志平反，恢复公职、党籍和原工资待遇，并陆续解决其家属、子女受株连的问题。

1979年

4月7日，呼玛县第一中学发生一起炮弹爆炸恶性事故，造成15名学生死亡，28名受伤，其中3名终身致残。

5月20日至6月5日，呼玛县骆驼脖子地区因雷击火引起森林火灾，过火林地面积15 166.67公顷，过火草原面积12 166.67公顷。

1980年

9月16日，国家投资477.90万元，在黑呼公路呼玛河渡口建造的钢筋混凝土钢架拱桥——呼玛河大桥竣工。大桥净跨6孔，每孔60米，全长398米，宽8.50米。17日，举行大桥竣工通车典礼。

1981年

5月14日，国务院《关于黑龙江省设立塔河县、漠河县的批复》，将呼玛县的原开库康、依西肯、十八站公社归新设立塔河县，将呼玛县的漠河、兴安公社划出设立漠河县（10月办理交接手续）。

12月28日，呼玛县第一座电视差转台竣工，19时向呼玛镇和荣边乡播放录像。

1982年

1月12日，经省政府批准，呼玛县东方红公社更名为韩家园公社。

9月22日，呼玛县兴隆公社社企工人岳书臣采到一块新中国成立以来发现的最大自然金块。金块近似楔形，底边长19厘米，斜边长16厘米，下部宽6厘米，上部宽4厘米，重3 325克（106.40两），含金成色约60%。

10月8日，岳书臣在哈尔滨市将采到的3 325克重的自然金块献给国家，由北京博物馆收藏。

10月30日，经省、地水利部门和省水利勘测设计院组成的验收委员会验收，宽河水电站由施工单位移交生产单位。

1983年

1月，呼玛县除金山公社前进村、金山村和三卡公社团结村外，全县各公社均实行家庭联产承包责任制。

2月28日，成立呼玛县广播电视大学工作站。

4月17日，呼玛县宽河水电站正式投产，3台机组开始运行，总装机容量960千瓦，主要为三卡、北疆2个公社和十二站、三卡、嘎拉河3个林场供电。

7月28日，呼玛县电大举行首届开学典礼，学员56人。

8月31日，长1.62千米，宽8米的呼玛镇第1条水泥路正棋路竣工。

9月5—6日，呼玛县委、县人大、县政府为庆祝鄂伦春族定居30周年，在鸥浦乡乡址白银纳举行盛大庆祝活动。以安振东副省长为团长的黑龙江省党政代表团一行13人和以地委副书记、行署专员、林管局局长邱兴亚为团长的大兴安岭地区党政代表团一行23人，专程赴白银纳参加庆祝活动。

庆祝期间举行射击、赛马、摔跤比赛和篝火晚会等文体活动。

11月18—19日，召开政协呼玛县委员会首届一次会议，选举戴有辉为县政协主席。

1984年

8月1日，黑龙江省政府批准成立呼玛县白银纳鄂伦春族乡，辖白银纳、红光、新河、新山、新村、胜利和玻璃沟7个自然村屯，鸥浦乡址迁回原址鸥浦村。

8月6—19日，黑龙江呼玛县江段发生1958年后第二次特大洪水，水位达101.65米。沿江村镇除呼玛镇外，其余23个村屯全部受灾，呼玛镇内停工停产，每天出动近万人筑坝护堤。8月11日，洪峰出现在呼玛镇江段时流量达15 800立方米/秒，水位仅差20厘米漫堤。全县水灾损失达1 097.54万元。

10月15日，国家拨款为白银纳鄂伦春族乡兴建的3 000平方米砖瓦结构的住宅建成竣工。白银纳乡政府为鄂伦春居民乔迁新居举行剪彩仪式。

1985年

1月1日，成立呼玛县白银纳鄂伦春族乡。

4月25日至5月5日，黑龙江发生倒开江，呼玛县金山乡乡址新街基村江段形成顺江长40余千米、跨江宽度4千米、高80余米的冰凌大坝，持续长达288小时，处于冰坝中间地带的新街基村发生严重冰凌灾害。冰凌冲毁全乡耕地1 876.50公顷，房屋冲走、倒塌85 012平方米，1 200余人失去居所，粮食损失1 420吨，损失折合人民币约1 100万元。灾情发生后，县委书记吕开太等县领导赴金山乡领导救灾。省委、省政府和地委、行署立即派领导到灾区慰问灾民、指挥救灾并下拨救灾款142.60万元。

8月1日，呼玛镇内首次在正棋、长虹2条水泥路安装70杆路灯。

11月21日，呼玛县第一座地面电视卫星接收站在呼玛镇南郊落成，正式投入使用，呼玛镇、荣边乡、金山乡的居民可直接收看到中央电视台播出的电视节目。

1986年

5月26日，呼玛县人民武装部划归县地方领导。

6月14日，呼玛县果酒厂建成投产。

7月16日，省顾问委员会主任陈雷和省军区原副司令员王明贵等一行5人到呼玛，考察抗联三支队1942年间在呼玛县的抗战遗址。

8月15日，兴华乡兴华村、东山村发生历史罕见雹灾，冰雹最大直径约5厘米。

10月25日，呼玛县椅子圈火力发电厂与宽河水电站并网。

1987年

7月3日，成立呼玛县个体劳动者协会。

9月，为纪念呼玛边疆各族人民抗击沙俄侵略者而修建的呼玛尔战斗纪念碑在县城西南呼玛河大桥西岸山上落成。纪念碑高4.80米，呈古刀形，顶端是锐利的矛头。碑正面镌刻省顾委主任陈雷手书的"呼玛尔战斗纪念碑"碑名，碑后面为记述呼玛尔战斗经过的碑文。

12月31日，由国家投资兴建的十八站经由查班河、岔口站至韩家园的59.65千米铁路线竣工交付使用。

12月，呼玛县果酒厂生产的江呼牌都柿酒荣获黑龙江省优秀新产品奖。

1988年

6月30日，呼玛县在呼玛镇西山口村进行首次人工降雨成功，降雨量达9.80毫米。

7月12日，为纪念东北抗日联军三路军三支队在大兴安岭的抗日功绩，在呼玛县韩家园乡闹达罕南修建的"抗日战地纪念碑"举行落成揭幕仪式。纪念碑碑文是："1941年东北抗日联军三路军三支队在王明贵、王钧、陈雷率领下进军大兴安岭，开展抗日游击战争。1942年1月在闹达罕南与敌人遭遇，在此地击毙一日军指挥官后胜利进军。"

9月20日，呼玛县宝盈金矿正式投入生产。

11月10日，省政府批准，呼玛县韩家园乡和厂矿林区的椅子圈为镇行政建制，分别定名为韩家园镇和古龙镇。

1989年

5月4日，成立呼玛县消费者协会。

6月，省水利文物普查队在呼玛县荣边乡发现两处重要古文化遗址。发掘文物80余件，其中大部分是石器，距今已有四五千年以上的历史，为研究呼玛县古代文化提供重要依据。

7月25日，呼玛县在全区首批对苏贸易过货的32万块红砖运往黑河口岸并由苏方验收接货，实现呼玛县对苏边贸的正式过货。

8月18日，7时，黑河客运站由呼玛开往黑河的客运班车在黑漠公路237千米处翻入20米深沟下，造成1人死亡、12人重伤、41人轻伤的重大交通事故。

8月21日，成立呼玛县红十字会，副县长于学礼任会长。

12月20日，呼玛县首个农村经济联合组织——荣边乡荣边村经济联合社成立。

1990年

7月3—4日，中纪委原常务书记、中顾委常委韩光等一行6人到呼玛县视察。

8月，县椅子圈发电厂开始利用晾水池余热养殖罗非鱼。

1991年

1月10日，成立呼玛县古龙镇政府。

3月22日，国务院在《批转水利部关于建设第二批农村水电初级电气化县请示的批复》中，将呼玛县列入全国第二批农村水电初级电气化试点县。

7月22—24日，呼玛镇连降暴雨，累计达105.40毫米，暴雨形成的山洪使镇内78户民房进水，128.30公顷农田和6 708平方米蔬菜大棚被淹，受灾居民1 307人。

11月1日，呼玛县首座封闭市场建成并举行落成典礼。

12月17日，呼玛县椅子圈煤矿北风井一〇二采煤队小组工人杜喜财在井下采煤作业时，违反安全操作规程，在明知井下有人作业的情况下，擅自拧动引爆器引爆炸药，造成1人当场死亡、1人重伤的严重后果。

1992年

6月5日，呼玛县三卡乡、金山乡、鸥浦乡、呼玛镇遭受历史罕见的冻灾，共有1 160公顷农田绝产，受灾482户1 968人。

9月26日，兴隆乡企采金队采到一重达2 167克特大金块，这是继1982年后在兴隆乡发现的第二大金块。

10月5日，呼玛县生产黄金15 684两，超额完成国家下达黄金生产任务。

10月28日，三卡乡老卡村农民发现金代文物9件，有两耳三足铜锅、六耳大铜锅、六耳大铁锅、大铁锁和捣米用的石杵等。

10月5日，呼玛县生产黄金15 684两，超额完成国家下达的生产任务。黑龙江省黄金管理局、地区行署黄金管理局分别发来贺电祝贺。

12月8日，呼玛县邮电局无线寻呼业务正式开通。

12月18日，呼玛县团结水电站举行开工剪彩仪式。

1993年

2月25日，呼玛县造纸厂因多年连续亏损，资不抵债，依法宣布破产。

5月15日，国务院下发《关于同意开放黑龙江呼玛口岸的批复》。

9月7日，兴隆乡后沟采金工人沙国良采掘到一块重1 707克含金量60%的金块。

1994年

4月27日，椅子圈发电厂三期工程建成发电。

9月14日，成立呼玛县国家税务局和呼玛县地方税务局。

11月8日，呼玛县邮电局微波通讯综合工程建成使用。

11月25日，县委制法《呼玛县"五荒"拍卖工作方案》。

1995年

9月4日，呼玛应届高中毕业生白建勇以609分的成绩荣登全区理科榜首，被清华大学工程物理系录取。

1996年

12月8日，成立呼玛县农村信用联合社。

1997年

6月23日，驻军某部一营三连战士游德生在黑龙江勇救落水群众牺牲。

9月14日，韩家园镇村民王云庆在镇南十六站附近采金作业点地下5米深处，发现猛犸象前肢遗骨7块，据初步考证为1万~2万年前遗存。该遗址地理坐标为东经125°41′50″、北纬52°00′45″，这是在国内发现的位置最北、形体最大、最有研究价值的同类古生物遗存。

1998年

9月10日，呼玛县呼玛镇城欣桥竣工。

10月16日，呼玛县运输公司完成转治，更名为呼玛县运输股份有限责任公司。

10月21日，呼玛县电视台修复改造工程竣工。改造后，电视台由原来的300兆赫增加至500兆赫，频道由12个增至28个。

11月15日，新街基至察哈彦长43千米、宽6米的边防路竣工验收。

12月1日，呼玛县公安局110报警服务中心正式运行。

1999年

7月26—27日，全国政协副主席周铁农一行在省地有关部门领导陪同下到呼玛县视察工作，为县医院时题词"改进医德医风，提高服务水平"。

9月16日，县医药公司经过10个月的改制工作，正式成立呼玛药业有限责任公司。

10月22日，举行呼玛县第一小学教学楼落成典礼。

2000年

1月6日，呼玛县旅游公司举行挂牌仪式。

4月29日，黑龙江呼玛江段发生冰凌灾害，鸥浦乡部分江段形成冰坝。30日傍晚后，呼玛县沿江部分村庄被淹、被困。5月1日10时，金山乡江段水位达到101.99米，成为重灾区，该乡前进村、金山村、兴盛村18户房屋受凌汛侵害。

6月18日，全国人大常委会副委员长田纪云一行在省地领导陪同下途经呼玛县，在县人民广场参加联欢会，受到全县人民热烈欢迎。

7月12日，三卡乡江湾村发生特大雹灾，666.67公顷大豆受灾。

10月28日，兴华乡东山村村民吴宝福在呼玛河渡口下游2千米处的河套内翻地时发现一枚圆形铜器。经呼玛县文物部门鉴定为明代仿汉规矩镜，是距今约700年的珍贵文物。此文物的发现在大兴安岭地区尚属首例。

2001年

2月5日，省委决定撤销荣边乡、古龙镇，并入呼玛镇，镇政府设在呼玛镇；撤销兴隆镇，并入韩家园镇，镇政府设在韩家园村。行政区划调整后，呼玛县所辖乡镇为6乡2镇。

3月10日，团结水电站自1992年开工以来，经历两次调整概算停工后复建。

6月7日凌晨，呼玛县北部的6个乡镇666.67余公顷农田遭受霜冻灾害。

6月25日至7月6日，北疆乡部分村屯遭受大风、冰雹灾害，1 333公顷农作物受灾，301户房屋遭受不同程度损坏，经济损失约122万元。7月6日的冰雹持续20分钟，最大冰雹直径3厘米，实为罕见。

7月12日，正棋村到察哈彦村边防路全线贯通。国家边防委和省地外事部门领导对呼玛县境内建设的边防路建设进行检查验收。

9月12日，在原省长陈雷亲切关怀和地区老区建设促进委员会的努力下，国家投资50万元，由呼玛县公路管理站负责修建的韩家园林业局至呼玛县兴华乡的25千米"老区路"正式竣工通车。

10月17日，呼玛县封闭式农贸市场交付使用。

12月21—23日，省水利厅对呼玛县黑龙江干流的呼玛镇、老卡上下游三项护岸工程进行竣工验收。护岸工程总长4 530米，总投资1 323万元，1998年开工，2001年4—5月陆续完工。

2002年

1月28日，呼玛县财政国库收付核算中心揭牌仪式在财政局举行，全县64家机关、事业单位核算中心。

6月3日，呼玛镇社区成立，将原来17个居委会改为9个社区。

7月18日，团结水电站举行竣工发电祝捷大会。

10月30日，呼玛县青少年宫和呼玛二小教学楼举行竣工仪式。

2003年

5月20日，蔓延到白银纳乡的森林大火烧毁新山村28户居民住宅。

8月19日，白银纳鄂伦春族乡举行下山定居50周年庆祝活动。省人大常委会副主任赵林茂、地委书记杨喜军等200余名省、地、县领导参加。

10月12日，呼玛县第一中学举行新教学楼落成仪式。

11月28日，总造价1 640万元的呼玛县自来水净水厂工程通过验收。

12月2日，呼玛县举行县医院住院部综合大楼落成仪式。

2004年

9月2日，呼玛县中心血库建成，无偿献血工作启动。

12月30日，呼玛镇将9个社区合并为3个社区，分别是长虹社区、正棋社区、园西社区。

2005年

3月3日，成立呼玛县殡葬礼仪服务中心。

7月11日，以中国工程院院士、全国政协原副主席钱正英为组长的中国工程院"东北水资源"项目组莅临呼玛，就呼玛河流域水电梯级开发进行考察。项目组一行在省政府副秘书长宋希斌、省水利厅厅长肖友和地委书记王忠林、林管局副局长徐守乐等陪同下，实地察看呼玛拟建三间房水库的上坝址和下坝址，详细了解呼玛河水资源情况和拟建水库库容量及拟建水电站发电量情况。松辽水利委员会向项目组汇报呼玛河流域水电梯级开发和大兴安岭地区水利工作情况。

8月1日，呼玛县人民广场和江畔公园改造工程结束，县人民广场重新铺设步道砖1.30万平方米和大理石块900余平方米。江畔公园铺设步道砖6 000余米，新修水泥路500余米，安置庭院灯17盏、大射灯14盏、小射灯60盏、音箱8个。

9月3日，大兴安岭第一届鄂伦春族传统体育艺术节在白银纳乡举行。

12月6日，呼玛县客运站新楼举行落成仪式。

2006年

7月，中共大兴安岭地委批转《地区老促会关于组织成员单位对革命老区实施包村工程的意见》的通知，确定包扶时间从2006年起至2010年末止。

2007年

7月，黑龙江省民政厅下发关于《黑龙江省补划革命老区村名单》的通知，呼玛县2镇5乡为老区乡镇，30个村为老区村。

2011年

6月，建设完成国家水质自动监测托管站黑龙江呼玛站站房主体工程和自动取水系统，将正式投入使用，为国家开展黑龙江流域水环境保护工作提供最基础的监测数据。

9月，县第一幼儿园和兴华乡、北疆乡、鸥浦乡幼儿园改扩建工程全部完工投入使用。

10月，呼玛特殊教育学校、白银纳中心校食宿楼、鄂伦春民族文化传承中心开工建设。

2012年

7月，原址新建的呼玛河大桥开工建设，主体工程于9月竣工。

8月，鸥浦煤矿生产权、销售权正式收归呼玛县所有，60万吨产能扩储改造启动实施。

11月，全县粮食总产再创历史新高，突破4亿斤大关。

12月，全县绿色有机食品标志认证已达19个，认证绿色食品小麦基地3万亩、无公害食品基地50万亩。

2013年

7月，呼玛县省级生态县创建顺利通过验收并获得正式命名。

8月，呼玛镇污水处理厂启动试运行，鑫玛热电脱硫脱硝治理项目建成投入使用。

8月，成功举办鄂伦春下山定居60周年庆典活动。

9月，呼玛县首次购入专用校车。

10月，改造升级镇内人民广场，县博物馆和农贸市场建设达到主体封顶状态。

是年，林下经济快速发展，建成1个科技示范园区和13个示范基地。

2014年

4月末，成功举办首届黑龙江开江节。

7月，省级生态县获得正式命名。

10月，农贸市场、长宁商贸城投入使用。

是年，建成农产品质量检验检测中心。

2015年

4月，建成北疆乡象山村省级现代农机规范合作社。

5月，成功举办"开江主题文化周"和县第十届田径运动会。

7月，绿森牧业在全国市县级城市建立销售网点50余个，野猪肉肠和肉干等产品荣获2015年中国森林食品交易博览会金奖。

8月，县农技推广中心2栋新型日光节能温室荣获国家知识产权专利。

2016年

9月，呼玛县建成全区首家县级环境监测站，获得"省级生态县"正式命名。

2017年

6月，呼玛县获省新农村建设先进县称号，建成省级美丽乡村示范村13个。

9月，19个中心村电网改造、21个村屯亮化工程竣工投入使用。

10月，地情馆建成投入使用，博物馆荣列全区"十佳场馆"。

10月，136公里农村公路主体竣工，行政村实现公路全面贯通。

是年，智慧城在全省县级实现首家上线运行。

2018年

10月，完成119户237人年初脱贫任务，7个贫困村全部验收出列。

2019年

6月，鹿鼎山晋升AAA级景区。

10月，建成全区首家社区卫生服务中心中医馆。

11月，呼玛县被国家卫健委定为全国医共体建设试点县。

2020年

6月，呼玛县被列为省中药材基地示范县和"金莲花之乡"。

7月，呼玛尔自驾游营地建成。

后 记

　　中国老区建设促进会于2017年6月2日，下发了《关于编纂全国1 599个老区县发展史的安排意见》通知。同年6月26日，黑龙江省老区建设促进会转发了中国老区建设促进会的《通知》，要求各级老促会加强组织领导，精心筹划部署，严格按照完成时限、编纂内容、编印规格、特色质量抓好落实。中共呼玛县委、呼玛县人民政府高度重视这项工作，及时成立了编纂机构，指示县老促会和县地方志办公室共同完成这项工作。

　　经过2018年、2019年两年的努力，完成了全书10余个篇目的设计、修改和材料的搜集、整理工作，编纂字数达到10余万字。2020年突如其来的新冠肺炎疫情，使编纂工作处于停滞状态。特别是编写人员因忙于本职工作和防疫等原因，没有按期完成编纂工作，使本应在新中国成立70周年前完成的任务而耽误一年之久。

　　2020年11月，重新启动编纂工作。在时间紧、任务重的情况下，由于领导重视和编写人员克服困难，共同努力，终于在不到3个月的时间内完成了全书的编纂任务。本书包括序、概述、县域概况、抗击沙俄入侵、日伪统治、剿匪建政、戍边生产、发展成就、改革前行、红色印记、老促会工作、英烈名录、大事记、后记等内容。全书力求尊重历史，贴近呼玛革命老区的实际，突出宣传弘扬老区人民的革命精神、光荣传统和可圈可点的发展成就，具有一定的实用性和可读性。

编纂《呼玛县革命老区发展史》，得到县委、县政府的高度重视，县委书记、县长亲自过问并为本书作序，得到县委、人大、政府、政协四个班子的办公室和组织部、宣传部、关心下一代工作委员会、老科技工作者协会、老干部局、地方志办公室、党史研究室、经济发展和改革局、统计局、民政局、财政局、农业农村局、交通运输局、林业草原局、人力资源和社会保障局、文体广电和旅游局、水务局、卫生健康局、教育局等部门和单位的大力帮助；得到地区老区建设促进会的精心指导，特别是副会长刘振中、秘书长董亚琴亲自修改篇目、提供资料。对此，一并表示衷心感谢！

由于编纂人员水平有限，加之时间紧，搜集资料不到位等因素，书中乖舛之处在所难免，敬请读者批评指正。

呼玛县老区建设促进会

2021年3月3日

参考文献

［1］呼玛县志［M］.1980年版.

［2］呼玛县志［M］.2014年版.

［3］呼玛年鉴［M］.2014—2019年（6本）.

［4］大兴安岭老区建设促进会.我为老区鼓与呼［M］.（老区宣传刊发资料剪集），2017年5月.

［5］大兴安岭地区老区建设促进会.老区建设工作文件资料汇编［M］.（1997～2017），2017年5月.

［6］县委组织部.中共呼玛县革命斗争史［M］.2008年内部发行.

［7］政协呼玛县委员会.呼玛文史资料［M］.（第三集）2018年7月，内部发行.